HISTOIRES D'HUMOUR
SÉVICES ET MORGUE

Dans Le Livre de Poche :

ALFRED HITCHCOCK

présente :

HISTOIRES À NE PAS LIRE LA NUIT.
HISTOIRES À FAIRE PEUR.
HISTOIRES DIABLEMENT HABILES.
HISTOIRES À N'EN PAS REVENIR.
HISTOIRES MACABRES.
HISTOIRES ANGOISSANTES.
HISTOIRES PIÉGÉES.
HISTOIRES RICHES EN SURPRISES.
HISTOIRES DE MORT ET D'HUMOUR.
HISTOIRES TROUBLANTES.
HISTOIRES NOIRES.
HISTOIRES MÉDUSANTES.
HISTOIRES QUI DÉFRISENT.
HISTOIRES À SANG POUR SANG.
HISTOIRES POUR TUER LE TEMPS.
HISTOIRES EXPLOSIVES.
HISTOIRES DÉROUTANTES.
HISTOIRES À CORPS ET À CRIMES.
HISTOIRES AVEC PLEURS ET COURONNES.
HISTOIRES À RISQUES ET PÉRILS.
HISTOIRES D'ARGENT, D'ARMES ET DE VOLEURS.
HISTOIRES DE LA CRÈME DU CRIME.
HISTOIRES DE SANG ET DE SOUS.
HISTOIRES DE TROUBLE ÉMOI.
HISTOIRES DE FAISANS À L'HALLALI.
HISTOIRES PLEINES DE DOMMAGES ET D'INTÉRÊT.
HISTOIRES DÉLICIEUSEMENT DÉLICTUEUSES.
HISTOIRES D'OBSESSIONS TEXTUELLES.
HISTOIRES DE MORTS SÛRES ET MÉFAITS DIVERS.

ALFRED HITCHCOCK

présente :

Histoires d'humour, sévices et morgue

LE LIVRE DE POCHE

IL NE FAUT PAS SE FIER AUX APPARENCES

par THOMAS ADCOCK

L'homme qui avait tenté de braquer le magasin de vins et spiritueux tomba en avant lorsque l'inspecteur Holland l'abattit d'un coup de feu. Maintenant, par cette douce soirée d'été, il gisait à plat ventre sur le trottoir, mort. Le défunt portait un costume de lin couleur crème. Le pli à l'arrière de son pantalon était encore bien marqué. Ses chaussures étaient parfaitement cirées. Les voitures stoppaient dans la Huitième Avenue, les automobilistes et leurs passagers regardaient ébahis.

— Tu as fait ça très proprement, sans perdre une seconde, George, dit l'autre inspecteur à Holland. Aucune erreur. Un coup de feu impeccable.

— Merci, Morty.

— Je pense que tu ne vas pas tarder maintenant à passer sergent, reprit l'inspecteur Morty Lerner, non avec envie mais avec une sincère admiration professionnelle. (Cela s'était en effet déroulé de façon impeccable, et ça, c'est quelque chose dont on finit généralement par être récompensé.) Tu as été vachement bon, George.

— J'ai été formidable, dit doucement Holland.

Il continuait à inspirer bien à fond, les yeux baissés vers l'homme qu'il avait abattu après avoir bondi de la voiture banalisée conduite par Morty. Et Holland pensait : « Il a à peu près mon âge, une trentaine d'années, peut-être trente et un ou trente-deux ans. » Il n'avait pas l'air d'un criminel, et ce n'était certainement pas un loubard, vu la façon dont il était habillé. Il avait des cheveux brun-roux soigneusement coupés, l'air irlandais. Les lumières de la vitrine du magasin illuminaient le trottoir d'un tel éclat que Holland aurait pu compter les taches de rousseur sur le dos des mains du mort.

L'inspecteur Holland ne voyait pas le visage du défunt, mais il ne pouvait oublier la vision éclair qui s'en était gravée dans son cerveau. Le sourire qu'arborait l'homme qu'il avait abattu, ce sourire avant qu'il ne s'écroule.

On entendait des sirènes à présent. Les voitures de police, avec leurs hurlements insistants, étaient déjà pratiquement sur les lieux.

L'inspecteur Lerner était accroupi à côté du cadavre. Il extirpa un portefeuille de la poche revolver du mort et l'ouvrit.

— C'est incroyable ! observa Lerner. Il prend sur lui son portefeuille pour aller commettre un hold-up. Stupide, vraiment amateur... Bon. Il s'appelle Tim McKelvey, à en croire un permis de conduire qui aurait dû être renouvelé il y a deux ans. 420 — l'autre numéro est à moitié effacé —, Amsterdam Avenue. C'est assez loin du centre. Voilà des photos... Sans doute l'épouse, et deux gosses roux. (Lerner leva les yeux vers Holland.) Ça va ?

— Ça va, Morty. C'est la première fois que je tue quelqu'un, c'est tout.

C'est tout ? se dit Holland.

Il y avait à présent une foule de badauds agglutinés autour du corps étendu sous la lumière crue. Mais bientôt des flics en uniforme, descendus des voitures de police arrivées sur les lieux, se frayèrent un chemin à travers la cohue et établirent un cordon de sécurité. L'inspecteur Lerner ramassa l'argent que feu Tim McKelvey venait de serrer dans sa main gauche. « Cent vingt et un dollars, une misère ! » marmonna-t-il. Il ramassa également une enveloppe de chez Con Edison, laquelle avait dû tomber de la poche de poitrine de la veste de McKelvey, ainsi qu'un petit pistolet automatique. Lerner consigna tout cela, comme il était réglementaire. Maintenant il ne restait plus qu'à attendre les experts de la Brigade criminelle et ceux de l'Inspection générale de la Police.

— Tu veux une cigarette, George ?

L'inspecteur Lerner tendit son paquet de cigarettes ouvert.

— Non merci, Morty.

Il était suffisamment calme pour se passer de cigarette. A vrai dire, il avait été parfaitement maître de lui du début à la fin, ce qui le surprenait. Mais une impression des plus étranges envahissait peu à peu son esprit, et cela le turlupinait parce qu'il ne parvenait pas à l'analyser. A moins que ce ne fût sa conscience. Il était onze heures trente.

George Holland revint chez lui à une heure dix. Il ouvrit la porte. Un fort courant d'air traversait l'appartement, soulevant les rideaux comme autant de robes d'été. Il eut l'impression d'être en train de remonter l'Hudson River sur un bateau d'excursion. Lisa avait laissé une lumière allumée dans la salle de séjour. Il se dirigea vers la plus grande des deux chambres, où dormaient ses deux enfants, légèrement couverts. L'une des fenêtres était fermée dans la chambre des enfants parce que le vent du nord peut souffler méchamment même en juillet. Il embrassa ses gosses, puis se glissa hors de la pièce et gagna la cuisine. Il entendit le cliquetis du réfrigérateur, qui se mit ensuite à ronronner doucement. « Je boirais volontiers une bière, pensa-t-il..., et je me demande ce qu'aurait pris McKelvey. »

— George ? lança Lisa.

Il se dirigea vers leur chambre à coucher en emportant sa bouteille de Moosehead. Lisa alluma sa lampe de chevet et se redressa, appuyée sur un bras, séduisante. Elle l'observa en plissant les yeux. Holland s'assit sur le lit, sa bière à la main, et enfouit le visage dans le sillon doux et chaud formé par le cou et l'épaule de Lisa.

— Salut, le Hollandais, dit Lisa. Toi et ta bière...

— Bonsoir, répondit Holland très doucement, le visage toujours collé contre elle. Il n'avait pas dit « Bonsoir, l'Irlandaise », comme à l'accoutumée. Ce soir, c'était différent. Le mot aurait trop évoqué l'homme gisant sur le trottoir, ses cheveux brun-roux et ses taches de rousseur de Celte. Holland passa la bière à sa femme, qui en prit une gorgée. C'était entre eux une espèce de rituel. Cela ne la dérangeait pas de sentir au lit l'odeur de la bière dans la mesure où elle en buvait un peu elle-même. Il restait assis là à la regarder, et elle vit son expression préoccupée.

— Tu es très fatigué ? lui demanda-t-elle.

— Pas tellement.

— Qu'est-ce qu'il y a, alors ?

— La soirée a été assez mouvementée pour Morty et moi.

Elle lui passa la main dans les cheveux. Ses lèvres pleines étaient pâles, son regard était inquiet.

— Oui, George ?

— J'ai tué un homme, lui répondit-il. Un braquage dans la Huitième Avenue.

— Seigneur Jésus ! s'exclama Lisa, portant une main à sa bouche. (Elle était devenue toute pâle et se rapprocha de son mari.) Ça aurait pu être toi !

— Eh bien, ça n'a pas été moi. Ç'a été lui. Et... il ressemblait énormément à ton frère Frank. Tu sais à quel point j'aime Frank.

Elle le regarda alors attentivement, comme sait le faire une femme de flic lors de vrais ennuis..., quand les choses sont dites de cette façon aussi calme. Son mari n'était jamais rentré à la maison dans un état pareil.

— Tu veux parler, George ? lui demanda-t-elle.

— Je crois que oui.

Lisa sortit du lit. « Elle est si séduisante en chemise de nuit, songea Holland. Il faudrait que je sois mort pour ne pas remarquer ça. » Elle gagna la cuisine. George la suivit et s'assit à table pendant que Lisa mettait en route un petit percolateur.

— Excuse-moi, lâcha-t-elle, les larmes lui montant aux yeux.

Elle alla rapidement dans la chambre des enfants, y resta une minute, toucha leurs visages endormis, puis retourna auprès de son mari.

— Maintenant, dis-moi tout.

— Il y avait un type qui sortait d'un magasin de vins et spiritueux, commença Holland, comme Morty et moi passions par là en voiture. Le type courait, il tenait de l'argent dans une main — cent dollars et quelques en fin de compte, une misère — et un pistolet de l'autre. J'ai bondi hors de la voiture... il m'a regardé, il s'est mis à sourire comme ton frère, et je l'ai abattu.

Lisa se leva de table et servit le café.

— Tu es flic, ce type avait une arme à feu. Il n'y a rien de compliqué, George.

Mais Holland se posait des questions. « Lui ai-je vraiment laissé une chance ? Est-ce que ce type bien habillé m'aurait tiré dessus si je ne l'avais pas chopé le premier ? »

— Je ne sais pas, dit-il à Lisa. Ou bien alors, je le sais, mais je n'arrive pas encore à l'exprimer.

— Je t'en prie, George...

— C'est d'essayer de me rappeler comment les choses se sont déroulées exactement qui m'embrouille les idées. Quelque chose s'est produit le temps d'une fraction de seconde, et je ne parviens pas encore à savoir si j'ai eu raison ou tort. Tout ce que je sais — et cela va te paraître vraiment étrange —, c'est que ce type m'était sympathique.

Lisa le considéra d'un air ébahi.

— C'est idiot. Comment peux-tu trouver quelqu'un sympathique ou antipathique en une fraction de seconde ?

— Tu te fais une impression. Un type est mort, tu te souviens de lui, de l'expression de son visage... et tu trouves ce souvenir agréable... Tu vois mon problème ? Il s'appelait McKelvey, il habitait loin du centre, dans le West Side. Selon toute probabilité il est marié... et il a deux gosses, comme moi...

— C'est vraiment te culpabiliser pour le plaisir, dit Lisa. N'importe qui peut avoir des enfants. Les aimait-il comme toi tu aimes les nôtres ? Est-ce qu'il serait sorti armé d'un pistolet s'il avait été comme il faut ?

George réfléchit, mais cela ne servit à rien.

— Une fois de retour au poste, on en a appris un peu plus. D'abord, il n'a pas de casier. Il s'habillait bien, je peux t'assurer. Morty et moi, à côté de lui, on aurait eu l'air de clochards. Outre un portefeuille — incroyable mais vrai — ainsi qu'un automatique, il n'avait sur lui qu'une facture de Con Ed en souffrance depuis trois mois. Et son visage... Il arborait un sourire idiot, comme ton frère lorsque Mary s'aperçoit qu'il a bu.

— As-tu vu la femme et les enfants, George ?

— Grands dieux, non ! Quelqu'un d'autre s'occupe de ça et annonce la nouvelle. C'est la routine. Bref, je n'en sais pas lourd sur ce type. Seulement il y a quelque chose qui me turlupine...

— Dis-moi ce que tu as sur le cœur, George.

— Je ne cesse de penser qu'il ne m'aurait pas tiré dessus, répondit lentement Holland comme s'il avait été en train de réciter. Qu'il aurait lâché son arme et ses malheureux cent dollars si je lui en avais seulement laissé le temps. Je ne cesse de me dire que je l'ai assassiné.

— Arrête ! hurla Lisa et les enfants se mirent à pleurer dans leur chambre.

Alors Holland se tut. Lisa s'effondra contre lui. Et ils s'étreignirent, se balançant lentement, se berçant, évoquant en silence des choses qu'ils ressentaient mais n'auraient su formuler. Les yeux de Lisa mouillaient le visage de Holland. Et lui, qui n'avait encore jamais connu de moment de faiblesse, fut heureux qu'il en soit ainsi.

— On m'a donné congé pour demain, déclara-t-il. Je vais enquêter, tu vois ? Essayer d'apprendre des choses que j'ai besoin de savoir.

— Tu te tortures. Tu es victime de ton imagination.

— Il faut que je sache.

— Mais c'est impossible que tu aies fait quelque chose de mal. Pas toi, George.

— Je me le demande.

Il était presque midi et le soleil s'était élevé à

l'horizon comme un ballon d'air chaud. Dans Amsterdam Avenue il n'y avait pas un souffle d'air plus frais que l'haleine d'un malade. Les McKelvey habitaient un immeuble au-dessus d'un marchand de fruits et légumes coréen, d'un cordonnier et d'un bistrot faisant l'angle. Avec la chaleur l'odeur des bananes était plus lourde qu'un parfum. Holland appuya sur un interphone sous la fente d'une boîte aux lettres marquée McKELVEY. Pas de réponse. Mais la porte du vestibule menant à l'escalier était ouverte. Holland en profita pour monter un étage et frappa à l'appartement C. Il attendit. Il essaya l'appartement d'à côté, B. Pas de réponse. Seul le A répondit.

— Oui, monsieur ?

— Vous connaissez les McKelvey ?

— Oui, je les connais.

Elle était âgée, maigre, elle portait une robe d'intérieur bleue et des chaussettes blanches. Les plis de son cou ruisselaient de sueur. Elle repoussa ses cheveux en arrière, ajoutant :

— Et alors ?

— Je suis de la police.

Holland exhiba sa plaque dorée.

— Leurs affaires me regardent pas.

Elle repoussa la porte. Holland songea à intercaler son pied avant qu'elle ne puisse la refermer, mais il se ravisa. Ce qu'il faisait durant son jour de congé, c'était son affaire, et il ne tenait pas à ce qu'il y ait des cris dans le couloir ou quelque chose dans ce goût-là. En tout cas, c'est ce qu'il promit lorsqu'il téléphona au poste pour savoir si l'on avait recueilli d'autres renseignements sur les McKelvey. Il apprit que la veuve habitait bien à Amsterdam Avenue, que les McKelvey avaient bien deux enfants, que Marjorie McKelvey travaillait dans un établissement de la 99e Rue qui s'appelait « Le Repaire de Harry ».

Holland replongea dans la fournaise. Il leva les yeux vers les appartements. La femme de l'appartement A le regardait, sans aménité. Je suis déjà un ennemi, se dit-il. Le propriétaire du marché de fruits et légumes était à moitié endormi sous une banne verte rapiécée. Holland passa devant lui, respirant l'odeur forte de ses fruits, et il décida d'essayer le bar au coin de la rue. La vitre portait l'inscription CHEZ BRADY.

— Une bière pression, s'il vous plaît, dit Holland en prenant un tabouret.

— C'est le temps idéal pour ça. (Le barman lui remplit un verre à grand pied.) Et voilà.

Une agréable bière pression dans un décor agréable, se dit Holland. « Chez Brady », comme mille autres bars de quartiers modestes, offrait ce confort cossu et reposant que la plupart de ses clients n'auraient pas pu se payer autrement. Il n'y avait pas l'air conditionné, mais les ventilateurs tournaient efficacement, presque sans bruit, sous le vieux plafond laminé. Il y avait une demi-douzaine d'hommes au bar, dont deux lisaient la presse populaire. Ils regardèrent Holland sans intérêt particulier, mais il sentit que les conversations s'interrompaient. Le barman s'était éloigné, et revint près de lui, tenant à la main des verres vides.

— Je vous remets ça, monsieur ?

— Ça m'est égal, répondit Holland en l'observant. Vous connaissez une famille qui habite juste à côté, les McKelvey ?

— Tim ?

Le mot avait été prononcé sur un ton d'intimité affectueuse. Et le temps resta suspendu. A présent chacun des clients du bar était tout ouïe. Tous regardèrent Holland. Le barman braqua les yeux sur ses mains posées à plat sur le comptoir, les examinant attentivement comme s'il ne les avait encore jamais vues.

— Vous êtes flic ? reprit-il.

— Tout juste, répondit Holland. (Il montra sa plaque.) Voilà pourquoi je vous ai posé cette question. Je me suis dit que vous le connaissiez peut-être.

— Si je connaissais Tim ? (Le barman eut un sourire triste. Il se tourna vers les autres.) Est-ce qu'on connaissait pas le type le plus sympa du monde, hein ?

— Arrêtez vos salades, dit Holland.

Mais le désespoir l'assaillait maintenant de tout son poids. Il avait joué et perdu, et il commença à redouter ce qu'il risquait d'apprendre sur le type le plus sympa du monde.

— Écoutez, répliqua le barman. Vous m'interrogez sur un de mes amis. Un ami qui a été abattu hier soir par un flic. (Il prit le billet de dix dollars que Holland avait posé devant lui, encaissa deux bières pression, et lui rendit quatre dollars accompagnés de monnaie.) Je ne sais pas ce qui me retient de vous flanquer dehors, mon vieux. Vous voulez que je sois heureux parce qu'un flic a tué Tim d'un coup de feu ?

— Non, ce n'est pas ce que je veux. (Holland s'adressa une mise en garde : *vas-y mollo maintenant.*) Ça faisait longtemps que vous connaissiez Tim McKelvey ?

— Six ou sept mois. Il était venu de je ne sais où en Nouvelle-Angleterre pour tenter sa chance. Ça, il a vraiment eu une sacrée chance... Avec son talent !

— Quel talent ?

— C'était un comique, répondit le barman.

Demandez à tous ceux ici qui ont connu ce gars-là. La rigolade ? Bon sang, Bill, quelle est ton opinion sur Tim McKelvey question rigolade ?

L'homme qui s'appelait Bill était un gros lourdaud. Il écrasait littéralement le tabouret de bar sur lequel il était assis. De la sueur détrempait les mailles de son tee-shirt. Bill toisa Holland et émit un grognement.

— Vous jouez du piano, m'sieur l'enquêteur ?

— Non.

— Ou alors, vous chantez ?

— Ce n'est pas moi qu'on interroge ici.

— Vous avez demandé si Tim avait du talent, non ?

Le silence de Holland en était l'aveu. Il but une autre gorgée de bière. Il l'apprécia moins que tout à l'heure. Il faisait encore plus chaud. Il avait mal à la tête.

— Tim s'asseyait là-bas au piano, tous les soirs ou presque, reprit Bill en tendant le doigt vers un piano droit au fond du bistrot. Bon Dieu, on aurait cru que ses mains faisaient partie du clavier. Il jouait c'que vous vouliez. Du bon vieux boogie qui swingue, des ballades italiennes... Il chantait comme les gars à la télé, c'est dire son niveau. Et pour raconter des histoires ! Même un flic se serait fendu la poire en entendant McKelvey faire son numéro.

— C'est seulement, voyez-vous, que ce pauvre Tim, on lui a jamais donné sa chance, expliqua un autre client au zinc. Mais les bons comme les mauvais jours, il souriait tellement qu'on aurait dit un bienheureux. Les bons comme les...

— D'accord, d'accord, coupa Holland.

Bill rota et lança :

— Vous aimez pas notre façon de raconter les choses ?

— Je me fais une idée, répondit Holland. C'était le type le plus sympa du monde. Seulement hier soir votre petit saint était armé d'un pistolet. Vous le saviez, vous autres ? Ce que moi j'aimerais savoir, c'est comment vous expliquez ça.

Personne ne pipa mot.

— Il travaillait ? demanda Holland à Bill.

— Il travaillait dans le show-biz, à ce qu'il disait. C'est un crime ?

— Qui faisait vivre ses gosses ?

— Posez la question à son fantôme, répliqua Bill avec un grand sens théâtral. (Soudain Holland se prit à le détester, presque autant qu'il commençait à se haïr lui-même.) Demandez au flic qui l'a abattu !

Le coup porta et Holland pensa : « Ils ont l'avantage sur moi. » Il se tourna alors vers le barman, espérant changer le cours de la conversation.

— Est-ce que vous connaissiez la femme de McKelvey ?

— Je la voyais dans les parages. Mais elle entrait jamais ici. C'est une brune bien plantée, elle pourrait abattre un mur. Tim ne parlait jamais d'elle. Il était pas du genre à faire étalage de ses ennuis.

Bill cracha quelque chose par terre et lâcha :

— Elle a jamais été d'aucune aide dans sa carrière.

Holland ne voulait plus parler à Bill.

— Il n'y a personne à l'appartement, dit-il au barman. Où est-ce que je pourrais la trouver ? Où sont les enfants ?

— Essayez auprès de la vieille dame, conseilla-t-il.

— Quelle vieille dame ?

— La belle-mère de Tim. Elle s'appelle Delaney.

Au coin de la rue. La première maison, avec le tailleur en sous-sol.

Holland ressortit sous le soleil aveuglant, qui du haut du ciel réduisait l'ombre à la portion congrue. Un camion, à moitié chargé de tonnelets de bière, s'était garé devant chez Brady à un arrêt de bus. Le chauffeur passa sur le côté du camion. Holland le reconnut. Il le connaissait pour l'avoir rencontré dans d'autres quartiers de la ville, à l'époque où il était encore flic en tenue.

— Je n'en ai que pour quelques minutes, George, OK ?

— Entendu, fit Holland.

Il appuya en bas sur le bouton marqué DELANEY. L'escalier de cet immeuble était raide. Il faisait frais et sombre dans cet étroit escalier.

— Madame Delaney ? lança Holland à la femme qui apparut en haut sur le palier.

— Qui est-ce ?

— Police, madame Delaney.

Elle n'était pas grosse, mais ronde et frêle. Elle avait de très beaux yeux bleu foncé.

— C'est pourquoi ?

— J'ai besoin de vous parler.

Mme Delaney frotta les mains l'une contre l'autre avant de dire :

— Bon, d'accord... Montez.

Holland gravit un étage et pénétra dans un minuscule appartement propret. L'inévitable poussière estivale dansait dans les rais obliques du soleil que les rideaux ne pouvaient empêcher de filtrer. Il vit deux enfants debout près de la fenêtre, deux enfants roux, peut-être de quatre et six ans. Ils ne portaient qu'un short et des baskets, vu la chaleur, et avaient l'air en pleine santé, comme des enfants en camp de vacances. Ils le regardèrent avec un intérêt si vif et si bienveillant que Holland ne put s'empêcher de détourner les yeux.

Il avisa une petite table en chêne au centre de la pièce, propre et cirée. Il y avait une carpette usée en dessous. L'appartement faisait vieillot, comme celui de sa grand-mère dans le Bronx. Sur les murs Holland aperçut les trésors des classes ouvrières irlandaises respectables : « Que Dieu Bénisse Notre Foyer » en lettres de dentelle, une image du Sacré-Cœur, une photo de John Fitzgerald Kennedy découpée dans *Life*.

— Asseyez-vous, monsieur, je vous en prie.

Holland s'assit à la table en chêne, et elle fit de même.

— Sixième circonscription, Dixième Rue Ouest, débita-t-il, s'abstenant de se nommer. Au sujet d'hier soir...

Mme Delaney l'interrompit.

— Pensons aux enfants et évitons de dire des choses qu'il est préférable de passer sous silence.

— Oui, madame. En réalité, c'est à la mère des enfants que j'aimerais parler, si cela était possible.

— Ma fille n'est pas là. (Mme Delaney lança un regard circonspect vers les enfants, puis se pencha en avant.) Un étranger pourrait penser..., enfin, pourrait trouver que Margie manque de sollicitude pour ne pas être là en un moment pareil.

— Certes, fit Holland. (Il sortit un grand mouchoir trempé et s'essuya la figure.) Ça vous dérangerait que les enfants aillent dans une autre pièce, madame Delaney ?

— Il n'y a que cette chambre-ci et la cuisine.

— Eh bien, peut-être pourraient-ils sortir alors ?

Elle le regarda, épouvantée.

— Dans la rue ? Avec tout ce qu'on raconte sur ce qui s'est passé hier soir ? Alors que les enfants ne sont pas préparés à entendre ce qu'ils risqueraient d'entendre.

— Je comprends votre point de vue... Où est votre fille, madame Delaney ?

— Elle est allée à son travail. (Mme Delaney, assise au milieu de sa collection d'images pieuses, ne semblait guère à l'aise touchant l'emploi de Marjorie McKelvey.) Elle a un travail à temps partiel en quelque sorte.

— Vous voulez dire au « Repaire de Harry » ?

— Je crois que ça s'appelle comme ça, en effet.

— C'est quoi ? Un bar ?

— Ma foi, je n'y suis jamais allée, répondit Mme Delaney en roulant des yeux. Mais, je vous en prie, ne vous faites pas des idées fausses..., sur Margie, je veux dire.

L'aîné des garçons s'approcha prudemment de la table et se planta à côté de sa grand-mère, un bras passé autour de son épaule. Malgré lui, Holland le dévisagea. Il aurait pu être le petit garçon de Lisa, ou encore le fils du frère de Lisa.

— Mon père, il a été blessé, dit le garçon à Holland... Mon père, il sait chanter, et il sait se battre.

Holland ne put s'empêcher de se demander : se battre ?

— S'il te plaît, Jerry ! l'admonesta Mme Delaney.

Holland gardait les yeux rivés sur lui. Puis il se leva et se dirigea vers la porte. Mme Delaney le suivit sans faire de commentaire. Holland eut l'impression qu'il allait s'évanouir de chagrin. Il se tourna vers Mme Delaney et lui demanda :

— Quel genre d'homme était votre gendre ?

Le visage de Mme Delaney resta impassible. Mais ses lèvres se mirent à trembler.

— Vous êtes obligé de faire ça ? Vous êtes obligé de faire ça maintenant ?

Holland descendit lentement l'escalier pour regagner la rue. Le gros camion, avec sa cargaison allégée de tonnelets de bière, quittait l'arrêt de bus. Holland allait bientôt comprendre ce que cela signifiait.

Il entra de nouveau chez Brady. Il voulait téléphoner au « Repaire de Harry » afin d'obtenir l'adresse exacte. Tout le monde le regarda d'un air hostile. Il ne vit que des visages accusateurs, et il comprit alors qu'ils avaient appris qui il était par le chauffeur du camion. Le costaud du nom de Bill, tout disposé à jouer le rôle, était impatient de se faire le porte-parole du groupe.

— Dites donc, vous nous aviez pas dit que vous étiez venu ici pour saluer la foule, lança-t-il à Holland en brandissant le *New York Post*. C'est vous le flic dont on parle dans le canard.

— Et alors ? demanda Holland.

— L'homme de la semaine, fit Bill avec mépris. Le grand héros qui a abattu le méchant voyou.

— Ça suffit, l'avertit Holland.

Bill se dirigea vers lui, armé du journal roulé, encouragé par les murmures hostiles de ses copains.

— On est tous les amis de Tim ici, inspecteur Holland, et y en a pas un parmi nous à qui fait plaisir ce qui s'est passé hier soir. On les connaît, nous, les flics qui ont la gâchette facile.

Holland le frappa alors. Il le fit instinctivement, tout comme il avait abattu Tim McKelvey. Seulement, cette fois-ci, il frappa Bill avec une rage folle suscitée par ce dégoût de lui-même qu'il sentait monter en lui. Il le frappa si violemment que le gros Bill recula en chancelant, puis se mit à beugler contre Holland et vociférer des obscénités, brandissant le poing et agitant ses bras musclés. Holland lui assena alors un grand coup, et Bill s'effondra pour de bon. Plus personne ne provoqua Holland. Ils demeuraient tous pétrifiés au comptoir. Bill, affalé par terre, leva les yeux vers Holland, la mine défaite.

Holland pria en silence. « Seigneur, venez-moi en aide à présent, s'il est écrit que Vous deviez jamais me venir en aide. »

Il ne se rendit pas directement au « Repaire de Harry ». Il s'attarda au comptoir d'un marchand de saucisses en plein air au coin de Broadway et de la 99e, sirotant une orangeade insipide dans un gobelet en plastique. Il se dit qu'en tabassant le gros Bill, lui, l'enquêteur de premier ordre, avait carrément fait preuve de l'intelligence fine et posée d'un vrai malade mental. Mais cette préoccupation fut comme d'habitude reléguée au second plan par le grand problème : « Quel genre d'homme ai-je tué hier soir ? Est-ce que McKelvey m'aurait tiré dessus ? »

D'où il était, Holland, le malade mental, pouvait observer les clients du déjeuner sortant du « Repaire de Harry ». Chaque fois que la porte s'ouvrait, des bouffées d'une musique sensuelle et nonchalante s'échappaient dans la rue humide. Il était deux heures et demie. Holland termina son orangeade, se dirigea vers l'établissement et y entra. Il fut soulagé de sentir l'air conditionné.

— Je peux prendre votre chapeau, monsieur ?

Elle avait une haleine sucrée et portait des bas résille, un monokini, ainsi qu'une perruque blonde de la couleur et de la texture de la paille entourant les bouteilles de vin espagnol.

— Je n'ai pas de chapeau, et je ne suis pas vraiment un client, repartit Holland.

Elle se trémoussa.

— Bah... vous savez ce que je veux dire...

Holland sortit sa plaque de la Police de New York et la lui colla sous le nez. Blondie s'écarta de lui comme si elle avait été un vampire et que Holland eût brandi un crucifix. Puis il attendit que ses yeux s'habituent tout à fait à l'obscurité après le soleil aveuglant du dehors, et que les pores de sa peau s'accoutument à la fraîcheur. Peu à peu il distingua une petite scène dans le fond, où une strip-teaseuse effectuait nonchalamment son effeuillage, quelques douzaines de types, portant des costumes en polyester et des lunettes de soleil, assis à de petites tables, ainsi qu'un bar le long du mur latéral.

Il aperçut également la brune bien plantée. Elle était debout à une table occupée par deux gars qui avaient l'air pressés. Elle était en train de faire l'addition. Elle alla au bar, puis revint à la table avec de la monnaie. Ses clients se levèrent pour partir. Holland s'approcha d'elle.

— Madame McKelvey ?

Elle avait remarqué sa présence. Son regard calme ne manifesta nulle surprise. Ses mains étaient posées de manière hésitante sur les verres qu'elle avait rangés de côté, Le commentaire du barman de chez Brady — « elle pourrait abattre un mur » — était confirmé par son gabarit, mais non par la lassitude que Holland lut sur son visage. Par respect pour son veuvage, Holland ne regardait que son visage.

— Vous êtes de la police, hein ?

Elle débarrassa la table, prit les verres et les cendriers, ajoutant :

— Je reviens.

Mme McKelvey avait une belle démarche. Ses

hanches étaient animées d'un mouvement rythmique, mais sans la moindre provocation. Chez elle, les bas résille, le monokini et la poitrine climatisée, n'étaient qu'un uniforme. Elle revint au bout d'une minute, les mains derrière le dos, attachant un tablier qu'elle avait dû emprunter à quelqu'un de la cuisine. Holland lui fut reconnaissant de cette petite faveur. Il ne tenait pas à laisser vagabonder ses regards en interrogeant la veuve du type le plus sympathique du monde, qu'il venait d'abattre. Le froid le fit frissonner.

— Autant s'asseoir ici, dit Mme McKelvey.

Ils prirent place à la table qu'elle venait de débarrasser. La strip-teaseuse en scène termina son numéro et il y eut un entracte, ce qui fut un autre soulagement pour Holland.

— Une tasse de café ?

— Non merci, répondit-il avant de le regretter.

Il faisait froid, il avait la bouche sèche et il eut envie de dire que finalement il prendrait volontiers du café. Au lieu de quoi il se lança :

— A propos de votre mari, je suis désolé...

— C'est officiel, hein ? Vous venez au nom du département de police ?

— J'ai dit que j'étais désolé, c'est tout. Il n'y a pas de mal à dire qu'on est désolé.

— Je vais quand même vous chercher du café. Vous m'avez l'air d'en avoir besoin. Vous êtes nouveau dans le métier ou quoi ?

Mme McKelvey fit un signe et une autre serveuse en bas résille s'approcha, à laquelle elle commanda du café pour tous les deux.

— Non, je ne suis pas nouveau... (Il décida alors de lâcher le morceau.) Écoutez, madame McKelvey... J'étais dans la Huitième Avenue hier soir, devant le marchand de vins...

Il ne put en dire plus. La serveuse arriva avec

le café, en servit deux tasses, leur donna de la crème et du sucre. Mme McKelvey prit le sien noir, Holland avec un nuage de lait et un sucre.

— C'est vous, hein ? lui demanda-t-elle. C'est ce que vous essayez de me dire ?

Lentement, d'un air malheureux, Holland hocha la tête.

— Mon pauvre vieux, fit-elle presque tendrement.

— Vous n'éprouvez pas de haine pour moi ?

— De la haine ? C'est pour ça que vous êtes venu ici ? Simplement pour me dire que c'était vous ?

— Entre autres.

Mais Holland ne savait vraiment pas quoi ajouter.

— Je ne cesse de penser à l'air qu'avait votre mari, reprit-il. C'est ce que j'ai essayé de dire à ma femme hier soir. Elle a cru que j'étais fou, mais je lui ai dit que je lui trouvais une tête sympathique.

— Oui, il était bien physiquement, acquiesça Mme McKelvey. (Elle but son café et reposa la tasse.) Il avait un sourire séduisant. C'est ce que tout le monde disait.

Holland fixa les yeux sur la table, se rappelant quelque chose qu'il avait entendu chez Brady, et qu'il ressortit plus ou moins exactement :

— « Il souriait comme un bienheureux. »

— Oui, je suppose.

— Je suis entré chez Brady aujourd'hui, juste à côté de chez vous. Les clients m'ont dit ce qu'ils pensaient de lui. Ils m'ont parlé de son sourire.

— Tim avait un sourire qui s'allumait comme une lampe électrique, expliqua tranquillement Mme McKelvey. Il l'éteignait et l'allumait chaque fois que ça l'arrangeait, surtout quand il avait la trouille. Il se faisait des copains à tout bout de champ, partout où il allait, et la seule personne à laquelle il s'en prenait, c'était moi.

Holland attendit, espérant entendre à tout hasard quelque chose de négatif sur l'homme qu'il avait tué. C'était l'entracte et il n'y avait presque plus un bruit à présent. Il entendait seulement un cliquetis de verres au bar. Mais Marjorie McKelvey ne disait plus rien. Son esprit était ailleurs, et Holland allait être obligé de la relancer. Il sentit qu'elle était prête à dire du mal des morts, et c'était peut-être ce qu'il avait besoin d'entendre, afin de ne plus être obsédé par les questions qu'il se posait.

— On m'a dit aussi qu'il avait du talent, dit-il pour l'aiguillonner.

— Du talent, oui. Il jouait du piano, il poussait la chansonnette, il racontait des blagues. Il devait être l'attraction habituelle dans ce rade, « Chez Brady ». Écoutez... Vous ne voulez pas prendre un verre pour de bon ?

— Je prendrais bien une Moosehead, si vous avez.

Mme McKelvey se leva et se dirigea vers le bar. Elle était plus grande que la plupart des hommes en costume de polyester, et elle était aussi plus large d'épaules. Elle revint avec la bière demandée et, pour elle, un double scotch.

— Où en étions-nous ? dit-elle après s'être assise.

— Je vous disais que, aujourd'hui, j'avais posé des questions sur votre mari. J'ai fait un tour chez Brady et je suis également allé chez votre mère à deux pas de là. Je lui ai parlé un peu et, oh ! l'un de vos fils m'a parlé aussi. L'aîné.

— Oui ? Et qu'est-ce que vous a raconté Jerry ?

— Il m'a dit que son père se battait.

Marjorie McKelvey but la moitié de son scotch, et Holland vit son visage se transformer. Elle ne paraissait plus fatiguée ; elle avait à présent un air dur et impitoyable.

— Oui, il racontait aux enfants des fariboles, comme quoi il avait été autrefois boxeur professionnel à Boston. C'était du boniment ! Ensuite, quand les enfants étaient endormis, il essayait de donner consistance à l'histoire en me tapant dessus, malgré ma carrure. Mais généralement il n'avait pas le dessus, le petit minable.

Des pensées fugitives traversèrent l'esprit de Holland. Ai-je abrégé le supplice de Tim ? Est-ce la raison pour laquelle il souriait quand il s'est effondré ?... Comment diable ai-je eu la chance d'épouser une fille comme Lisa ? Puis, sans réfléchir, il enchaîna :

— Ainsi donc, l'entente entre vous deux n'était pas fameuse ?

— Vous êtes un enquêteur drôlement futé, dites-moi ! repartit-elle en le regardant.

Holland piqua un fard.

— Il y a quelque chose que je ne comprends pas..., balbutia-t-il. Enfin, s'il avait du talent comme tout le monde l'affirme, comment se fait-il qu'il n'ait pas pu...

— Tim avait du talent pour tout sauf pour trouver du travail, et surtout un travail qui aurait risqué de saligoter ses belles tenues, car il était obligé de les garder pour le show-biz, à ce qu'il disait. (Elle éclusa le reste du scotch, et sa voix se fit tranchante comme une lame.) Le show-biz ! Je suppose que les gars de chez Brady vous ont dit qu'il avait jamais eu sa chance ?

— Tout juste.

— Oui, et là encore c'est de la foutaise. J'ai remarqué que dans la vie tout le monde a sa chance, quoi qu'on en dise. Tim a fait un numéro dans un café-théâtre lors de notre arrivée à New York. Au bout de dix minutes de son numéro, il a reçu un choc parce que le public n'était pas béat d'admiration comme chez Brady quand il y bossait à l'œil. Du coup ça l'a complètement bloqué, et il a eu tellement la trouille qu'il est resté planté là en souriant comme un crétin.

— Je vois.

— Et ce n'est même pas la seule chance qui s'est présentée, enchaîna-t-elle. Il y en a eu d'autres, et il s'est planté encore plus lamentablement. Je lui ai dit d'oublier le show-biz et d'avoir un peu les pieds sur terre, c'est-à-dire qu'il trouve du boulot, même un boulot minable comme le mien. Ah, mais non ! Pas le talentueux McKelvey avec ses belles fringues et son sourire nacré.

— Vous avez une idée de la raison pour laquelle il a décidé de se lancer dans un hold-up ? questionna Holland.

— Quand Tim avait besoin de quelque chose, il me tapait, mais y a deux semaines je lui ai coupé les vivres. Alors comment allait-il se débrouiller pour trouver de l'argent ? L'un des gars du bistro a dû clamer que ça devait pas être sorcier de braquer un magasin de vins, et Tim s'est fourré dans la tête qu'il en était capable.

Elle fit signe à une serveuse qui passait et lui commanda un autre double scotch.

Holland refusa une autre Moosehead.

— Le flic qui est venu m'annoncer le décès de Tim m'a dit qu'il avait gardé son portefeuille sur lui alors qu'il essayait de braquer un magasin. Bon sang ! Ces gars talentueux, c'est pas des lumières. Vous voyez ce que je veux dire ?

— Je vois.

Holland eut envie de quitter le « Repaire de

Harry » aussi rapidement que les clients de Mme McKelvey l'avaient quittée tout à l'heure. Mais il resta sans bouger. Il se tourna seulement lorsque la serveuse s'approcha pour servir le second scotch, et au bar il aperçut Morty Lerner, Dieu merci, en train de l'observer. Holland adressa un geste de la main à son collègue. Lerner vit le geste. Il était trois heures dix à la pendule au-dessus du bar.

— Vous me prenez pour une garce, non ? dit Mme McKelvey. (Elle avala une grande lampée de son scotch.) Un brave type comme vous qui m'entend sortir tout ça sur mon mari, enfin quoi, avouer que je suis presque heureuse qu'il soit mort pour de bon. (Elle essuya ses lèvres charnues.) Vous croyez que ça me plaît de dire ça ?

— Non, madame.

— Alors souhaitez bonne chance à la veuve.

Il lui souhaita bonne chance et se leva. Apparemment il n'y avait rien d'autre à ajouter. Il glissa la main dans sa poche, y trouva trois billets de vingt, les donna à la veuve brune et bien plantée qui buvait du scotch, et dont les yeux paraissaient de nouveau fatigués, un peu larmoyants.

— Vous vous en tirerez. Vos garçons s'en tireront, déclara-t-il avant de sortir précipitamment.

En pleine chaleur, Lerner et Holland arpentaient le trottoir chichement ombragé de Broadway. Ils gardèrent le silence un moment, puis Holland demanda :

— Comment as-tu su que tu me trouverais au « Repaire de Harry » ?

— Franchement, George, c'était à peu près aussi simple que de trouver l'hôtel de ville. Je me suis rendu à cette adresse d'Amsterdam Avenue après un coup de fil de Lisa me disant qu'elle se faisait du souci à ton sujet. J'ai vite appris que tu avais assommé un pilier de bar dans un bistro, « Chez Brady ». Et là-bas on m'a dit aussi que tu étais allé voir une certaine Mme Delaney. Tu vois ? On ne peut rien contre les techniques modernes de la police !

Ils continuèrent de marcher une ou deux minutes sans parler. Puis Lerner reprit :

— Alors qu'as-tu appris sur notre Tim McKelvey ?

— C'était un bon-à-rien, à ce qui semble.

— Tu te sens mieux ?

Holland s'arrêta. Il était un peu agacé.

— Écoute, Morty... Peu importe que ce type ait été un bon-à-rien ou un saint. Là n'est pas la question. Je le croyais, mais non. La question — et je ne t'en ai pas parlé hier soir —, c'est : « Ai-je tiré trop tôt ? Est-ce que j'aurais pu laisser davantage de temps à McKelvey ? »

Un sourire s'épanouit sur le visage de son interlocuteur, un sourire étrange, pensa Holland.

— Oui, je suppose, dit Lerner. Tu aurais pu laisser le temps à McKelvey de démonter son automatique et de le recharger.

— Qu'est-ce que tu veux dire ?

— Je veux dire que, pendant que tu étais à l'autre bout de la ville à te tourmenter et inquiéter tout le monde, moi je parlais aux experts.

— Quoi ?

— Aux experts, George. Tu sais... Les gars de la balistique et les médecins légistes de la Crim, les types de la police des polices ?...

Holland demeura coi. Il oscilla juste un peu sur ses jambes.

— Voici ce qui s'est passé, George, poursuivit Lerner. McKelvey t'a tiré dessus. Seulement son pistolet s'est enrayé. Et toi, tu ne t'es douté de rien, vu que la chose n'a duré qu'une fraction de seconde.

— Donc, je n'ai pas...

— Non, George. Tu n'as pas tiré trop tôt, c'est sûr et certain. Bon Dieu, mon vieux, tu as de la chance d'être encore en vie !

Ils continuèrent à marcher lentement, et Holland pensait : *McKelvey m'a tiré dessus ! Seulement ça a foiré..., du coup il a eu la trouille et il s'est mis à sourire.* Une petite brise souffla depuis le fleuve, une malheureuse brise qui faisait voler à grand-peine la poussière paresseuse du jour. Mais elle parut délicieuse à Holland, comme le vent soulevant les jupes estivales de Lisa.

— J'ai l'impression de voguer sur l'Hudson, dit-il dans un élan d'enthousiasme. Viens chez moi, Morty, on va boire une bière.

A Cool, Clean Shot
Traduction de Jean-Bernard Piat

LES BRIQUES DE BROCK

par ROBERT COLBY

L'aube venait de se lever, lorsque le Boeing 747 se posa en douceur sur la piste de l'aéroport international de Miami et se dirigea à vitesse réduite vers l'aérogare. Brock était réveillé depuis quelques minutes à peine et sa tête était encore pleine du rêve — ou plutôt du cauchemar — qu'il avait fait pendant son sommeil. Un rêve si réel et si précis qu'il ne pouvait s'empêcher de frissonner au souvenir de la dernière image qui avait traversé son esprit. Il se trouvait en mer, à bord d'une vedette rapide qui fonçait vers le large. C'était le milieu de la nuit, une nuit sombre et sans lune, et il gisait à l'arrière du bateau, dans le cockpit, les pieds et les poings liés avec du fil d'acier. A côté de lui, il y avait une lourde ancre de marine, rouillée et rongée par le sel. Le lest qui devait assurer son repos éternel au fond de l'océan. Puis, le bateau avait ralenti au milieu des énormes vagues écumantes et des hommes dont les visages lui étaient vaguement familiers s'étaient penchés sur lui — jamais il n'oublierait leurs ricanements diaboliques et leurs sinistres rictus. — Sans ménagements, ils l'avaient empoigné et l'avaient jeté par-dessus bord. A cet instant, un rayon de lune blafard avait percé les nuages et Brock avait tout juste eu le temps d'apercevoir la poupe du bateau de ses tortionnaires avant d'être englouti par les flots déchaînés. C'était à ce moment-là qu'il s'était réveillé. Il avait regardé par le hublot et découvert les lumières de la grande métropole paresseusement allongée au bord de son immense plage de sable fin. L'avion avait alors amorcé sa descente vers le sol et il avait secoué la tête pour chasser les dernières images du cauchemar qu'il venait de vivre.

Tout en se frayant un chemin au milieu de la foule des passagers qui, arrivés à destination, avaient hâte de quitter l'appareil, il se demanda si son rêve pouvait avoir un caractère prémonitoire. Probablement pas, se dit-il après une brève hésitation. Il était en vacances et n'avait pas l'intention de se mêler à une quelconque aventure. Un mois de farniente en n'ayant rien d'autre à faire que paresser le long des magnifiques plages de Seahaven et savourer la vie au jour le jour, sans se soucier de rien... Un rêve bien plus agréable que celui qui venait de gâcher la fin de son voyage !

Au pied de la passerelle, une hôtesse blonde et un peu fade récitait mécaniquement sa leçon :

« Au revoir, Mesdames et Messieurs. J'espère que vous avez eu un vol agréable et que notre compagnie... »

Quand il était monté dans l'avion, quelques heures plus tôt et quelques milliers de kilomètres plus au nord, la température extérieure était de moins dix degrés, il neigeait et, emmitouflés dans leurs gros manteaux de fourrure, les malheureux piétons essayaient, tant bien que mal, de se protéger contre les rafales glaciales du blizzard qui les obligeaient à marcher courbés en deux. Ici, c'était un autre monde. La température avoisinait les vingt-cinq degrés, les gens allaient et venaient en costume d'été. Un vent léger et tiède, chargé de tous les parfums des tropiques, soufflait de la terre et réussissait presque à masquer ces odeurs de goudron, d'huile, de kérosène et de transpiration humaine auxquelles on reconnaît ces temples de la modernité que sont les grands aéroports internationaux.

Après avoir déjeuné, de façon copieuse et en prenant tout son temps, à la cafétéria de l'aérogare, Brock loua une petite voiture de série et prit la route de la côte en direction de Seahaven, une station balnéaire dont la population décuple en hiver, quand les retraités et les personnes âgées abandonnent les frimas des États du nord pour se réfugier sous les cieux plus cléments de la Floride.

La circulation était fluide et, comme il n'était pas pressé, il roula lentement le long de la plage. Çà et là, des palmiers jaillissaient de manière presque incongrue au milieu du sable immaculé et balançaient doucement leurs têtes ébouriffées au-dessus des corps bronzés des baigneurs matinaux. La mer était très calme et d'un beau bleu turquoise qui rivalisait avec le vert tendre des pelouses.

Après plusieurs kilomètres de grands hôtels et de plages sublimes, l'avenue devenait un peu moins large et pénétrait dans un quartier résidentiel où alternaient petits immeubles cossus et riches villas entourées de jardins. Sur le portail de l'une d'entre elles, un panneau avait été apposé et Brock s'arrêta pour le lire :

« A LOUER. PREMIER ÉTAGE DE LA MAISON.
AGRÉABLEMENT MEUBLÉ.
VUE SUR L'OCÉAN, BELLE PLAGE PRIVÉE.
SE RENSEIGNER A L'INTÉRIEUR »

La maison avait l'air d'un petit chalet suisse, et en avait la propreté et la fraîcheur. Sa façade en bois avait été repeinte récemment en bleu et jaune pastel ; dans son jardin, toute la flore des tropiques semblait avoir été réunie pour composer une symphonie de couleurs plus chatoyantes les unes que les autres.

C'était ce qu'il cherchait. Il descendit de voiture et pressa sur le bouton de sonnette. Au bout de quelques instants, une jeune femme apparut sur le pas de la porte et descendit les trois marches du perron pour venir lui ouvrir le portail. Elle était en tenue de plage et avait de longs cheveux noirs qui tombaient en cascade bouclée sur ses épaules. Son visage fin et gracieux avait ce teint uniformément bronzé des gens qui vivent toute l'année sous les tropiques ; néanmoins, elle avait pris un coup de soleil récemment, car il y avait de minuscules petits sillons blancs sur son front et sur le bout de son nez. Elle aurait été très jolie, si elle n'avait pas eu les yeux rouges et bouffis, avec la mine de quelqu'un qui a passé toute la nuit à pleurer ou faire la fête.

— Oui, c'est à quel sujet ? s'enquit-elle avec lassitude.

— Je viens de lire votre écriteau et...

D'un seul coup, elle sembla revenir à la vie et un sourire éclaira son visage.

— Pour combien de temps voudriez-vous louer ? Pour toute la saison d'hiver ?

Il secoua la tête.

— Non. Je voyage beaucoup pour mon travail et je ne puis prendre que des vacances assez brèves.

— Je préférerais louer pour la saison...

— Je vous paierai un mois d'avance et je ne vous demanderai pas de me rembourser la différence, si jamais je dois partir plus tôt. Pourriez-vous me faire visiter l'appartement ?

Elle le regarda d'un air indécis en se balançant d'un pied sur l'autre.

— Euh... Je ne sais pas... Il est encore très tôt et je n'ai pas encorc eu le temps de...

— Comme vous voudrez, acquiesça-t-il en faisant un pas en direction de sa voiture. Je reviendrai plus tard.

— Non, attendez ! l'arrêta-t-elle avec précipitation. Je vais aller chercher les clefs.

Elle rentra dans la maison et revint, quelques secondes plus tard, un trousseau à la main.

— Si vous voulez me suivre...

Elle passa devant et, l'un derrière l'autre, ils gravirent l'escalier extérieur en bois qui conduisait au premier étage de la villa.

— Vous êtes seul ? s'enquit-elle en choisissant l'une des clefs du trousseau.

— Totalement seul.

— C'est un bien grand appartement pour un célibataire... Vous n'aurez pas trop de peine pour l'entretenir ?

Il sourit malgré lui.

— Ne vous inquiétez pas, je me débrouillerai, la rassura-t-il. Je suis très organisé et j'aime avoir beaucoup de place.

Elle ouvrit la porte et ils entrèrent dans une vaste salle de séjour, très claire et meublée avec luxe. Le grand sofa qui occupait le centre de la pièce était recouvert de soie naturelle décorée de motifs floraux très lumineux et la table basse devant la cheminée était en loupe de bois vernis. Dans un coin, il y avait également un bar et, derrière, une vitrine remplie de verres en cristal. Le plafond lambrissé était très haut et trois côtés de la pièce étaient occupés par d'immenses baies vitrées par lesquelles on avait une vue splendide sur l'océan. Un océan tellement proche et omniprésent qu'on avait l'impression d'être à bord d'un bateau.

Brock ouvrit l'une des baies vitrées et sortit sur la terrasse qui faisait face à la mer. La plage était à quelques dizaines de mètres à peine, au bout du jardin, et un autre escalier permettait de s'y rendre directement, sans avoir à passer par le devant de la maison. Une brise légère soufflait de la mer, chargée de sel et d'iode.

Il soupira et remplit ses poumons avec délice.

— C'est absolument charmant, murmura-t-il. Tout à fait ce qu'il me faut. Je le prends.

La jeune femme le regarda d'un air déconcerté.

— Mais... Vous n'avez encore vu ni les chambres, ni la cuisine !

Il haussa les épaules.

— Une cuisine est une cuisine et, pour ce qui est de la chambre, tout ce que je demande, c'est que le lit soit grand et confortable.

— Les deux chambres ont vue sur l'océan et la literie est neuve et de bonne qualité, déclara-t-elle avec un sourire un peu pincé. Mais, nous n'avons pas encore parlé du loyer. Pour un mois seulement, ce sera plus cher — mille dollars et cinq cents dollars de caution.

— Parfait, acquiesça-t-il. Établissez-moi un reçu et je vous donnerai les quinze cents dollars en liquide. Comment vous appelez-vous ? Moi, c'est Brock. James Brock.

— Guthrie. Iris Guthrie, répondit-elle en le regardant d'un air hésitant. Il faudrait peut-être que j'en sache un peu plus sur vous, monsieur Brock...

— Que voulez-vous savoir ?

— Vous comprenez, expliqua-t-elle avec embarras, j'habite au-dessous et je suis veuve. Je ne puis me permettre d'accepter n'importe quel locataire.

— Si cela peut vous rassurer, j'ai le pied léger et je n'aime que la musique classique.

La jeune femme sourit, mais il y avait encore un peu d'inquiétude dans son regard.

— Puis-je vous demander quel métier vous exercez ?

Brock réfléchit un instant avant de répondre.

— C'est difficile à expliquer... On pourrait dire que je suis une sorte de collecteur d'impôts qui ne s'attaque qu'aux malhonnêtes gens. Je m'efforce de les remettre dans le droit chemin — ou, au moins, de leur donner une bonne leçon — et, en contrepartie, je perçois une dîme. Une dîme proportionnelle aux méfaits qu'ils ont commis.

— Vous voulez plaisanter, sans doute ?

— Pas le moins du monde. Il s'agit là d'une activité très officielle et plutôt lucrative.

La jeune femme hocha la tête.

— Vous travaillez pour le F.B.I. ?

— J'ai des relations avec eux, mais je suis un travailleur indépendant. Je ne peux pas vous en dire plus, car c'est un métier qui exige la plus extrême discrétion.

— Vous êtes efficace dans ce métier ?

Brock la regarda avec curiosité.

— En quoi cela vous importe-t-il ?

Elle hésita.

— J'ai une raison particulière pour vous le demander, mais, pour le moment, je voudrais simplement savoir si vous avez beaucoup de succès dans votre — hum — chasse aux criminels.

— Sans fausse modestie, j'ai acquis une certaine réputation dans ce domaine, concéda-t-il avec un large sourire.

Elle détourna la tête et se mit à regarder vers la mer, en direction d'un petit bateau de pêche bleu et blanc qui tanguait et roulait au milieu des vagues.

— Il y a trois semaines, murmura-t-elle au bout de quelques instants, par une belle journée comme celle-ci, mon mari, Troy, et son conseiller juridique ont pris la mer pour aller à la pêche. Ils ne sont jamais revenus. Il y a eu un incendie à bord et leur bateau a explosé. La police maritime n'a rien retrouvé, hormis quelques morceaux de bois et de plastique noircis par le feu.

— Cela a dû être terrible pour vous, Iris... Je suis désolé.

Elle soupira.

— Oui, acquiesça-t-elle. Depuis lors, je ne vis plus. Le jour, j'erre comme une âme en peine dans cette maison vide et, la nuit, je ne dors pas ou je fais des cauchemars. La nuit dernière, j'ai rêvé que Troy avait été assommé dans le naufrage du bateau, mais qu'il n'était pas mort. Son corps inanimé dérivait au gré des courants et des requins affamés arrivaient, se jetaient sur cette proie sans défense... C'était horrible ! Je me suis réveillée en hurlant.

Au fur et à mesure qu'elle parlait, Brock avait froncé les sourcils.

— C'est bizarre... Cette nuit, pendant que je dormais dans l'avion qui m'amenait ici, j'ai rêvé que j'étais prisonnier sur un bateau et qu'on me jetait par-dessus bord, avec, en guise de lest, une grosse ancre de marine.

— C'était peut-être un signe, suggéra la jeune femme avec une pointe d'humour dans la voix. Depuis le début, je trouve qu'il y a quelque chose d'étrange en vous... Vous êtes sûr que vous êtes arrivé à Miami en avion et non en soucoupe volante ?

Il sourit, mais ne répondit rien.

Pendant quelques instants, elle le considéra en silence, puis, soudain, fit un pas dans sa direction.

— Écoutez, vous pourrez habiter dans cet appartement aussi longtemps que vous le désirez et cela sans que vous ayez un centime à débourser si vous acceptez d'enquêter sur ce qui est arrivé à mon mari et à Darrell Fraker, son conseiller juridique. Je suis persuadée qu'ils ont été assassinés.

— Qu'est-ce qui vous le fait croire ?

— C'est une histoire assez longue. Nous serons mieux assis à l'intérieur...

Ils rentrèrent dans la salle de séjour et prirent place, l'un en face de l'autre devant la cheminée. Elle était très nerveuse. Machinalement, Brock sortit un paquet de cigarettes de sa poche et lui en offrit une. Elle accepta et il lui donna du feu.

— Bon, commençons par le début, murmura-t-elle après avoir inhalé une longue bouffée de fumée. Troy avait quarante pour cent des parts d'une société commerciale qui gérait l'un de ces magasins où l'on peut trouver de tout à des prix à peine supérieurs aux prix de fabrication. Avec son associé, Steve Kroll, il avait même ouvert, en plus, un garage spécialisé dans la vente des voitures d'occasion, à des tarifs défiant toute concurrence. Ces deux affaires marchent toujours, mais, maintenant, c'est Steve Kroll qui en est le seul propriétaire.

Avant de poursuivre, elle tira de nouveau longuement sur sa cigarette.

— Tout allait au mieux. Troy gagnait bien sa vie. — Nous dépensions sans compter et il n'avait eu aucune peine à acheter cette maison et le bateau avec lequel il aimait aller à la pêche. —

J'ai donc été surprise quand, voilà deux mois, il m'a annoncé qu'il ne s'entendait plus avec Steve et avait décidé de lui vendre ses parts pour 750 000 dollars. Bien sûr, je l'ai pressé de questions et, finalement, il m'a dit avoir découvert que Kroll achetait une grande partie de la marchandise vendue dans le magasin à un consortium dirigé par des truands. Troy n'avait aucune preuve, mais il était certain qu'il s'agissait de marchandise volée. Steve était parfaitement au courant, mais fermait les yeux parce qu'il la payait même pas au dixième de ce qu'il aurait dû la payer à des fournisseurs honnêtes.

— C'est astucieux, mais pas nouveau, commenta Brock. Il n'y a rien de mieux qu'un magasin ayant pignon sur rue pour fourguer de la marchandise volée. Une activité hautement profitable. Kroll a-t-il accepté de racheter ses parts à votre mari ?

— Oui et ce n'était pas une mauvaise transaction, car il n'y avait aucun bien immobilier en jeu — les bâtiments et les entrepôts étaient loués. L'affaire a été conclue le jour même où Troy a disparu en mer avec son conseiller juridique, Darrell Fraker. La vente s'est effectuée dans le bureau de Kroll, par-devant notaire et en présence des témoins exigés par la loi.

— Qu'est-il advenu de l'argent ?

La jeune femme secoua la tête.

— Je ne sais pas...

— Vous ne le savez pas ? s'étonna-t-il. Une somme pareille ! Il y a bien quelqu'un qui doit savoir où est passé tout cet argent !

— Sans doute, mais personne, jusqu'à présent, n'a pu me le dire. Comme Troy n'avait pas confiance en Kroll, il aurait exigé que l'argent lui soit payé en liquide. Il a été apporté au magasin dans un fourgon blindé et remis à Troy en présence du notaire et des témoins, le comptable du magasin et le chef de la sécurité. Les liasses de billets ont été déposées dans deux valises et, accompagnés par l'un des vigiles, Troy et Darrell ont chargé celles-ci dans le coffre de la voiture de mon mari.

— C'est incroyable, murmura Brock. Un chèque bancaire aurait été tout aussi valable et il n'y aurait eu aucun problème de sécurité. Je ne comprends pas que votre mari ait pu prendre le risque de transporter autant d'argent en liquide. Enfin... Que s'est-il passé après leur départ du magasin ?

Elle haussa les épaules.

— Normalement, il aurait dû se rendre à sa banque, mais le directeur m'a affirmé qu'il n'avait fait aucun dépôt ce jour-là et la police n'a trouvé trace de cet argent dans aucune autre banque de la ville. Aussi absurde que cela paraisse, il serait allé directement à son bateau et aurait gardé les deux valises avec lui.

Brock réfléchit une minute ou deux.

— Vous a-t-il laissé entendre qu'il avait l'intention de demander de l'argent liquide à Kroll ?

— Non. Il m'a seulement dit avoir rendez-vous avec lui pour conclure la vente et ensuite l'intention d'aller à la pêche avec Darrell. C'était l'un de ses meilleurs amis et ils sortaient souvent en mer ensemble.

Brock se leva et alla regarder pensivement à travers l'une des baies vitrées. Au large, un cargo descendait vers le sud en longeant la côte.

— Si l'on s'en tient aux apparences, quelqu'un savait que votre mari avait ce magot avec lui. Il l'a tué pour le lui voler et il a tué également Darrell, afin de supprimer le seul témoin de son crime.

Iris hocha la tête.

— C'est la thèse de la police, mais, pour le moment, ils n'ont trouvé aucun indice concret. D'après l'inspecteur qui a mené l'enquête, leur agresseur se serait caché à bord et aurait attendu d'être en mer pour agir. Après avoir abattu Troy et Darrell, il aurait transféré son butin sur le canot de sauvetage et rejoint l'embarcation d'un complice après avoir mis le feu au bateau.

— Ce n'est pas absurde, concéda Brock, mais je ne vois vraiment pas pourquoi votre mari aurait emporté une pareille somme d'argent en mer avec lui. Il n'était pas fou, que je sache ! Juridiquement, avez-vous un droit quelconque sur ces sept cent cinquante mille dollars ?

— Oh oui, tout à fait. Le testament de Troy est formel à ce sujet. Je suis sa seule et unique héritière.

Brock hocha la tête.

— Bien... Mais, par ailleurs, Iris, il vous faut comprendre que je n'ai aucun mandat légal pour mettre mon nez dans cette affaire. Elle est du strict ressort de la police locale et mon action devra être entourée de la plus grande discrétion. Sur le plan professionnel, je risque gros. Très gros.

— Je ne dirai rien à personne, promit-elle d'un ton solennel. Mais, si vous avez besoin d'aide, je connais quelqu'un qui pourrait vous être utile. Le meilleur ami de Troy, Cort Comar. Il est capitaine dans la Garde Nationale. C'est un battant. L'autre jour encore, il m'a proposé de réunir quelques-uns de ses amis de la Garde et d'aller cuisiner Kroll. Bien entendu, je l'en ai dissuadé, mais il suffirait d'un coup de fil pour qu'il se mette à votre disposition.

— Je verrai, répondit Brock évasivement. En général, je préfère travailler seul. Mais, pour parler d'autre chose, si je vous ai donné l'impression que j'étais un preux chevalier toujours prêt à mettre ma lance et mon épée au service des gentes dames en détresse que je rencontre sur mon chemin, il me faut, hélas, vous détromper. Comme notre cher Oncle Sam, je ne manque jamais de percevoir ma dîme au passage.

— Ah ?

— Cependant, poursuivit-il, l'air des tropiques m'a sans doute porté à la tête et je me sens d'humeur généreuse. D'habitude, je travaille à cinquante pour cent, mais, pour vous, j'ai décidé d'être moins gourmand. Je me contenterai d'un peu plus de dix pour cent. Disons cent mille dollars, c'est un chiffre rond. Bien entendu, je ne vous demanderai rien si je ne parviens pas à vous faire rentrer dans vos biens. Cela vous convient-il ?

Iris réfléchit quelques instants avant de répondre.

— D'accord, accepta-t-elle. Vos conditions me paraissent honnêtes. De toute façon, avant votre arrivée, j'étais persuadée que je ne verrais jamais un cent de cet argent.

— Moi non plus, avoua Brock avec un large sourire.

***

Une heure plus tard, Brock s'arrêtait sur le parking de « Discount 2000 ». Grâce aux indications d'Iris, il n'avait eu aucune peine à trouver le magasin au centre de la zone commerciale nord-ouest de Seahaven. Il s'agissait d'un immense bâtiment, un ancien entrepôt sans doute, qui avait été aménagé de façon très succincte et peint de couleurs bariolées. Sur la droite, un portail métallique donnait accès à un vaste enclos à l'intérieur duquel étaient exposées des voitures d'occasion. Partout, des grandes bannières et des affiches multicolores annonçaient des « prix chocs », des « soldes géants » et des « arrivages massifs ».

En flânant, Brock fit le tour des deux étages du magasin. Le rez-de-chaussée était consacré au matériel neuf — on y trouvait de tout, depuis la machine à laver importée des pays de l'Est, jusqu'aux vêtements en provenance de Tunisie ou de Taïwan et aux bijoux de pacotille made in Hong Kong. L'étage, lui, était consacré au matériel d'occasion. Les prix étaient remarquablement bas, surtout pour des articles d'occasion qui, la plupart, étaient dans un état exceptionnel. Dans le parking adjacent, des voitures d'occasion pouvaient être achetées à un tarif très inférieur à celui de l'Argus. Il n'y avait pour ainsi dire que des modèles récents et les kilométrages affichés aux compteurs étaient souvent très faibles. A en juger par la foule qui se pressait entre les rayons et sur le parking, les affaires étaient plus que florissantes.

Au passage, Brock nota que Steve Kroll avait son bureau au premier étage, tout au fond de la surface de vente. Derrière, il y avait des couloirs et des réserves, mais il ne chercha pas à s'y aventurer. Pour le moment, il était préférable qu'il reste au milieu de la foule anonyme des clients. Lorsqu'il se fut suffisamment familiarisé avec les lieux et le fonctionnement du magasin, il redescendit au parking et rejoignit sa voiture de location qui était garée à quelques mètres seulement d'un emplacement réservé devant lequel un panneau annonçait fièrement en lettres d'or « STEPHEN P. KROLL, PRÉSIDENT-DIRECTEUR GÉNÉRAL ». Cet emplacement était occupé par une Cadillac blanche, flambant neuve, avec un intérieur en cuir rouge et plus de gadgets que dans les voitures de James Bond. Bien entendu, elle était équipée du téléphone, de la C.B. et de la télévision. De nos jours, un homme important ne peut se passer de ces moyens de communication modernes, même quand il est au volant de sa voiture.

Avec un véhicule aussi voyant, Stephen P. Kroll ne devrait pas être trop difficile à filer...

***

Brock n'eut pas longtemps à attendre. Vers une heure, un homme vêtu d'un costume trois-pièces gris-bleu sortit du magasin par la porte réservée au personnel et se dirigea vers la Cadillac blanche. Une jeune femme brune accompagnait Stephen P. Kroll. Par-dessus son journal, Brock les étudia discrètement. Le P.-D.G. de « Discount 2000 » était un quinquagénaire petit et bedonnant, avec un visage aux traits durs, un regard froid et inexpressif. Sa compagne, elle, ne devait guère avoir plus d'une vingtaine d'années et elle était très belle avec des grands yeux noirs vifs et intelligents.

Ils montèrent dans la Cadillac et Brock les suivit, à bonne distance, jusqu'à un restaurant français à l'atmosphère feutrée et cossue où même la considération du maître d'hôtel était hors de prix.

Ils y déjeunèrent sans se presser, puis retournèrent, vers deux heures et demie, au centre commercial, toujours suivis par Brock qui les avait attendus dans la brasserie en face.

« Discount 2000 » ne fermait qu'à dix heures du soir, mais Steve Kroll et son amie quittèrent le magasin à sept heures. Cette fois, ils conduisirent Brock jusqu'à une luxueuse résidence au bord de la mer. Là, la jeune femme descendit de voiture, adressa à Kroll un petit geste affectueux et disparut derrière la porte vitrée de l'immeuble. Brock nota l'adresse mentalement et continua de suivre la Cadillac à bonne distance. Les conditions étaient idéales pour une filature. Kroll roulait lentement et il y avait juste assez de circulation pour ne pas risquer d'être repéré. Au bout de quelques minutes, ils arrivèrent devant une nouvelle résidence, encore plus somptueuse que la première. Les feux « stop » de la Cadillac s'allumèrent et Kroll mit son clignotant pour tourner à droite. Lorsque Brock arriva devant l'immeuble, la porte du parking souterrain se refermait sur l'arrière de la Cadillac.

***

Après s'être garé sur un petit parking public, de l'autre côté de l'avenue, Brock entra dans le hall de la résidence et jeta un coup d'œil à la liste des locataires. Kroll occupait l'appartement du dernier étage, celui qui avait la jouissance du toit en terrasse aménagé en jardin. Obéissant à son instinct, Brock retourna à sa voiture et attendit. Une longue attente. Une à une, les minutes et les heures s'égrenèrent. Huit heures, neuf heures, dix heures, onze heures, minuit enfin ! Toujours rien, mais Brock était patient et il en fallait plus pour le décourager. C'était souvent après minuit qu'il avait effectué ses plus belles prises.

Il était une heure moins trois, lorsqu'une voiture de police conduite par un chauffeur en uniforme arriva, tous gyrophares allumés, et s'arrêta devant la porte d'entrée de la résidence. Brock s'enfonça sur son siège et se dissimula autant que possible derrière le montant de sa portière. Grâce à Dieu, il avait eu la prudence de se garer dans un endroit sombre !

Quelques instants s'écoulèrent sans que rien ne se passe, puis la lumière s'alluma dans le hall de la résidence et Steve Kroll apparut. Il avait troqué son costume de ville contre un jean avec un pull-over et portait un attaché-case noir. Dès qu'il sortit de l'immeuble, l'un des deux hommes qui étaient assis à l'arrière de la voiture de police mit pied à terre et le rejoignit. Subrepticement, Brock dirigea vers eux l'un de ces gadgets électroniques qui amplifient les sons et permettent d'écouter une conversation à distance.

— Salut, Inspecteur, déclara Kroll avec un petit rire amusé. J'ai presque l'impression d'être en état d'arrestation.

La plaisanterie ne sembla guère être goûtée du policier, un grand type sec et nerveux, mais il s'abstint de tout commentaire.

— Allons-y, répondit-il simplement sur un ton brusque. Vous montez à l'arrière avec le commissaire.

Tandis que Kroll prenait place à côté d'une silhouette massive d'où émergeait un formidable cigare, celui qu'il avait appelé « inspecteur » fit le tour de la voiture et s'installa à l'avant, à droite du chauffeur. Puis, presque aussitôt, ils démarrèrent et Brock les suivit à distance.

Après avoir redescendu à vive allure l'avenue côtière, ils bifurquèrent vers l'ouest et roulèrent jusqu'à une zone semi-industrielle où les casseurs de voitures et les dépôts en tout genre alternaient avec des petites entreprises et des ateliers d'artisans. Un quartier totalement désert à une heure aussi avancée de la nuit et éclairé chichement par quelques rares réverbères. Pour ne pas risquer d'être repéré, Brock ralentit et laissa la voiture de police prendre un peu d'avance, puis, au premier tournant, il coupa ses phares et accéléra à nouveau pour la rejoindre. Cinq minutes plus tard, Kroll et ses compagnons s'arrêtèrent devant un vaste entrepôt qui occupait presque toute la longueur d'une rue. Les bâtiments étaient plongés dans l'obscurité et il n'y avait pas âme qui vive aux alentours. Avec précipitation, Brock freina, se gara dans un renfoncement, devant le portail d'un casseur, coupa son moteur et attendit pendant une minute ou deux. Puis, voyant que la voiture de police ne redémarrait pas, il mit pied à terre et s'approcha silencieusement en se coulant dans la zone d'ombre le long du mur de l'entrepôt. A une vingtaine de mètres de la voiture, il s'accroupit derrière une benne remplie de vieux cartons et de déchets industriels et pointa ses jumelles à infrarouge sur Kroll et ses compagnons. L'atmosphère paraissait plutôt joyeuse à l'intérieur de la voiture. Une bouteille d'alcool circulait et parfois, un éclat de rire couvrait la musique de la radio. Soudain, un garde armé en uniforme apparut à l'autre bout de l'entrepôt et marcha vers la voiture en braquant devant lui une puissante lampe torche. Aussitôt, l'homme que Kroll avait appelé « Inspecteur » passa la tête par la portière et l'interpella :

— Éteins cette foutue lampe, imbécile !

Le garde obéit et s'excusa d'une voix obséquieuse.

— Pardonnez-moi, Monsieur l'Inspecteur. Je ne savais pas que c'était vous.

— C'est bon, Arnie. Tant que nous sommes là, tu n'as pas besoin de faire de rondes. Tu peux rentrer et aller prendre une tasse de café.

— Merci, monsieur l'inspecteur. Ce n'est pas de refus.

Sur ces mots, il esquissa un salut et se dirigea

vers une porte au milieu du bâtiment. Au moment où il l'ouvrit, un rayon de lumière éclaira le trottoir, puis il referma derrière lui et la rue se trouva de nouveau plongée dans l'obscurité.

L'attente recommença. Une dizaine de minutes s'écoulèrent et, enfin, il y eut un bruit de moteur de camion. Un énorme semi-remorque tourna le coin de la rue, suivi presque aussitôt par un autre monstre de la route, tout aussi impressionnant. Les deux camions s'arrêtèrent devant l'entrepôt et le chauffeur du premier donna un petit coup de klaxon. Ils n'eurent pas longtemps à attendre. Une immense porte coulissa sans le moindre grincement et les deux semi-remorques s'engouffrèrent dans le bâtiment. Dès qu'ils furent à l'intérieur, la porte coulissa en sens inverse et la rue retrouva son silence et son obscurité, comme si rien ne s'était passé.

A l'arrivée des camions, Kroll et ses compagnons étaient descendus de voiture et entrés dans l'entrepôt par la porte qu'avait empruntée Arnie quelques instants plus tôt.

Brock fit rapidement le tour du bâtiment. C'était un simple hangar en bois, sans aucune fenêtre. Sur l'arrière, non sans mal, il trouva ce qu'il cherchait : une planche disjointe laissant filtrer un rayon de lumière. Il jeta un coup d'œil par la fente et découvrit un vaste hall éclairé par des néons. Tout autour, il y avait des étagères et des espaces de rangement sur lesquels était entassé tout un assortiment de marchandises. Il y avait beaucoup d'appareils électroniques — télévisions, magnétoscopes, camescopes, ordinateurs, machines à écrire, etc. — et, également, un grand nombre de fusils, carabines et pistolets. Dans un coin, il y avait aussi des vêtements et Brock remarqua qu'il s'agissait principalement de manteaux de fourrure.

Des manteaux qui seraient sans doute très appréciés par les dames fortunées qui avaient fui les frimas du nord pour réchauffer leur corps frileux au soleil des tropiques...

Sur le devant, il y avait un large espace où étaient exposés des bicyclettes, des vélomoteurs, des motos et plusieurs voitures de luxe, qui, visiblement, venaient d'être repeintes. Juste à côté, assez près pour que Brock pût les entendre avec son petit gadget électronique, Kroll, l'inspecteur et son chef, un gros type rougeaud qui semblait ne jamais quitter son cigare, étaient en grande conversation. Dans un coin, Arnie et le chauffeur en uniforme qui les avait amenés, buvaient du café et mangeaient des sandwichs. Garés au milieu du hall, les deux semi-remorques étaient déchargés par une demi-douzaine de manutentionnaires équipés de diables et de chariots élévateurs. Des manutentionnaires qui, si l'on en jugeait par leur mine patibulaire, ne devaient exercer ce métier qu'à titre strictement temporaire.

Du doigt, l'inspecteur indiqua trois splendides limousines qui étincelaient dans un coin du hangar.

— Ces petits bijoux sont ceux que vous avez repérés il y a quinze jours. Une Mercedes, une Porsche et une Cadillac. Toutes les trois ont moins d'un an. Qu'est-ce que vous en pensez, Kroll ? Le travail que nous avons fait dessus vous plaît-il ?

Kroll hocha la tête.

— Magnifique ! apprécia-t-il avec un sourire admiratif. Même leurs propriétaires ne les reconnaîtraient pas !

— Pour cela, il n'y a aucun risque, acquiesça le commissaire sans cesser de mâcher son cigare.

— Vous avez les papiers de ces voitures ? questionna Kroll.

Le commissaire sortit une enveloppe de l'une de ses poches et la lui tendit.

— Les voici. Nous avons donné des numéros d'épaves à notre gars du Bureau des Immatriculations et il nous a fignolé des papiers absolument authentiques. Il ne manque rien et tout concorde, jusqu'aux numéros de châssis et de moteurs !

Il retira son cigare de la bouche, le tourna entre ses doigts et questionna d'une voix brève :

— Vous avez l'argent ?

Kroll mit dans sa poche l'enveloppe contenant les papiers des voitures et ouvrit son attaché-case, lequel était plein de liasses soigneusement rangées.

— Le voici, déclara-t-il en prenant une des liasses et la feuilletant ostensiblement. Paiement comptant, comme d'habitude. Cela vous convient, Commissaire ?

Un large sourire éclaira le visage du policier.

— C'est parfait, acquiesça-t-il. Dès que vous aurez choisi ce qui vous intéresse dans ce chargement, je ferai l'addition et vous nous réglerez. Les bons comptes font les bons amis... Les gars m'ont dit qu'il y avait des manteaux de vison et de martre de Sibérie absolument splendides. — Un lot qu'ils ont trouvé dans une boutique de luxe du New Jersey. — Et puis, il y a également tout un assortiment de bagues — des diamants, des émeraudes et des saphirs — que Benny s'est chargé de remonter...

Tout en parlant, il avait entraîné Kroll et l'inspecteur vers l'autre bout du hangar et bientôt sa voix devint inaudible pour Brock. De toute façon, il en savait assez et peu lui importait de connaître avec précision les marchandises achetées par Kroll.

Lorsque celui-ci eut fait son choix, le commissaire fit le total de ce qu'il lui devait et Kroll lui donna un énorme paquet de billets. Tout le monde se serra la main et, pour clore dignement la transaction, le commissaire sortit une bouteille de whisky dont il versa une solide rasade à chacun dans des gobelets en plastique. Entre-temps, les manutentionnaires n'étaient pas restés inactifs. Ils avaient chargé dans l'un des deux camions les marchandises achetées par Kroll et, dès que cette tâche fut terminée, l'un des hommes fit coulisser la porte du hangar et le gros semi-remorque s'ébranla de nouveau, suivi par les trois voitures volées.

Sans se presser, Brock rejoignit son véhicule. Il n'avait pas besoin de se joindre à la caravane pour savoir où elle allait. Un quart d'heure plus tard, il ralentit en passant devant le parking de « Discount 2000 ». Le semi-remorque était derrière le magasin et les trois voitures étaient déjà, à coup sûr, en bonne place, au milieu des autres à vendre.

***

Quand il arriva à la villa, Brock supposa qu'Iris ne dormait pas encore, car il y avait de la lumière au rez-de-chaussée. N'osant la déranger à une heure aussi tardive, il monta directement à son appartement, mais elle dut l'entendre, car il s'apprêtait à refermer sa porte, lorsqu'elle apparut en bas de l'escalier. Elle avait simplement passé une robe de chambre par-dessus son pyjama.

— Je sais qu'il est très tard, s'excusa-t-elle, mais je n'arrive pas à dormir. Vous me permettez d'entrer quelques instants ?

Il lui sourit.

— Bien sûr. Je vous en prie...

Il avait faim et soif et, tandis qu'elle lui préparait un sandwich, il servit deux grands verres de punch glacé. Dès qu'il fut un peu rassasié et qu'il eut étanché sa soif, elle lui demanda où il était allé et il lui raconta sa soirée, sans lui passer le moindre détail. Pour profiter de la fraîcheur de la nuit, ils s'étaient installés sur la terrasse. Une brise légère soufflait du large et les rayons argentés de la lune se reflétaient sur les vagues de l'océan.

— Ça ne vous paraît pas bizarre qu'on n'ait jamais retrouvé les corps de mon mari et de son conseiller juridique ? murmura-t-elle quand il eut terminé.

— Par ici, la mer a parfois plusieurs milliers de mètres de profondeur, fit-il remarquer.

— Je sais, acquiesça-t-elle. Mais n'est-il pas possible que Troy et Darrell soient encore vivants ? Ils pourraient être retenus prisonniers quelque part...

Il posa son verre et la regarda pendant quelques instants en silence.

— Franchement, j'en doute. Je sais que vous voudriez espérer malgré tout, mais...

— Alors, vous croyez que je ne le reverrai jamais ?

Il hocha la tête et posa avec douceur sa main sur la sienne.

— Je le crains. Et, pour vous, je pense qu'il vaut mieux que vous vous attendiez au pire.

Elle ferma les yeux et se laissa aller contre son épaule.

— Je suis tellement fatiguée...

Instinctivement, il l'attira dans ses bras et la serra contre lui.

— Il faut que vous arriviez à dormir ! Vous avez besoin de reprendre des forces, ne serait-ce que pour vous battre contre ses assassins et leur faire payer leur crime.

Elle leva la tête vers lui et, avec une infinie

douceur, il déposa un baiser sur ses yeux embués de larmes.

— Allons, venez dormir avec moi ce soir, murmura-t-il. Peut-être réussirez-vous à trouver le sommeil dans un lit différent et avec quelqu'un près de vous.

***

Au matin, après une nuit enfin paisible, elle l'embrassa avec reconnaissance et se leva pour aller préparer le petit déjeuner. Ils le prirent sans se presser, puis décidèrent d'aller faire un tour sur la plage. Le temps était magnifique et un long moment marchèrent en silence, main dans la main. Quelques heures avaient suffi pour qu'une sorte de complicité s'instaure entre eux, complicité faite de confiance et de compréhension mutuelle. Au large, un petit bateau bleu et blanc tanguait au milieu des vagues et cette vision rappela à Brock le drame qu'elle venait de vivre, la raison pour laquelle elle avait fait appel à lui.

— A partir de maintenant, déclara-t-il en s'arrêtant, le jeu risque de devenir dangereux et j'aurais besoin de quelques solides garçons qui n'aient pas froid aux yeux. Vous m'avez parlé d'un capitaine dans la Garde Nationale — j'ai oublié son nom —, un ami de Troy qui ne rêve que d'en découdre avec les assassins de votre mari...

Elle hocha la tête.

— Cort Comar ? Il est solide et c'est un battant, croyez-moi ! Il a beaucoup d'amis dans la Garde et tous le suivraient jusqu'en enfer, les yeux fermés. Il vit sur un bateau et c'est lui qui avait initié Troy à la navigation. Ils ont fait ensemble plusieurs croisières dans les Caraïbes et sa disparition l'a beaucoup affecté. Il m'a juré que si jamais il mettait la main sur le type qui a tué Troy, il n'hésiterait pas à l'étrangler.

— Parfait. Mais, s'il est aussi impulsif, il vaudrait mieux ne pas lui dire tout de suite ce que je vous ai appris au sujet de Kroll et des petits trafics de la police. Je ne voudrais pas qu'il me coupe l'herbe sous les pieds en agissant inconsidérément. Vous lui direz simplement que vous m'avez chargé d'enquêter sur la disparition de votre mari et que je pourrais avoir besoin de son aide et de celle de quelques-uns de ses gros bras.

***

Le 15-mètres de Cort Comar était amarré à un anneau de la marina de Seahaven et Brock avait rendez-vous avec son skipper à cinq heures et demie. Le bateau était de construction ancienne, mais dans un état absolument impeccable. Sa coque était peinte en blanc, avec une bande verte et le pont était en bois de teck vernis. Large et d'apparence robuste, il était plus taillé pour la croisière et le gros temps, que pour la vitesse ou les régates.

Comar était assis à l'arrière, mais en voyant arriver Brock, il se leva et s'accouda au bastingage. Il était habillé de blanc et portait une casquette bleu marine dont la couleur avait passé sous l'effet du soleil et des intempéries. Avec un sourire de bienvenue, il lui fit signe de monter à bord. Pendant qu'il gravissait l'échelle de coupée, Brock eut tout loisir d'examiner son hôte. Grand et large d'épaules, avec un visage aux traits réguliers, un menton carré et une moustache soigneusement taillée, Comar était de ces hommes qui inspirent le respect, ne serait-ce que par leur solidité. L'un de ces hommes que l'on aime avoir pour amis, car on devine que, sous des dehors aimables et policés, il y a quelqu'un capable de se battre et d'encaisser les coups.

Dès qu'il fut sur le pont, Cort lui serra la main et ils s'assirent face à face dans des fauteuils en toile.

— Sur ce vieux rafiot, il n'y a pas d'autres grandes oreilles en dehors des miennes, déclara Comar avec un large sourire. Nous pouvons donc bavarder tranquillement. Vous voulez boire quelque chose ? Il y a tout ce qu'il faut en bas, dans le carré.

— Merci, mais je n'ai pas soif pour l'instant. Plus tard, peut-être...

Comar étira ses longues jambes.

— Iris a une très grande confiance en vous. Elle m'a dit que vous faisiez la chasse aux mauvais garçons pour le compte du gouvernement. Enquêtes discrètes et coups tordus, si j'ai bien compris...

Brock sourit.

— Cette chère Iris a beaucoup d'imagination.

Son hôte hocha la tête.

— Elle m'a prévenu également que je ne devais pas m'attendre à une réponse précise sur la nature de votre travail. Je suppose qu'il s'agit d'affaires plutôt « sensibles », comme on dit dans le jargon de la politique.

— Des affaires top secret, renchérit Brock avec gravité.

Au fond de lui-même, il se demanda, non sans un certain amusement, comment réagirait Cort s'il lui disait la vérité.

— Je comprends votre position et je n'ai pas l'intention d'insister, le rassura Cort. La seule chose qui m'importe, c'est que vous soyez un pro sachant où il va. Si tel est le cas, je suis des vôtres.

Brock resta impassible.

— Dans mon boulot, il faut être un vieux loup de mer et connaître toutes les ficelles si l'on veut avoir une petite chance d'arriver à l'âge de la retraite, déclara-t-il en le regardant droit dans les yeux.

— D'accord, l'ami, acquiesça Cort. Maintenant, nous parlons le même langage. A propos, comment vous appelez-vous ?

— Brock. C'est un peu court, mais cela suffit.

Cort sourit.

— Seulement Brock ? Et, en plus, c'est sans doute un nom parmi beaucoup d'autres, n'est-ce pas ?

— Sans doute.

Le sourire de son hôte s'effaça.

— Parfait. Venons-en au concret. Pour ma part, je n'ai envie que d'une seule chose : attraper le salaud qui a descendu Troy et lui faire la peau. Avez-vous déjà une piste ?

Brock hocha la tête.

— Des pistes que vous n'auriez même pas imaginées et qui, toutes, mènent à Steve Kroll. Cependant, je n'ai encore aucune preuve formelle.

Cort se pencha vers lui, les yeux brillants de fureur.

— Ce ne peut être que lui ! s'exclama-t-il, ne contenant sa voix qu'avec peine. Je n'ai jamais pu avaler cette histoire des flics à propos d'un type qui se serait caché à bord du bateau de Troy. Enfin, continuez et dites-moi ce que vous avez découvert.

En quelques phrases, Brock lui raconta ce qu'il avait observé à l'entrepôt. Quand il eut terminé, Cort secoua la tête.

— Eh bien, j'en ai vu de toutes les couleurs dans ma chienne d'existence, mais là, c'est le bouquet ! s'exclama-t-il. Des flics qui font cause commune avec la pègre et vendent leur butin à Kroll... Tous ces malheureux vacanciers qui dépensent leurs économies pour acheter de la marchandise volée, c'est inimaginable !

— Certes, acquiesça Brock, mais le fait que Kroll soit un receleur de la pire espèce ne prouve en rien qu'il ait tué Troy et Darrell.

Cort haussa les épaules.

— Allons, vous vous moquez de moi ! S'il ne l'a pas fait lui-même, c'est lui qui est derrière. Il n'y a qu'une seule chose à faire : lui mettre la main dessus et le passer à la moulinette jusqu'à ce qu'il nous dise ce que lui et ses sbires ont fait à Troy. Ensuite, nous n'aurons plus qu'à chercher un flic honnête. Ce sera peut-être la tâche la plus difficile.

Brock ne put s'empêcher de sourire. C'est la réaction qu'il avait prévue.

— Je suis d'accord pour tout, sauf pour la moulinette, déclara-t-il. Il y a d'autres moyens de persuasion et je préférerais les essayer avant de sortir le grand jeu. En utilisant les méthodes appropriées, je pense que je réussirai à lui arracher la vérité sans commettre aucun acte irréparable. Kroll vous connaît-il personnellement ?

— Non, mais je meurs d'envie de faire sa connaissance, répondit Cort avec une lueur meurtrière dans les yeux.

— Nous pourrons nous faire passer pour des agents du F.B.I., suggéra Brock. J'ai toutes les fausses cartes nécessaires et les gens qui n'ont pas la conscience tranquille ne sont jamais très regardants sur les détails. En général, les initiales F.B.I. suffisent pour qu'ils ne posent pas de questions indiscrètes.

— Je parierais volontiers qu'il s'agit de « vraies fausses cartes », pour employer la terminologie à la mode, commenta Cort.

Brock se contenta de sourire.

— Une bonne partie des marchandises et les trois voitures ont été volées dans le New Jersey et dès que l'on fait franchir les limites d'un État à des marchandises volées, le délit tombe sous le coup des lois fédérales et le F.B.I. est en droit d'intervenir. Donc, si nous montions un faux raid de la police fédérale contre cet entrepôt, nous pourrions peut-être arracher la vérité aux flics véreux et à leurs comparses, au cas où Kroll refuserait de se mettre à table. Parfois, il suffit de faire miroiter un éventuel pardon, pour qu'un truand abandonne tous ses amis et lâche le morceau.

Cort hocha la tête.

— L'idée n'est pas mauvaise, apprécia-t-il, mais, pour cela, il faut établir un rapport de force. Au moindre signe de faiblesse, ces types n'hésiteront pas à vous abattre. Vous aurez donc besoin de beaucoup de quincaillerie, car, d'après ce que vous m'avez dit, ils sont armés jusqu'aux dents.

— Le mieux serait des mitraillettes, acquiesça Brock. Avec des joujoux de ce genre, plus personne ne discute. Vous pourriez m'en avoir ?

— Aucun problème, affirma Cort. Le sergent qui s'occupe de l'armurerie à la compagnie est un type qui se ferait couper en morceaux pour moi. Vous comprenez, on a été ensemble au Vietnam...

— Il ne parlera à personne de notre petite expédition ?

— Aucun risque. Il sait être muet comme une tombe, quand c'est nécessaire.

— Pouvez-vous le convaincre de se joindre à nous ?

— Il est déjà à vous, corps et âme, et s'il vous faut cinq hommes de plus, je peux vous les réquisitionner sur l'heure.

— Non, refusa Brock, votre sergent suffira. Moins nous serons nombreux et moins il y aura de risques que notre projet s'ébruite. Mais, pour commencer, il nous faut mettre la main sur Kroll...

Brock jeta un coup d'œil à sa montre et se leva.

— Je vais appeler « Discount 2000 » afin de m'assurer qu'il est encore là-bas. Si c'est le cas, nous pourrons aller l'attendre à la sortie du magasin et le suivre jusque chez lui. C'est encore le meilleur endroit pour le coincer.

— Il y a un téléphone à côté de la barre, déclara Cort en se levant également pour l'accompagner jusqu'à l'appareil.

Par les renseignements, Brock n'eut aucune peine à obtenir le numéro du magasin. Il formula sa requête et la standardiste le mit en communication avec une secrétaire qui lui dit que M. Kroll s'était absenté pour la journée. Il réfléchit un instant, puis demanda à parler à l'associée de M. Kroll, une jeune femme brune avec laquelle il s'était entretenu et dont, malheureusement, il avait oublié le nom...

— Ce doit être Mlle Trevino, la comptable de M. Kroll, suggéra la secrétaire. Je suis désolée, mais elle est partie avec M. Kroll.

Brock raccrocha et se tourna vers Cort.

— Cela signifie qu'il est soit quelque part avec elle, soit chez lui. Je vais essayer le numéro de son domicile et s'il décroche je ferai comme si c'était une erreur.

Les renseignements lui donnèrent à nouveau le numéro qu'il cherchait et il le composa. A l'autre bout du fil, il n'y avait personne. Avec Mlle Trevino, il eut plus de chance. Il n'y en avait qu'une seule dans l'annuaire, une Mlle Terry Trevino, et elle décrocha à la première sonnerie. Il demanda à parler à Mike et elle lui répondit sèchement qu'il avait fait un mauvais numéro. Il s'excusa et raccrocha.

— Alors, qu'est-ce qu'on fait maintenant ? questionna Cort.

— Nous allons rendre visite à cette Terry Trevino. Il est très possible que Kroll soit avec elle. Sinon, étant à la fois sa comptable et sa petite amie, il y a neuf chances sur dix qu'elle sache où il est. Sans compter qu'elle peut nous apprendre sans doute beaucoup de choses si nous jouons bien notre rôle d'agents du F.B.I. et la mettons sur la sellette. Elle a peut-être même une idée de l'endroit où se trouve tout cet argent qui a disparu avec Troy...

— O.K., on y va, acquiesça Cort avec enthousiasme. Je suis prêt.

Brock sourit malgré lui.

— Pas tout à fait. Dans cette tenue, vous aurez du mal à vous faire passer pour un agent du F.B.I. Il faudrait quelque chose de plus classique... Un costume dans le genre du mien, par exemple.

***

Quand Cort ressortit de la cabine, il portait un costume beige clair avec une cravate vert pastel. Il n'avait pas fermé sa veste et finissait de sangler tout un harnachement élaboré pourvu d'un étui en cuir d'où sortait la crosse d'un pistolet militaire de fort calibre.

— Vous êtes armé, vous aussi ? questionna-t-il.

— Oui, acquiesça Brock, mais avec de l'artillerie plus légère.

Il mit sa main dans sa poche et en sortit une carte plastifiée.

— Voici votre fausse carte d'identité du F.B.I. Elle n'est pas parfaite et il vaudrait donc mieux que les gens auxquels vous la présenterez ne la regardent pas de trop près. S'ils insistent, je leur donnerai la mienne. Elle est absolument impeccable.

Cort y jeta un coup d'œil, puis la mit dans sa poche en souriant.

— Parfait. Je suis votre assistant. Vous vous chargez des interrogatoires et moi je fournis les arguments frappants, au sens propre du terme.

— Bien, on y va, déclara Brock. Nous allons prendre ma voiture. C'est un modèle de grande série et dès qu'il y a un peu de circulation, il est quasi impossible de la repérer.

Moins d'un quart d'heure plus tard, ils étaient devant la porte de l'appartement de Terry Trevino, au onzième étage de la résidence où Kroll l'avait raccompagnée la veille. Brock appuya sur le bouton de sonnette et un carillon mélodieux résonna à l'intérieur. Quelques secondes s'écoulèrent, puis il y eut un bruit de pas assourdi par une épaisse moquette et la porte s'ouvrit.

Terry Trevino les regarda l'un après l'autre d'un air hésitant.

— Oui, qu'est-ce que c'est ?

Les deux hommes sortirent leurs fausses cartes de la police fédérale et Brock la laissa examiner la sienne tout à loisir.

— F.B.I., déclara-t-il laconiquement. Je suis le commissaire Brock et mon collègue est l'inspecteur Frank McCabe. — C'était le nom qui était inscrit sur la carte qu'il avait donnée à Cort. — Nous voudrions vous parler, à vous et à M. Kroll, pendant quelques instants. Vous êtes bien Mlle Terry Trevino, n'est-ce pas ?

— Oui, bien sûr... Mais je ne vois vraiment pas ce que vous pouvez bien avoir à me demander... Et, de toute façon, M. Kroll n'est pas chez moi.

Sa voix était restée ferme, mais il y avait eu une brève lueur d'inquiétude dans son regard.

En prenant tout son temps, Brock remit sa carte dans sa poche.

— Savez-vous où nous pourrions le joindre ? s'enquit-il.

— Je n'en ai pas la moindre idée, affirma-t-elle. Je suis sa comptable, pas sa gardienne.

Brock hocha la tête.

— Dans ce cas, nous allons bavarder un peu avec vous, Mademoiselle Trevino. Nous pouvons entrer ?

— Non, refusa-t-elle. Je n'ai rien à vous dire.

— Je crains que vous n'ayez pas le choix, répliqua Brock. Nous avons un mandat d'arrêt à votre encontre.

Doucement, mais fermement, il la repoussa vers l'intérieur de l'appartement et entra, suivi de Cort.

— Un mandat d'arrêt ? répéta-t-elle en bredouillant. Mais... Je n'ai rien fait de mal ! De quel crime peut-on bien m'accuser ?

Avant de répondre, Brock jeta un coup d'œil autour de lui. La pièce dans laquelle il se trouvait était un vaste living-room meublé avec un luxe tapageur et de mauvais aloi.

— Asseyez-vous et essayez de garder votre calme, Mademoiselle Trevino. Je vais vous mentionner tous les chefs d'accusation qui pèsent sur vous et, croyez-moi, ils sont assez graves pour justifier un tel mandat.

Non sans un soupir d'irritation, elle se laissa tomber dans un fauteuil, prit nerveusement une cigarette dans un paquet posé sur une petite table basse et l'alluma d'une main tremblante.

Brock traversa la pièce et se planta devant une grande baie vitrée en lui tournant le dos. Du 11e étage, la vue était magnifique sur l'océan et sur l'interminable plage de Seahaven. A l'horizon, le soleil était déjà bas et s'apprêtait à se coucher au milieu d'une véritable débauche de reflets multicolores qui vibraient au rythme des vagues écumantes.

— Frank, jette un coup d'œil dans la chambre et dans les autres pièces, ordonna-t-il par-dessus son épaule.

— A vos ordres, Monsieur le Commissaire.

— Je vous assure que M. Kroll n'est pas caché sous mon lit, lança la jeune femme sur un ton pincé.

Brock ne répondit rien et attendit dans un silence glacé le retour de Cort.

— Rien, il n'y a personne d'autre dans l'appartement, déclara Cort en revenant au bout de quelques instants.

Brock se retourna, les mains croisées derrière le dos, et regarda Terry Trevino d'un air solennel.

— Commençons par le plus grave, Mademoiselle Trevino... Tout d'abord, vous êtes soupçonnée de complicité d'assassinat sur les personnes de M. Troy Guthrie et de son conseiller juridique, M. Darrell Fraker. Dans cette affaire, vous êtes également impliquée dans la disparition d'une somme de 750 000 dollars, somme qui appartenait à M. Troy Guthrie et qui lui avait été versée en liquide, devant témoins, dont vous-même. Ce délit, aux yeux de la loi, constitue en soi un vol aggravé. Par ailleurs, vous êtes accusée d'avoir aidé et couvert Stephen Kroll, votre patron, lors de l'achat de marchandises volées par un gang de malfaiteurs qui opère sur le territoire de plusieurs États de l'Union, ce qui a justifié l'intervention de la police fédérale. Ce gang, selon nos informations, serait dirigé par plusieurs membres de la police de Seahaven que nous avons identifiés et contre lesquels des mandats d'arrêt ont également été lancés.

— C'est faux ! s'exclama Terry, le visage très pâle. Je n'ai eu aucune part dans la mort de ces hommes !

— Si vous êtes innocente, rétorqua Brock, vous aurez tout loisir de le prouver lors de votre procès. Cependant, comme il s'agit d'assassinat et que les charges qui pèsent contre vous sont très lourdes, le juge ne vous accordera sans doute pas le bénéfice de la liberté sous caution. Il vous faudra attendre en prison pendant des semaines, plusieurs mois peut-être, avant que vous ne comparaissiez devant un tribunal.

Au fur et à mesure qu'il parlait, les traits de la jeune femme s'étaient décomposés et ses doigts, mis à trembler.

— Toutes ces accusations sont fausses ! protesta-t-elle d'une voix blanche. Je savais vaguement ce qu'il se passait, mais je n'ai jamais rien eu à voir avec tout ça et je n'ai rien d'autre à vous dire.

— Nous perdons notre temps avec cette fille, Commissaire, intervint Cort. Il est visible qu'elle n'a aucune envie de coopérer avec nous. Le mieux, c'est encore de l'emballer. Cela nous laissera les mains libres pour organiser notre petite expédition à l'entrepôt.

Brock hocha la tête.

— De toute façon, ce n'est qu'une comparse sans envergure. Kroll et ses complices nous donneront toutes les informations dont nous avons besoin, dès que nous leur aurons mis la main au collet.

Sur ces mots, il sortit une paire de menottes de la poche de sa veste et se pencha vers la jeune femme.

— Veuillez me tendre vos poignets, Mademoiselle Trevino... Je suis désolé, mais le règlement l'exige.

La jeune femme eut un mouvement de recul instinctif.

— Oh, je vous en prie ! s'écria-t-elle avec des larmes dans les yeux. Je ne suis pas une criminelle ! J'ai vu et entendu des choses, c'est vrai, mais si je ne suis pas allée les dénoncer, c'est parce que je n'avais pas confiance dans la police... J'avais peur pour ma vie...

Brock se redressa et fit semblant de réfléchir.

— Nous ne sommes pas des tortionnaires, et si vous changez d'attitude, nous pouvons peut-être reconsidérer le problème. Tout dépend de vous, bien entendu... Si vous acceptez de répondre avec sincérité et sans aucune dissimulation aux questions que nous allons vous poser, il sera sans doute possible de surseoir à votre arrestation, ou même, de vous demander de comparaître seulement en qualité de témoin, s'il s'avère, comme vous le prétendez, que vous n'êtes pas impliquée directement dans ces affaires.

La jeune femme le regarda d'un air hésitant.

— Allons, Mademoiselle Trevino, assez de tergiversations ! s'exclama Cort. Parlez, sinon on vous emballe !

Elle se mordit les lèvres, puis hocha enfin la tête.

— D'accord...

— Bien, acquiesça Brock. Commençons par les sept cent cinquante mille dollars. Ont-ils été effectivement apportés dans le bureau de Kroll ?

— Oui.

— Pourquoi Kroll a-t-il payé Troy en liquide ?

— Parce que Troy avait traité Steve d'escroc et lui avait dit que sa signature n'avait aucune valeur pour lui. C'était un prétexte parfait. Il fallait que la somme soit en espèces, car il aurait été impossible de récupérer un chèque après...

— ... après avoir assassiné Troy Guthrie et son conseiller juridique, termina Brock.

— Je n'ai pas dit qu'ils avaient été assassinés, protesta-t-elle en détournant les yeux.

Cort haussa les épaules.

— On leur a peut-être offert une croisière de santé ? ironisa-t-il. De qui vous moquez-vous ? Vous savez très bien qu'on les a tués et qui les a tués !

La jeune femme baissa la tête et ne répondit rien.

— En tout cas, vous étiez dans le bureau lors de la transaction, poursuivit Brock. Vous avez signé les documents notariés matérialisant la fin de l'association entre Troy et Kroll et vous avez signé également le reçu. Alors qu'est devenu cet argent, après qu'il a été versé à M. Guthrie ?

Elle soupira et releva la tête.

— Euh... Le chef de la sécurité du magasin était là également. Après le départ du notaire, Steve et lui ont sorti des pistolets et forcé M. Guthrie et M. Fraker à descendre dans la chambre forte qui se trouve au sous-sol du magasin. — Un ascenseur permet de s'y rendre directement depuis le bureau de M. Kroll. — C'est là que nous gardons les archives, l'argent liquide et tous les objets de valeur. Steve m'a dit qu'ils avaient ensuite été emmenés dans un autre endroit, après la fermeture du magasin. Il ne m'a pas dit exactement où. Troy avait découvert que des marchandises volées avaient été vendues par le magasin et dit à Steve que, dès que leur association serait terminée, il irait le dénoncer à l'attorney général.

— Qu'est devenu cet argent ? s'enquit Brock.

Terry s'essuya les yeux avec un mouchoir avant de répondre.

— Il a été mis dans deux mallettes que Steve était allé prendre dans le rayon maroquinerie du magasin. Il ne pouvait pas le remettre à la banque, tant que l'affaire n'était pas classée et oubliée. Il l'a donc laissé dans l'un des coffres de la chambre forte et je suppose qu'il s'y trouve encore.

Réprimant avec peine un sourire de triomphe, Brock hocha la tête.

— Bien, approuva-t-il. Qui détient la combinaison de ce coffre ?

Avec nervosité, Terry prit une cigarette et la mit entre ses lèvres.

— Il n'y a que Steve qui l'ait et comme il a une mauvaise mémoire, il a fait graver les chiffres à l'intérieur d'une grosse bague qu'il n'enlève jamais. Un diamant entouré de brillants.

— Une précaution judicieuse et excellente à connaître, murmura Brock. Alors, où est notre cher Kroll, en ce moment ?

— Je ne sais pas.

— Bien sûr que tu le sais ! s'exclama Cort. Tu es bien sa maîtresse, non ?

La jeune femme grimaça et tira nerveusement sur sa cigarette.

— Je ne suis pas la seule femme dans sa vie et si je ne suis pas allée dénoncer ses activités illégales, c'est parce que j'avais peur de lui, peur qu'il me fasse tuer si je parlais.

— Et malgré cela, vous essayez encore de le protéger ? s'étonna Brock. De toute façon, avec ce que vous nous avez déjà dit, vous n'avez plus rien à perdre et plus vite il sera derrière les barreaux, mieux cela vaudra pour vous. Croyez-vous qu'il vous pardonnerait votre trahison ?

— Bon, d'accord, céda-t-elle avec lassitude. Vous

avez gagné et peu m'importe que vous l'arrêtiez. Il est à l'entrepôt avec les autres. Ils sont en train d'examiner un chargement d'alcools et de vins qui a été volé sur l'autoroute. Le chef de la police lui a téléphoné en fin de matinée pour le prévenir et, comme nous avons un rayon spécialisé dans les alcools, il a tout de suite été très intéressé.

Brock échangea un regard avec Cort.

— Où est votre téléphone ? questionna-t-il en s'adressant à la jeune femme.

— Dans ma chambre.

— Bien. Saute sur l'appareil, Frank, et demande à qui tu sais de venir nous rejoindre en bas. Le plus vite possible. Donne-lui le numéro d'ici et dis-lui de nous appeler dès qu'il sera sur le point de partir avec le matériel prévu.

— A vos ordres, Commissaire.

Cort passa dans la chambre et referma la porte sur lui.

— Y aura-t-il des coups de feu ? s'enquit Terry avec inquiétude.

— Nous ferons tout pour éviter une fusillade, répondit Brock, mais avec des gangsters aussi déterminés, je ne puis rien vous promettre.

Quelques instants plus tard, Cort réapparut, le visage souriant.

— Nous avons de la chance, Commissaire. Notre homme était juste sur le point de sortir. Il va passer à l'armurerie pour se munir de la quincaillerie nécessaire et devrait nous rappeler d'ici une dizaine de minutes ou un quart d'heure.

— Parfait, acquiesça Brock. Vous viendrez avec nous, Mademoiselle Trevino, déclara-t-il en se tournant vers la jeune femme, mais, n'ayez crainte : pendant les opérations, vous resterez dans la voiture. J'espère réussir à convaincre M. Kroll de nous donner la combinaison de son coffre sans trop de casse. Le magasin est ouvert jusqu'à 22 heures et nous devrions avoir le temps d'aller chercher cet argent et de le remettre à sa légitime propriétaire, la veuve de Troy Guthrie. Pourrez-vous nous conduire au bureau de M. Kroll de façon discrète ?

Elle hocha la tête. L'étrangeté d'une telle requête de la part d'un policier fédéral ne l'avait apparemment pas effleurée. Sans doute était-elle trop désorientée pour garder encore un peu d'esprit critique.

— Après cinq heures, les bureaux sont fermés, mais j'ai la clef. Il nous suffira de prendre l'ascenseur qui descend à la chambre forte.

Pendant quelques minutes, ils restèrent assis dans un silence tendu. Puis le téléphone sonna et Cort se précipita pour y répondre.

— Notre homme sera là dans cinq minutes, annonça-t-il en ressortant de la chambre. Tout s'est bien passé. Il s'arrêtera derrière notre voiture et transférera la quincaillerie dans notre coffre.

Brock se leva.

— Parfait. Descendons et attendons son arrivée.

***

Quand ils arrivèrent dans la rue, la nuit était tombée.

— Jake est pleinement au courant de la situation, Commissaire, déclara Cort tandis que tous trois prenaient place à l'intérieur de la voiture de location de Brock.

— Bien, acquiesça Brock. Nous n'avons plus qu'à attendre.

Cinq minutes ne s'étaient pas écoulées, lorsque des phares apparurent derrière eux. Cort et Brock mirent pied à terre et ce dernier ouvrit le coffre de la voiture. Immédiatement, le chauffeur de la voiture fit un appel de phares et se rangea à quelques mètres derrière eux. Un homme en descendit. Il portait un grand sac en toile. En les rejoignant, il passa sous un réverbère ; Brock vit qu'il s'agissait d'un jeune homme blond et solide, avec un visage constellé de taches de rousseur. Il y avait une sorte d'innocence ingénue dans ses yeux et, l'espace d'un instant, Brock éprouva une vague inquiétude. Mais, par expérience, il savait qu'un visage pouvait être trompeur et, au fond de lui-même, il se dit que Cort n'avait sûrement pas choisi un blanc-bec pour effectuer un travail de professionnel aguerri.

Cort l'accueillit avec un clin d'œil entendu.

— Salut, Jake. Je te présente le commissaire Brock...

Brock lui tendit la main et Jake lui écrasa les phalanges avec une force qui le fit grimacer.

— Bonsoir, Commissaire.

— Bonsoir, Jake. Voyons cette quincaillerie.

Jake posa son sac dans le coffre et l'ouvrit. A l'intérieur, il y avait trois fusils d'assaut à répétition, le modèle le plus courant de l'armée américaine. Brock inspecta les armes rapidement. Elles semblaient en parfait état et les chargeurs étaient pleins. Avec un hochement de tête approbateur, il les remit dans le sac et referma le coffre.

— Nous nous arrêterons à une certaine distance de l'entrepôt et commencerons par neutraliser le vigile qui fait des rondes régulières autour des bâtiments, déclara-t-il. Ensuite, nous jetterons un coup d'œil à l'intérieur pour évaluer les forces de l'ennemi, puis discuterons de la stratégie à adopter. D'accord ?

Cort et Jake ne firent aucune objection. C'était

le genre de langage qu'ils comprenaient et appréciaient. Ils remontèrent en voiture, sans prendre la peine de présenter Terry à Jake et démarrèrent. Le trajet s'effectua en silence et, un quart d'heure plus tard, ils s'arrêtèrent dans une petite rue mal éclairée, à une centaine de mètres de la masse sombre de l'entrepôt. Là, Brock recommanda à Terry d'être bien sage et, pour plus de sécurité, l'attacha avec les menottes à l'un des montants de la banquette sur laquelle elle était assise, puis ils mirent pied à terre, se munirent sans un mot de leurs armes, et, l'un derrière l'autre, se coulèrent le long du mur en direction de l'entrepôt.

Le vigile, Arnie, fumait une cigarette, adossé à la porte de l'entrepôt. Cort se retourna vers ses compagnons tapis dans l'ombre et leur fit signe qu'il s'en chargeait. Prenant son pistolet par le canon, il se courba en deux, traversa la rue en trois bonds avec une souplesse de chat sauvage et alla se poster derrière le tronc d'un arbre. Entre-temps, Arnie avait terminé sa cigarette. Il écrasa le mégot sous son talon et, sans se presser, commença à se diriger vers l'endroit où Cort était dissimulé. Cort le laissa passer, puis, sans bruit se glissa derrière lui. Il avait déjà le bras levé, lorsque, soudain, Arnie fit mine de se retourner. Trop tard. La crosse du pistolet de Cort s'abattit avec tant de force sur son crâne qu'il n'eut même pas le temps de pousser un cri. Brock grimaça malgré lui.

— Adieu, Arnie, murmura-t-il. Le moment était venu pour toi de quitter cette vallée de larmes et de lamentations...

Se penchant sur le corps du vigile, Cort lui prit son pistolet, le mit dans la poche de sa veste et revint vers eux.

— Je n'avais pas l'intention de frapper si fort,

déclara-t-il à voix basse en les rejoignant. Cet imbécile m'a surpris en essayant de se retourner et mon bras est parti tout seul.

Brock ne fit aucun commentaire. Jake rendit son fusil à Cort et tous trois reprirent leur progression en direction de l'entrepôt. De l'autre côté du bâtiment, il retrouva sans trop de difficulté la planche disjointe qui, la nuit précédente, lui avait permis d'épier les agissements de Kroll et de ses complices. Avant de regarder par la fente, il mit en place son petit micro et posa ses écouteurs sur ses oreilles.

Il y avait cinq hommes à l'intérieur du hangar. Deux d'entre eux, probablement des membres de la bande qui avait effectué le vol, étaient occupés à ouvrir les caisses qui venaient d'être déchargées d'un gros semi-remorque. Kroll, le commissaire et l'inspecteur examinaient les bouteilles qu'ils leur passaient.

Dans ses écouteurs, Brock entendit distinctement la voix de Kroll. Il paraissait un peu agacé.

— Il va nous falloir toute la nuit pour vérifier ces maudites bouteilles ! Je vous propose une chose : Je vais en prendre une au hasard et l'ouvrir. Si le contenu correspond à l'étiquette, le marché est conclu. D'accord ?

Le Président-Directeur Général de « Discount 2000 » fit le tour des caisses, s'arrêta devant l'une d'entre elles, se pencha et choisit une bouteille. Alors qu'il s'apprêtait à l'ouvrir, Brock se redressa.

— Jetez un coup d'œil, dit-il à Cort en lui passant les écouteurs. Tout notre petit monde est là.

Cort mit les écouteurs sur ses oreilles et se pencha pour regarder par la fente.

— Lequel d'entre eux est Kroll ? questionna-t-il.

— Celui qui a un costume bleu avec un chemise

bordeaux, répondit Brock. Il a une bouteille à la main.

Cort passa près d'une minute à regarder la scène, puis il tendit les écouteurs à Jake.

— Quand nous entrerons, déclara Brock, je leur crierai de mettre les mains en l'air et vous, vous vous tiendrez prêts à agir. Comme ils sont tous les cinq rassemblés au centre de la pièce, il devrait nous être facile de les neutraliser. Dans la mesure du possible, j'aimerais qu'aucun coup de feu ne soit tiré. Les juges sont des gens délicats et préfèrent qu'on leur amène des prévenus en bon état : pour les interrogatoires, c'est plus facile. Pour entrer, il va nous falloir la clef de l'entrepôt. Le vigile l'avait sûrement dans sa poche. Cort, pourriez-vous aller la lui demander poliment et nous rejoindre devant ?

— Bien sûr, acquiesça Cort avec un large sourire. Pour la politesse, vous pouvez compter sur moi !

Cinq minutes plus tard, ils étaient tous les trois devant la porte. Sans bruit, Brock glissa dans la serrure la clef que Cort lui avait apportée et fit pivoter lentement le battant. Les cinq hommes étaient groupés devant les caisses et se passaient la bouteille que Kroll avait ouverte. Apparemment, ils trouvaient son contenu tout à fait satisfaisant. Ils ne se rendirent compte de rien jusqu'à ce que Brock crie :

— F.B.I., tout le monde les mains en l'air ! Pas un geste ou nous tirons !

Pendant une fraction de seconde, les cinq hommes restèrent comme pétrifiés. Puis, soudain, l'adjoint du chef de la police de Seahaven bondit sur une mitraillette posée à l'arrière du camion. Pas assez vite pour surprendre des professionnels. Une rafale le faucha en deux avant même qu'il ait pu poser la main sur la crosse de l'arme. Croyant pouvoir profiter de la diversion, Kroll essaya de se mettre à l'abri derrière le camion, mais c'était compter sans Cort Comar qui, en militaire aguerri, avait prévu la manœuvre et s'était déporté sur la droite pour élargir son champ de tir. La première balle lui érafla le crâne et la deuxième le toucha en pleine poitrine. Le chef de la police, lui, s'était accroupi derrière les caisses et essayait maladroitement de sortir un pistolet de sous sa veste. Jake l'abattit au jugé, d'une seule balle au milieu du front. Quant aux deux comparses, ils couraient vers une voiture garée au fond du hangar, avec l'intention, sans doute, de l'utiliser pour s'enfuir, lorsque les tirs convergents de Brock, de Cort et de Jake, mirent fin définitivement à leur projet.

Un silence irréel succéda au fracas des détonations et les trois hommes se regardèrent, leurs armes pointées vers le sol.

— Ce n'était pas exactement ce que j'avais prévu, messieurs, déclara Brock en grimaçant.

Ses deux compagnons s'abstinrent de tout commentaire. C'était des hommes d'action, pas des philosophes. En quelques rapides enjambées, tous trois rejoignirent l'endroit où Kroll avait exhalé son dernier soupir. Sans un mot, Cort s'accroupit, retourna le corps, prit la bague qui brillait à la main droite du cadavre et la tendit à Brock. Avec son mouchoir, Brock essuya le sang qui la maculait et examina l'intérieur de l'anneau avec une petite loupe qu'il avait toujours sur lui, fixée à son porte-clefs. Terry ne l'avait pas trompé. Les chiffres de la combinaison du coffre étaient bien là, gravés au poinçon, en caractères minuscules, mais très lisibles avec une loupe.

***

De retour à la voiture, Brock détacha les poignets de la jeune femme et se mit au volant, tandis que ses compagnons rangeaient les armes dans le coffre.

— J'ai entendu des coups de feu, murmura Terry d'une voix inquiète au moment où il démarrait. Que s'est-il passé ?

— Kroll et ses acolytes ont essayé de résister, mais nous avons réussi à les convaincre de se rendre, répondit Brock. Les hommes que j'avais postés autour de l'entrepôt les ont appréhendés.

La jeune femme poussa un soupir de soulagement.

— Dieu soit loué ! Je suis contente que tout soit terminé.

Ils roulèrent en silence jusqu'à « Discount 2000 ». Le magasin était encore ouvert, mais les bureaux étaient fermés et Brock alla se garer directement sur le parking du personnel.

— Je pense qu'il ne serait pas très prudent que nous montions tous là-haut, déclara Terry. L'un des gardes pourrait nous repérer et nous poser des questions.

Brock hocha la tête.

— Oui, acquiesça-t-il. Mieux vaux que j'y aille seul avec vous.

— Si vous n'avez plus besoin de nous, Commissaire, nous pourrions peut-être prendre un taxi et aller récupérer la voiture de Jake ? suggéra Cort Comar.

Brock réfléchit pendant quelques secondes.

— Non, dit-il finalement. Je préférerais que vous restiez tous les deux dans les parages. Je ne crois pas qu'il y aura du grabuge, mais on ne sait jamais. Si notre absence dure trop longtemps, ou si vous entendez des coups de feu, n'hésitez pas à venir à la rescousse et n'oubliez pas d'apporter toute la quincaillerie nécessaire.

— A vos ordres, Commissaire, répondit simplement Cort.

Brock et Terry mirent pied à terre et entrèrent dans le magasin en passant par la porte réservée aux employés. Le rez-de-chaussée était occupé par les vestiaires et les sanitaires. Ils ne rencontrèrent personne et montèrent sans encombre à l'étage par un petit escalier mal éclairé. Le bureau de Kroll était le deuxième, après celui de la comptabilité. La jeune femme avait les clefs des deux verrous de sécurité. Elle les ouvrit et alluma avant de refermer la porte derrière eux. La pièce était très vaste, dépourvue de fenêtre et meublée avec un luxe prétentieux. Sur l'un des côtés, il y avait une porte d'ascenseur. Terry avait également la clef spéciale qui permettait de l'actionner et, quelques instants plus tard, ils se retrouvèrent au sous-sol du bâtiment, à l'intérieur de la chambre forte. Outre des casiers remplis de dossiers, la pièce recelait des vitrines pleines de bijoux et un énorme coffre-fort.

— Vous avez la combinaison ? s'enquit Terry en se retournant vers Brock.

— J'ai la bague, répondit-il en la sortant de sa poche et la lui montrant.

Terry haussa un sourcil étonné.

— Il vous l'a donnée ?

— Pas vraiment de son plein gré, avoua Brock. Elle est belle, n'est-ce pas ?

La jeune femme l'examina et, soudain, elle pâlit.

— Il y a du sang, là... A-t-il été blessé ?

Brock hésita, puis hocha la tête, le visage grave.

— Oui, Terry. Je ne voulais pas vous le dire, mais...

— Il est mort ! l'interrompit-elle. Vous l'avez tué, n'est-ce pas ?

— Ce n'est pas moi qui ai tiré, se défendit-il. Il a essayé de s'enfuir et l'un des autres l'a abattu.

Elle détourna la tête et appuya son front contre la paroi métallique du coffre-fort.

Malgré lui, Brock se sentit touché et posa une main apaisante sur son épaule.

— Je suis désolé, Terry.

Elle se retourna et releva le menton avec défi.

— Ce n'est rien, affirma-t-elle. Le choc, simplement. Mais, peut-être ne pouvez-vous pas comprendre ?

— Si. C'était un être humain, malgré tout.

— Bien. Achevons notre tâche. Lisez-moi les chiffres et je ferai la combinaison sur le cadran.

Il hocha la tête et, moins d'une minute plus tard, la lourde porte blindée pivota sans bruit.

Il s'approcha pour regarder à l'intérieur, mais elle l'arrêta d'un geste.

— Attendez, murmura-t-elle. Cette bague... Accepteriez-vous de me la donner ?

Il hésita. Le diamant était vraiment magnifique et ce serait une jolie pièce dans sa collection. Et puis, un souvenir d'une aventure aussi folle qu'imprévue...

— Si vous voulez, Terry, répondit-il en lui tendant le bijou avec un haussement d'épaules. Vous pouvez la garder.

Dans le coffre-fort, il y avait d'épais dossiers sur des étagères et deux mallettes noires posées dans un coin. Négligeant les dossiers, Brock saisit les deux mallettes et les posa sur la table qui occupait le milieu de la chambre forte. Elles n'étaient pas fermées à clef et lorsqu'il en souleva les couvercles, des liasses de billets verts apparurent. Des billets de cent dollars. Il n'avait pas besoin de les compter pour savoir combien il y en avait.

Sans un mot, il referma les couvercles, prit les mallettes et se dirigea vers l'ascenseur. Il ne restait plus qu'à quitter la maison. Suivi par Terry, il remonta dans le bureau de Kroll ; quelques instants plus tard, ils quittaient le magasin sans avoir rencontré âme qui vive. Apparemment, ce soir les dieux étaient avec lui...

***

Mais lorsqu'il arriva à sa voiture, Brock éprouva un doute. Les dieux étaient peut-être avec lui, mais ses compagnons, eux, n'étaient plus là. Dommage, se dit-il. Il aurait aimé les remercier pour l'aide précieuse et efficace qu'ils lui avaient apportée et leur donner quelques liasses de billets pour les récompenser de leur peine. Mais, sans doute, avaient-ils eu de bonnes raisons pour déserter leur poste...

Il en était là de ses réflexions et s'apprêtait à faire monter Terry dans la voiture, lorsque deux silhouettes sortirent de l'ombre. C'était Cort Comar et Jake. Leurs fusils d'assaut étaient braqués sur lui.

— Bonsoir, Commissaire, murmura Cort d'une voix ironique. Vous ne pensiez tout de même pas que nous allions vous laisser porter tout seul ces mallettes bourrées de billets verts ?

— Un aussi prestigieux chef et une aussi charmante jeune femme... renchérit Jake avec une lueur malicieuse dans les yeux. Pour accomplir ces petites tâches bassement matérielles de la vie courante, il faut des hommes comme nous, des petits, des sans-grade.

Brock soupira.

— Je suppose que vous aviez prévu cette volte-face dès le début, Comar ?

Cort hocha la tête.

— Bien sûr ! Cependant, si j'avais su que Kroll avait simplement mis cette petite fortune au frais dans sa chambre forte, il y a longtemps que je serais allé lui chatouiller la plante des pieds pour lui faire donner la combinaison de son coffre. Mais, maintenant, si vous voulez bien vous retourner et poser vos grosses pattes sur le toit de la voiture, Jake va vous délester de tous les dangereux joujoux qui pourraient retarder notre départ.

Brock obéit, en baissant la tête instinctivement, mais pas assez vite pour esquiver le coup de crosse. Lorsqu'il commença à émerger du néant, il ressentit d'abord une impression bizarre, une sorte de balancement régulier qui le rendait mal à l'aise, un peu comme s'il avait trop bu...

***

Pendant quelques instants, il resta dans cet état second qui précède le réveil, puis il perçut vaguement un bruit de clapotis et, tout de suite, avant même d'ouvrir les yeux, il comprit ce qui l'attendait. Il était assis à l'arrière du bateau de Cort Comar, le dos appuyé contre l'une des banquettes. Il avait les bras plaqués contre lui et tout le haut du corps enserré dans une sorte de sac en plastique sans manches, un peu comme dans une camisole de force. Un sac en plastique qui était renforcé par de gros bourrelets épais au niveau de la taille et de la poitrine.

Il sut qu'ils étaient déjà loin en mer, car la côte n'était visible dans aucune direction. Au-dessus de lui, des millions d'étoiles étincelaient, mais il n'était guère en mesure d'apprécier la beauté de ce magnifique spectacle. Toute la scène, songea-t-il, ressemblait étrangement au cauchemar qu'il avait eu dans l'avion, un peu avant son arrivée à Miami.

Bien que les personnages fussent différents, il n'eut aucune peine à les identifier. Jake était à la barre. Il fumait un gros cigare et une bouteille de whisky à demi pleine était posée à côté de lui. Cort Comar et Terry Trevino étaient assis en face de lui, l'un à côté de l'autre. Cort avait enlevé sa veste et l'avait posée sur le dossier de son fauteuil. Il avait l'air tout à fait détendu et bavardait librement avec Terry, laquelle était beaucoup moins à son aise, ce qui n'était guère étonnant car elle avait les jambes attachées aux pieds de sa chaise et des menottes aux poignets.

Brock referma les yeux et écouta attentivement leur conversation. C'était Cort qui parlait :

— Troy croyait dur comme fer que j'étais son meilleur ami et lorsqu'il a appris que j'étais l'exécuteur des hautes œuvres de Kroll, il a failli en avaler son dentier ! Cela faisait plus d'un an que j'approvisionnais « Discount 2000 » avec des marchandises que nous raflions en mer sur des cargos ou des bateaux de tourisme — de la bonne vieille piraterie, en somme. Le bénéfice était correct et, bien sûr, je n'ai pas refusé lorsque Steve m'a proposé vingt-cinq mille dollars pour le débarrasser de Troy et de Darrell. Malheureusement pour lui, il ne m'en a donné que dix mille, s'imaginant que ses relations avec la police suffiraient à faire taire mes récriminations. Il ne me connaissait vraiment pas ! Enfin, paix à son âme, maintenant... Ce pauvre vieux Steve...

Il éclata de rire et poursuivit sur le même ton joyeux.

— Jake et moi avons commencé par mettre le

feu au rafiot de Troy, puis, une fois la nuit tombée, nous les avons emmenés faire un tour en mer, lui et Darrell. Une fois au large, boum ! Nous les avons réduits en tout petits morceaux afin de faciliter la tâche aux requins. Dans l'armée, Jake était un expert en explosifs ; c'est lui qui a conçu et réalisé le gilet, par ailleurs fort seyant, que porte en ce moment notre cher ami Brock. Un gilet très spécial... En un sens, c'est un peu un gilet de sauvetage, car il empêche de couler le type qu'on a jeté à l'eau après l'en avoir préalablement équipé...

A nouveau, il éclata de rire. Un rire diabolique.

— Le répit est de courte durée, croyez-moi ! L'une des deux ceintures, celle du bas, est bourrée d'explosif. Un explosif très puissant, relié à un détonateur et à un minuteur. On le règle sur trois ou quatre minutes et on prend la distance qu'il faut pour contempler le spectacle en toute sécurité. Grâce à la ceinture qui se trouve au niveau de la poitrine, le « sujet » flotte à la surface et prend tout le choc de l'explosion. Trois minutes et badaboum ! — Votre témoin gênant est dispersé aux quatre coins de l'horizon. Pas de cadavre, pas de crime.

— Mon Dieu ! gémit Terry. Va-t-il falloir que je reste assise ici et que je regarde ce... cette...

— Mais non, poupée, rassure-toi, tu pourras fermer tes jolis petits yeux et boucher tes charmantes oreilles. Et surtout, ne t'imagine pas que nous allons te faire subir un sort aussi atroce ! Jake et moi, nous sommes des gentlemen. Nous ne faisons jamais de mal aux jolies filles. Dans la mesure où elles se montrent coopératives, bien sûr. Tu vois ce que je veux dire, n'est-ce pas ?

Brusquement, il se redressa.

— Hé, Jake, nous sommes assez loin ! Réduis

les gaz et cale la barre. Nous allons envoyer notre cher Commissaire dire bonjour aux poissons.

Jake obéit et le bateau continua de courir sur son erre en tanguant au milieu des vagues. L'instant d'après, Brock les entendit s'approcher de lui.

— O.K., déclara Jake. Retournons-le et branchons le minuteur.

Tandis qu'ils le saisissaient à bras-le-corps et le retournaient, Brock se dit que, à la longue, il avait fini par lasser son ange gardien. C'était le bout de la route.

— Là, c'est fait, annonça Jake. Il n'y a plus qu'à appuyer sur le bouton. Je le ferai juste avant de l'expédier par-dessus bord.

Ils le soulevèrent et Brock serra très fort les paupières en se disant que c'était peut-être un rêve et qu'il allait se réveiller, comme dans l'avion...

Au même instant, un coup de feu claqua, puis un second, puis un troisième... Cort et Jake le lâchèrent et il reprit contact brutalement avec le plancher du cockpit. Il rouvrit les yeux. Terry était toujours assise, mais elle avait un pistolet à la main. Une dernière balle fit sursauter le corps de Jake. Le chargeur était vide. La jeune femme posa son arme et entreprit fébrilement de dénouer les liens qui attachaient ses jambes aux pieds de sa chaise.

Dès qu'elle se fut libérée, elle courut vers Brock et lui enleva le gilet diabolique qui le maintenait prisonnier. Heureusement, il était tombé sur le ventre et le bouton du minuteur n'avait pas été actionné dans la chute.

— Cela faisait un moment que j'avais vu la crosse de ce pistolet qui dépassait de la poche de la veste de Comar, expliqua-t-elle tandis qu'il jetait au loin le gilet qui avait bien failli lui servir de linceul. Avec les menottes, cela n'a pas été facile, mais, grâce à Dieu, j'ai réussi à m'en saisir juste à temps.

Brock sourit.

— C'est le pistolet qu'il avait pris au vigile qu'il a tué à l'entrepôt. Il avait dû oublier qu'il l'avait mis dans sa poche, sinon jamais il ne l'aurait laissé à votre portée. Faut-il que je vous dise à quel point je vous suis reconnaissant ?

— Non, ce n'est pas nécessaire, répondit-elle en lui rendant son sourire. Pour ma part, je suis heureuse que vous n'apparteniez pas au F.B.I. Vous êtes un homme étrange, Brock, et je n'ai aucune idée de ce que vous faites ou de ce que vous êtes en réalité, mais, lorsque vous avez accepté de me donner la bague de Steve, j'ai compris que je pouvais avoir confiance en vous. Vous, au moins, vous êtes gentil...

***

Deux jours plus tard, il quitta la Floride avec ses cent mille dollars en poche. Iris Guthrie devenait un peu trop entreprenante. Pour la rassurer, il avait bien voulu partager son lit platoniquement avec elle, mais il ne connaissait que trop les dangers d'une telle intimité. S'il cédait à la tentation, il ne pourrait plus jamais s'en aller.

— Ne partez pas, Brock ! l'implora-t-elle une dernière fois, alors qu'il était déjà au volant de sa voiture et que ses bagages étaient chargés dans le coffre. Je suis si seule et j'ai tellement besoin de vous !

— Je reviendrai, promit-il en l'embrassant sur la joue.

Sur cette promesse, qu'il ne tiendrait pas, il démarra lentement ; bientôt, Iris ne fut plus qu'une silhouette frêle et triste au bord d'un trottoir. Riche et belle, elle aurait tôt fait de l'oublier avec un autre, se dit-il, afin d'apaiser sa conscience.

Paint the Town White.
Traduction L. de Pierrefeu.

L'AMATEUR AMÉRICAIN

par F. W. Crofts

M. Nicholas Lumley, courtier de son état, posa son stylo, se redressa en poussant un soupir de soulagement, et consulta sa montre. A sa vive satisfaction, elle l'informa qu'il venait d'atteindre le terme d'une rude journée de labeur, et devrait quitter son bureau sans tarder, s'il désirait attraper son train habituel pour regagner à point nommé ses chers pénates.

Mais le Sort en décida autrement. Alors qu'il s'extrayait de son fauteuil, un garçon de bureau entra et déposa une carte devant lui. M. Silas Snaith, 105, Hall's Building, Broadway, New York, désirait le voir.

— Faites entrer, exhala M. Lumley, réprimant un soupir de désappointement.

M. Snaith se révéla être un homme d'environ trente-cinq ans, grand, élancé, aux yeux clairs, vifs, très mobiles, qui explorèrent prestement M. Lumley ainsi que l'ensemble de la pièce, comme soucieux de ne laisser échapper aucun détail. Le visiteur était bien habillé, plutôt sobrement, d'un costume foncé de coupe américaine, mais une chaîne de montre ostentatoire, une épingle de cravate ponctuée d'un rubis, des boutons de manchettes endiamantés, semblaient signaler à la fois une latente présence de belle fortune et une visible absence de bon goût. Il avait un porte-documents d'une taille peu habituelle, qu'il plaça précautionneusement sur le parquet à côté du fauteuil que M. Lumley lui désignait.

— M. Nicholas Lumley ? commença-t-il, s'exprimant d'une voix traînante que teintait un léger accent américain. Heureux de vous connaître, monsieur.

Il tendit une main, que M. Lumley secoua négligemment en murmurant une formule d'accueil.

Le visiteur s'assit.

— Vous effectuez des opérations pour le compte de tiers, dit-il, assez diverses, je présume — moyennant rétribution ?

M. Lumley admit la chose.

— Bon, eh bien, j'aimerais que vous consentiez à en effectuer une pour moi. Elle serait de courte durée, en principe facile à réaliser, et vous vaudrait une commission tout à fait substantielle si vous parvenez à la mener à bien.

— En quoi consiste-t-elle, Monsieur Snaith ?

— Une minute ou deux suffiront pour vous l'exposer. Mais d'abord il vous faut savoir et admettre qu'elle est de nature confidentielle.

— Certainement. Mon travail est en général de cette nature.

Dans le ton de M. Lumley, il s'était glissé un soupçon de froideur que perçut son vis-à-vis.

— C'est parfait. Inutile de vous froisser. Puis-je vous offrir un cigare ?

Il en sortit deux de la poche de son gilet et en tendit un. M. Lumley l'accepta, et les deux hommes marquèrent une petite pause pour porter de conserve les bouts de leurs cigares à incandescence.

— Alors, voilà, reprit Snaith. Ma partie, c'est le bois, le bois de charpente, et je n'ai pas trop mal réussi — maison sur la Cinquième Avenue et tout. A présent, j'ai plus de temps libre que par le passé, et vous ne le croirez peut-être pas, mais mon hobby préféré, c'est les tableaux. J'ai circulé seul à travers l'Europe rien que pour visiter les galeries, les musées aussi, bien sûr, et je me suis payé là du sacré bon temps. Ma collection personnelle se monte maintenant à pas mal de dollars.

« Il y a eu un an à l'automne dernier, je suis tombé sur un tableau qui a pratiquement éclipsé tout ce que j'avais vu auparavant — c'était à Poitiers, en France — et quand j'ai quitté la ville le tableau m'a suivi. Il m'a coûté quinze mille dollars, mais ça valait bien ça. C'était un Greuze, un petit format, guère plus de vingt-cinq centimètres sur trente — une simple tête de jeune fille — mais une pure merveille. L'homme à qui je l'ai acheté m'avait appris qu'il faisait partie d'une paire ; depuis lors je n'ai cessé de rechercher l'élément manquant. Et à présent, pardieu, je l'ai trouvé !

M. Snaith s'interrompit et tira quelques bouffées de son cigare, placé au coin de sa bouche, à la manière d'une pipe.

— Au cours de ce périple-ci, de passage en Angleterre, je suis allé voir votre Lord Arthur Wentworth — à Wentworth Hall, dans le comté de Durham. Un fameux endroit, sa propriété ! Je devais traiter avec lui à propos de quelques arpents de terrain boisé ; il possède bon nombre d'hectares dans l'État de New York. Bref, passons ; à un moment donné, il a dû aller chercher dans une autre pièce une carte de ses domaines, et en attendant son retour, pour passer le temps — par pure curiosité, comme qui dirait — je me suis promené dans son bureau, regardant à droite, à gauche. Et alors, quelle ne fut pas ma stupeur de voir là, accroché au mur, derrière le fauteuil où j'avais été assis, le pendant de mon Greuze ; je l'ai reconnu tout de suite, car j'en avais vu des photos. Comme après tout il pouvait s'agir d'une copie, je me suis approché tout près et l'ai inspecté aussi soigneusement que possible avant la réapparition de Sa Seigneurie. Ça me paraissait authentique, mais je n'en étais pas absolument sûr.

« J'ai eu juste le temps d'en prendre deux-trois clichés avec mon Kodak de poche avant que Sa Seigneurie ne rapplique. Nous avons alors marchandé et fini par conclure l'affaire relative à son bois. Bien que fin de race, et à peu près aussi robuste qu'un fétu de paille, ce membre de l'aristocratie britannique décadente a l'esprit drôlement affûté ; c'est un coriace, le lord Arthur, comme vous vous en apercevrez peut-être.

« Je n'ai pas soufflé mot du Greuze, mais tout au long de la discussion je n'arrêtais pas de réfléchir quant au moyen de voir garantie ou non son authenticité. De retour à Londres, j'ai été trouver l'homme que je tiens, entre toutes mes relations, pour le plus qualifié en la matière — Frank L. Mitchell, de Pall Mall. Ce qu'il ne sait pas sur les tableaux ne vaut pas la peine d'être mentionné. J'ai obtenu sa promesse d'aller sur place examiner le tableau.

« Il s'y est rendu dès le lendemain. Il a d'abord attendu que Sa Seigneurie débarrasse les lieux en partant pour la chasse avec quelques amis, puis s'est présenté au château et a pu le visiter en graissant la patte au maître d'hôtel. Il a vu le tableau, et pour lui son authenticité ne fait aucun doute. Mais il ne s'est pas contenté de ça. Les détenteurs de tous ces tableaux originaux sont connus, répertoriés ; de retour dans la capitale, il a consulté les registres, les archives, et découvert qu'au moment de l'achat par le père du lord actuel, le tableau, dûment expertisé, avait été certifié authentique, et payé en conséquence.

« Donc, de ce côté-là, c'est du bronze. Il y a des chances pour que l'actuel propriétaire le sache, mais, bien entendu, ce n'est pas certain. Mitchell estime que ce bout de toile peinte vaut trois mille de vos livres — quinze mille dollars. Voilà, Monsieur Lumley ; ce tableau, je le veux, et je désire que vous l'obteniez pour moi.

L'Américain se renversa dans son fauteuil et guetta, le regard scrutateur mais plutôt confiant, la réaction de M. Lumley. L'intérêt de ce dernier, vivement éveillé par le récit de son visiteur, parut soudain vaciller.

— C'est plus facile à dire qu'à faire, articula-t-il lentement. Dix contre un que Sa Seigneurie ne voudra pas vendre.

— Moi, je pense qu'il vendra — quand il saura ce que je propose. Suivez-moi bien (et M. Snaith d'énumérer ses arguments en comptant sur ses doigts). Vous avez là un lord qui est passablement gêné aux entournures — je suis très informé là-dessus ; il a grand-peine à maintenir un train de vie convenable. Trois mille livres, c'est peut-être pas tellement, mais en l'occurrence, y renoncer, c'est dur. Pourtant, vous dites qu'il ne vendra pas. Mettons que je sois d'accord ; alors, je pose la question : pourquoi donc ? Pourquoi ? Parce que cet homme a sa fierté. Il ne pourrait tolérer d'avoir sur le mur de son bureau cet espace vide lui rappelant en permanence, ainsi qu'à ses amis et ses domestiques, ce qu'il a dû faire. Mais c'est là que j'interviens.

M. Snaith ramassa son porte-documents, l'ouvrit précautionneusement et en retira un objet recouvert de papier de soie qu'il déposa sur le bureau de M. Lumley. De ces doigts minces et nerveux, il défit l'emballage, révélant au courtier quelque peu ébahi une petite peinture à l'huile qu'entourait un cadre doré bellement ouvragé.

C'était une tête de jeune fille ; une charmante étude, fine, élégante, délicate. La demoiselle avait un beau visage, aux yeux bleus, au teint crémeux, et d'abondants cheveux d'un blond cuivré. Mais ce n'était pas sa beauté qui retenait l'attention. C'était l'âme que l'on décelait derrière le visage, illuminant toute la physionomie. Les yeux levés, elle regardait au loin, un demi-sourire sur les lèvres, comme fascinée par une vision amoureuse ou céleste. M. Lumley la contempla, rempli d'admiration.

— Vraiment de première, murmura Snaith en connaisseur épris, et ce n'est qu'une copie. Ce tableau est célèbre dans le monde entier, et il y en a un tas de copies. Celle-ci est si bonne (il glissa vers M. Lumley un regard de côté), que j'aurais peine à dire que ce n'est pas l'original, et je doute que vous le puissiez vous-même, tout comme Lord Wentworth.

M. Lumley se sentait un rien mal à l'aise, sans pouvoir en préciser la raison ; quelque chose d'obscurément déplaisant, dans le comportement de son visiteur, affectait un tant soit peu ses nerfs assez sensibles.

— Voici quelle est ma proposition, poursuivait l'Américain. Vous voyez Sa Seigneurie et lui présentez ce tableau. Dites-lui tout de suite, carrément, que c'est une copie, mais d'une qualité telle que seuls quelques très rares spécialistes pourraient détecter la différence. Cela, il sera en mesure de le constater par lui-même. Dites-lui que votre client lui offre deux mille livres pour vous laisser procéder à l'échange des tableaux.

— Pourquoi ne pas traiter vous-même directement avec lui ?

— Pour deux raisons. Primo, après cette affaire pour son bois, où j'ai fini par emporter le morceau, il ne me porte pas spécialement dans son cœur. Il s'est montré poli et tout et tout, mais j'ai bien senti qu'il serait ravi d'être débarrassé de ma présence. Secundo, j'ai demain un rendez-vous d'affaire à Paris, et j'aurai juste le temps vendredi de faire un saut ici sur le chemin du retour aux États-Unis.

M. Lumley ne disant mot, Snaith poursuivit avec chaleur et conviction :

— Il acceptera, car il a besoin de cet argent. Notez bien comment la chose va se présenter à ses yeux. Personne n'en saura rien ; le nouveau tableau aura l'air d'être le même que l'autre, et si par le plus grand des hasards la question devait être soulevée, on supposera qu'une erreur s'est produite il y a cinquante ans, quand son père l'a acheté. Sa fierté sera préservée. Et si deux mille livres ne suffisent pas à le décider, eh bien, vous pouvez lui en offrir trois. Il me le faut, ce tableau, et je ne suis pas à ça près. Vos honoraires, si vous réussissez, je vous laisse les fixer — disons deux cents livres et les frais —, enfin, si vous estimez que c'est assez ?

— Assez ? s'exclama M. Lumley. Plus qu'assez.

— C'est parfait. Je présume alors que vous acceptez ? Passons à présent aux preuves de bonne foi. Je me suis renseigné à votre sujet avant de venir et ce que j'ai appris m'a pleinement satisfait. Mais vous ne savez rien de moi ; vous voudrez donc sans doute quelque argent à défaut d'autre chose. Comme garantie de ma bonne foi, je vais vous remettre des billets de banque jusqu'à concurrence de deux mille livres. S'il en faut plus pour conclure le marché, vous pourrez l'avancer. Vous aurez le tableau en gage, et pourrez le garder jusqu'à ce que je vous aie tout réglé. Ça vous va ?

M. Lumley réfléchit rapidement. L'affaire paraissait simple, nette, et, autant qu'il pouvait en juger, régulière. En tout cas, lui, pour sa part, se montrerait très régulier. Il serait tout à fait franc avec Lord Arthur, et s'efforcerait d'effectuer très honnêtement la transaction ; quitte à échouer.

— Cela me semble fort convenable, Monsieur Snaith. Je ferai ce que je pourrai.

— Bon. Alors, veuillez compter ça.

Le visiteur extirpa de sa poche un rouleau de billets, en retira un certain nombre et les tendit au courtier. Il y en avait vingt, de cent livres chacun.

— Exact, le compte y est, dit M. Lumley, et il griffonna un reçu.

— Deux choses encore, reprit Snaith. D'abord, je désire que mon nom ne soit pas révélé à Lord Wentworth. Comme je vous l'ai dit, nous nous sommes pas mal accrochés à propos de cette histoire de bois, et ça ne rimerait à rien de le braquer d'entrée de jeu. Dites-lui simplement qu'un riche Américain veut son tableau de Greuze. Et d'autre part, prenez note de mes mouvements durant les trois prochains jours. Je pars ce soir pour Paris, et l'on pourra m'y joindre à l'Hôtel d'Angleterre jusqu'à vendredi matin. Vendredi, je retraverse la Manche, passe ici à six heures du soir pour le tableau, et quitte la gare d'Euston à sept heures, destination Amérique. C'est noté ?

— Je vous ai compris, répondit M. Lumley. Cela

me donne deux jours. Je me permettrai de garder votre porte-documents pour transporter le tableau.

Une fois que l'Américain eut pris congé, M. Lumley demeura assis à son bureau, l'esprit accaparé par la mission assez inhabituelle qu'on venait de lui confier. Elle présentait notamment une caractéristique singulière. Cette idée de substituer une copie à un original était tout à fait inattendue. Mais ingénieuse néanmoins, et si Lord Arthur était véritablement gêné financièrement, on pouvait escompter qu'il serait tenté d'accepter la proposition. Par ailleurs, caractéristique un peu insolite mise à part, l'affaire semblait plutôt raisonnable, régulière. Et pourtant M. Lumley n'était pas satisfait. Il était, ou se croyait, bon juge en matière de personnalité, et voilà que tout son être lui intimait de se méfier de ce Snaith. Il ressentait comme une impérieuse nécessité de se tenir sur ses gardes, et des récits d'abus de confiance, lus dans le temps, lui revenaient vaguement en mémoire.

Toutefois, il avait accepté ce travail et peu importait à présent d'avoir été imprudent ou avisé ; il fallait vaille que vaille aller jusqu'au bout. Sur ce, il s'aperçut qu'il n'avait plus de temps à perdre ; aussi quitta-t-il la gare de King's Cross le soir même, à onze heures, en route pour le nord. Mais d'importunes pensées vinrent de nouveau le tarauder et il ne put dormir. Était-ce dû au plantureux dîner qu'il s'était offert (M. Lumley était légèrement dyspeptique) ? Il ne savait trop ; en tout cas, il se sentait déprimé et affligé d'un fâcheux pressentiment.

Soudain, une déplaisante idée traversa son esprit. Ces billets de banque — Snaith s'en était séparé si facilement — *seraient-ils faux ?* Il les sortit fébrilement de sa poche et les examina. Non, ils paraissaient impeccables. N'empêche ; il décida de s'en assurer. Le matin venu, sa première démarche serait d'aller les faire vérifier dans une banque de Durham.

Et là-dessus, voici qu'en un éclair lui apparut une possible explication quant aux agissements du sieur Snaith — une impression si forte, si convaincante à ses yeux, que ses supputations semi-cauchemardesques s'évanouirent comme si elles n'avaient jamais existé. Et tandis que cette alarmante « révélation » s'imposait à lui, Nicholas Lumley se sentit, horrifié, en proie à la tentation.

Il avait cru que l'offre de Snaith était une commission de deux cents livres pour l'obtention d'une vente. Il réalisait subitement qu'il s'était trompé. Aucune vente n'avait été envisagée. La chose était claire, épouvantablement claire. On lui avait offert, non pas deux cents, mais bien deux mille deux cents livres — voire trois mille deux cents livres — pour ainsi dire n'importe quelle somme jugée par lui exigible, *pour dérober le tableau !*

Et, ma foi, comme ce serait facile ! Il lui suffisait de trouver quelque plausible prétexte pour s'introduire dans le bureau muni du porte-documents, et de s'arranger pour éloigner Sa Seigneurie de la pièce — au moyen d'un appel téléphonique, par exemple. L'opération ne prendrait pas plus d'une minute. Il pourrait échanger les tableaux, terminer son affaire, quitter les lieux sans hâte, et avec un gain de trois mille deux cents livres en vue ! Peut-être quatre mille !

Quatre mille livres ! Quatre mille livres judicieusement investies pouvaient rapporter dans les deux cent cinquante livres par an. M. Lumley n'était pas précisément riche, et un revenu additionnel de cet ordre comblerait la différence entre un train de vie plutôt étriqué et une honorable aisance.

M. Lumley gémit en essuyant la sueur froide perlant à son front.

Et Snaith ne dirait rien. Peut-être aurait-il un sourire entendu, mais il paierait sans broncher, prendrait son tableau et s'en irait aussitôt.

Lumley lutta toute la nuit contre la tentation, et le lendemain matin, après un petit déjeuner frugal, c'est le visage pâle, l'air sombre et les traits tirés qu'il quitta l'hôtel à la recherche d'une banque. Là, une de ses craintes se dissipa. Les billets étaient irréprochables.

Une heure plus tard, il descendait d'un taxi devant Wentworth Hall. Ayant sollicité d'être reçu par Sa Seigneurie, il fut introduit dans un petit salon où on le pria d'attendre. Au bout de quelques minutes, il y fut rejoint par Lord Arthur ; homme d'un certain âge, mince et maigre, un peu voûté, au visage ravagé, creusé de rides, comme sous l'emprise des soucis et de la souffrance.

Il donnait l'impression d'un homme atteint d'un mal incurable, pour qui la vie est un continuel fardeau. Cependant, on ne percevait chez lui aucune amertume, et son attitude, tandis qu'il faisait signe à M. Lumley de prendre un siège, n'était pas seulement courtoise, mais même affable.

— Je suis courtier, Lord Arthur, comme vous avez pu le noter au vu de ma carte, commença M. Lumley, et je suis venu vous trouver de la part d'un client américain fortuné pour vous soumettre une proposition, que, j'en suis sincèrement persuadé, vous n'estimerez pas inacceptable. Pour ne rien vous cacher, et vous bien situer ma position, j'ajouterai qu'une généreuse commission m'est offerte — pas moins de deux cents livres — si les vœux de mon client peuvent être exaucés. Vous comprendrez, par conséquent (M. Lumley eut un discret sourire), que je nourris le ferme espoir de vous voir pour le moins daigner prendre en sérieuse considération cette proposition.

La franchise de son visiteur sembla plaire à Lord Arthur.

— Je n'y manquerai pas ; je vous l'assure, dit-il aimablement. Que désire votre client ?

Pour toute réponse, M. Lumley ouvrit le porte-documents et en retira le tableau de M. Snaith.

— Juste Ciel ! s'écria Lord Arthur, une fois le papier de soie écarté. Mon Greuze ! D'où tenez-vous ça ?

Il darda sur son visiteur un regard acéré, rehaussé de suspicion.

M. Lumley se hâta d'apaiser ses alarmes.

— Ce n'est pas le vôtre, Lord Arthur. Ce n'est qu'une copie. Mais j'aimerais que vous me disiez ce que vous en pensez.

Le vieux monsieur se pencha attentivement sur le cadre.

— Si vous ne m'aviez pas assuré du contraire, je jurerais que c'est le mien, dit-il enfin. Tenez, même le cadre est identique. Apportez-le dans mon bureau ; nous allons comparer.

M. Lumley, ayant replié le papier de soie et replacé le cadre dans le porte-documents, suivit le maître de céans et pénétra dans une large pièce, bellement meublée, bien éclairée, donnant sur la terrasse de la façade. Lord Arthur referma la porte et attira l'attention de son visiteur sur le pan de mur au-dessus de la cheminée.

Bien qu'il sût à quoi s'attendre, le courtier eut peine à réprimer un sursaut de surprise ; il lui semblait vraiment voir là le tableau à lui confié par Snaith.

— Placez le vôtre à côté, le pria Lord Arthur.

M. Lumley obéit et appliqua son tableau contre

le mur, tout près de l'autre. Les deux hommes les contemplèrent en silence. Ils apparaissaient absolument identiques ; le plus minutieux examen, même des cadres, ne permettait pas de relever entre eux la moindre différence.

— Je ne l'aurais pas cru, finit pas dire Lord Arthur après une inspection prolongée.

Et désignant alors un fauteuil profond devant l'âtre : — Mais asseyez-vous donc, voulez-vous, et racontez-moi tout.

M. Lumley glissa de nouveau sa copie dans son « abri » et s'assit.

— Mon client, expliqua-t-il, est un collectionneur passionné. Ayant récemment acheté un Greuze original qui est le pendant de celui-ci, duquel il ne possède que la copie, il est infiniment désireux d'entrer également en possession de l'original formant paire avec le sien. Il s'est donc demandé s'il ne serait pas possible de vous persuader d'avoir l'obligeance d'accepter sa copie en échange de votre original, moyennant, bien sûr, toute somme qu'il vous plairait de fixer — il a suggéré deux mille livres — mais libre à vous d'exiger davantage, si cela vous semble justifié.

Lord Arthur ouvrait de grands yeux.

— Ma parole, lâcha-t-il, voilà qui est tout à fait extraordinaire.

Il demeura un instant plongé dans ses pensées ; puis il décocha au courtier un petit regard oblique et demanda :

— Supposons que je dise trois mille ?

— Si vous estimez que c'est un juste prix, je suis autorisé à payer la somme.

Sa Seigneurie eut un geste marquant la surprise.

— Extraordinaire ! répéta-t-il. Et comment votre client sait-il que mon tableau est l'original ?

— A ce sujet, malheureusement, n'étant pas

dans sa confidence, je ne peux pas éclairer Votre Seigneurie. Mais il m'a semblé bien renseigné et parfaitement sûr de son fait.

— Je ne saurais en dire autant. Je dois vous avouer que j'ai toujours considéré ce tableau — le mien, j'entends — comme une copie. Et même si c'était l'original, je ne pense pas qu'il aurait la valeur que vous indiquiez ; loin de là. J'admets ne pas m'y connaître énormément en matière de tableaux, mais tout de même ; j'ose avancer que mille livres serait le prix plafond.

— En ce cas, Lord Arthur, plaça M. Lumley avec un sourire, consentiriez-vous à l'échanger pour mille livres ?

— Je n'ai pas dit cela. Ce que je veux dire, c'est que j'aimerais bien avoir une explication valable au sujet d'une proposition qui me semble pour le moins saugrenue ; le mot est faible. Enfin, quoi ! Voici que l'on vient m'offrir, pour la copie, à mon sens, d'un tableau, au moins le double du prix plafond de l'original. Cela paraît vraiment bizarre, sinon louche, à première vue, non ?

— Mais, Lord Arthur, il vous faut admettre qu'en l'occurrence le prix estimé raisonnable du tableau peut ne pas représenter sa valeur intrinsèque. Il peut avoir une valeur additionnelle d'ordre sentimental. Il peut être un précieux bien de famille. Il se pourrait qu'il vous soit pénible d'accrocher à votre mur un tableau qui ne serait pas l'original. Ce sont des considérations que mon client a prises en compte. Qu'elles puissent avoir une valeur chiffrable serait reconnu par n'importe quelle juridiction.

— Certes, certes, concéda Lord Arthur. Alors, ajouta-t-il, le ton très pince-sans-rire, supposons que, au vu de ces arguments, j'accepte vos deux mille livres pour prix de ma copie, seriez-vous satisfait ?

— Plus que satisfait. Je serais reconnaissant.

— Vous disiez avoir l'argent sur vous ?

En réponse, M. Lumley déposa les vingt billets de cent livres sur la table. Lord Arthur s'en saisit.

— Vous voudrez bien m'excuser, j'en suis sûr, mais cette affaire est tellement extraordinaire que je pense être en droit de demander cela. Comment puis-je savoir que ces billets sont authentiques, et, si oui, ne sont pas volés ?

— Vous en avez parfaitement le droit, Lord Arthur. Je vous suggère d'envoyer quelqu'un les faire contrôler par votre banque, et de laisser l'affaire en suspens jusqu'à ce que vous receviez le rapport de cette personne.

Lord Arthur ne répondit rien ; il gagna sa table de travail et se mit à écrire quelques lignes.

— Signez ça, et vous pourrez emporter le tableau, dit-il.

La feuille tendue était ainsi rédigée :

Reçu de Lord Arthur Wentworth, à Wentworth Hall, la copie du tableau de Greuze *Une Jeune Fille,* qui était jusqu'à présent accroché au mur de son bureau, en échange de la copie du même tableau à lui fournie par le soussigné à la date de ce jour, et moyennant la somme de deux mille livres (£ 2 000), qui a été versée en billets de la Banque d'Angleterre de £ 100, numérotés de A 61753 E à A 61772 E.

— Je ne tiens pas à m'approprier l'argent de votre client par des moyens frauduleux, poursuivit Lord Arthur. Par conséquent, si d'ici un mois il vient à constater qu'il a acheté une copie, je lui restituerai ses deux mille livres et son tableau en retour du mien. S'il lui plaît actuellement de verser cette somme pour faire cet échange, je ne vois pas pourquoi je n'accepterais pas. Mais ne manquez pas de bien lui spécifier de ma part que je le crois dans l'erreur, et qu'il doit se tenir pour unique responsable de cette transaction. En tout cas, je me permets de vous dire que vous avez pleinement gagné votre commission.

Après avoir exprimé sa gratitude et sa satisfaction, M. Lumley signa le reçu pour le tableau, en obtint un autre pour l'argent, procéda à l'échange des toiles, fourra son achat dûment empaqueté dans le porte-documents, et, rayonnant, comblé, prit congé. Il se réjouissait à un double titre, ayant conscience d'avoir rempli avec succès sa mission tout en gardant intact son honneur.

Tandis qu'il fumait paisiblement et paresseusement dans l'express de l'après-midi le ramenant à King's Cross, il se prit à se demander lequel — de Snaith ou de Lord Arthur — voyait juste au sujet du tableau. De toute façon, pour lui, Lumley, cela n'avait plus guère d'importance. Il avait réussi ce qu'on lui avait demandé ; il ferait à Snaith un compte rendu fidèle de ce qui s'était passé, réclamerait sa commission, et, en ce qui le concernait, l'affaire serait bouclée, l'incident serait clos.

Et c'est alors que survint une de ces coïncidences singulières qui sont censées n'avoir lieu que dans les livres, mais qui, en fait, se présentent assez fréquemment dans la vie réelle. Il arriva qu'à l'arrêt de Grantham, Dobbs, l'éminent membre de l'Académie Royale, pénétra dans le compartiment que M. Lumley occupait jusque-là en solitaire. Or, il se trouvait que Lumley avait souvent joué au golf avec Dobbs, et les deux hommes étaient en termes amicaux.

Ils conversèrent à bâtons rompus durant quelques minutes, de choses et d'autres, et, soudain,

M. Lumley se dit qu'il serait intéressant de connaître l'opinion de Dobbs à propos du Greuze. Il ouvrit donc le porte-documents et exhiba le tableau.

— Que pensez-vous de ça ? demanda-t-il en le tendant à son vis-à-vis.

— Il fait trop sombre pour bien juger, répliqua l'autre, mais ça m'a l'air d'une drôlement bonne copie.

— Une copie ?

— Une copie, oui. C'est un tableau fort connu. A moins (le digne membre de l'Académie Royale sourit), à moins que vous ne soyez de retour d'une crapuleuse expédition à Paris, et après effraction réussie, l'original se trouve toujours au Louvre.

M. Lumley resta une seconde bouche bée.

— Je suppose, Dobbs, dit-il, que vous en êtes sûr ?

— Si j'en suis sûr ? Évidemment ! Tous ceux qui s'y connaissent peu ou prou en matière de tableaux le savent. Tenez, je me rappelle même l'endroit exact où ils l'ont placé. Je l'ai contemplé maintes fois. Auriez-vous pensé par hasard que celui-ci était un original ?

— Moi-même, je n'ai pas d'opinion, mais je l'ai acheté pour le compte d'un homme qui, lui, le pensait.

— H'm. Combien, s'il est permis de poser la question ?

— Deux mille.

Les yeux du digne membre s'écarquillèrent.

— Seigneur ! s'écria-t-il, vous ne parlez pas sérieusement, mon vieux ! L'original de cette peinture en vaut, peut-être, douze cents. Ça — il tapota le portrait posé sur ses genoux —, ça vaut, voyons..., mettons quarante livres au grand maximum.

M. Lumley avait l'impression qu'une trappe s'ouvrait, que tout se dérobait sous lui.

— Je ne comprends pas plus que vous de quoi il retourne, répondit-il lentement. J'ai été chargé d'acheter très précisément ce tableau. On m'a déclaré que je pouvais en offrir deux ou trois mille livres, voire n'importe quelle somme exigée, mais que je devais tout faire pour l'obtenir.

— Je suppose qu'il s'agissait d'une opération confidentielle ?

— Ma foi, oui, je le crains, mais je pense ne trahir aucun secret en vous disant que c'était pour le compte d'un Américain du style nouveau riche.

Dobbs secoua vivement la tête en signe de dédain mâtiné de mépris.

— Ceci explique cela, lâcha-t-il avec un petit ricanement.

Et là-dessus, la conversation dériva vers d'autres sujets.

Bien que M. Lumley ne se sentît en rien responsable d'une éventuelle erreur commise, son impression initiale à propos de toute cette affaire se réveilla, se renforça. Et un peu plus tard, ce même soir, il fit une découverte qui le perturba davantage encore.

Il cherchait vainement, en effet, à élucider cette troublante question : Comment se faisait-il que Snaith, cet homme qui avait visité la plupart des musées et galeries d'Europe, ait pu ignorer que l'original se trouvait au Louvre ? Et il s'avisa alors que cette énigme ne concernait pas seulement l'Américain. Snaith ne s'était pas fié à son propre jugement. Il avait consulté la meilleure autorité en la matière qu'il connût à Londres — Mitchell, de Pall Mall. Mitchell, le nom ne disait pas grand-chose à M. Lumley, mais enfin, ce devait être une autorité, et Mitchell, apparemment, était lui aussi dans l'ignorance.

Il se demanda quelles références ce Mitchell pouvait bien posséder ; ayant regagné son bureau et bouclé le porte-documents dans son coffre, il consulta son annuaire pour voir s'il pourrait y glaner quelque renseignement. Et il en glana, mais pas du genre qu'il escomptait. Il n'y avait personne de ce nom à Pall Mall !

M. Lumley émit un sifflement. Son insatisfaction se transformait à présent en profond malaise. Il y avait manifestement du louche quelque part.

Son bureau dûment verrouillé, et lui-même surpris par sa promptitude à faire face à cette péripétie imprévue, il se rendit aussitôt à un de ces grands hôtels, donnant sur la Tamise, très fréquentés par les Américains cossus. Là, il put se faire prêter un annuaire de New York. Il regarda à Snaith. Il n'y avait pas de Silas S. Snaith, ni sur la Cinquième Avenue ni nulle part ailleurs. Il chercha sur Broadway le Hall's Building. Le nom n'apparut pas.

— Roulé ! murmura M. Lumley tout en épongeant la sueur sur son front. C'est un coup monté d'un bout à l'autre. Pas de Snaith. Pas de Mitchell. Tous les propos du bonhomme étaient pures fariboles. Mais alors, bon sang, à quoi tout cela rime-t-il ? Quel est son petit jeu ?

Il demeura un bon moment assis dans la salle de lecture de l'hôtel, ruminant ses pensées. Et peu à peu de menus détails refirent surface, machinalement enregistrés sur le moment, logés dans le subconscient, oubliés ensuite ; ils finirent par former un portrait mental significatif. Il n'en avait pas eu claire conscience pendant leur entrevue, mais cependant Snaith l'avait intrigué — non pas le récit, l'exposé de Snaith, mais Snaith lui-même, sa personnalité. Tout chez lui, son langage, son maintien, était inconsistant ; M. Lumley s'en rendait compte à présent. A un certain moment, par exemple, Snaith avait posé à l'ultra-Américain, s'exprimant comme dans les romans à deux sous ou les films bas de gamme d'outre-Atlantique, tandis que le moment d'après son anglais se révélait aussi bon, aussi impeccable que celui de M. Lumley. Plus le courtier y pensait, plus il lui apparaissait que Snaith dissimulait son identité — et n'était, en fait, pas du tout américain.

A force de retourner le problème dans sa tête, il crut tout à coup découvrir une explication plausible. Pouvait-il se faire que Snaith méditât de dérober l'original du Greuze au Louvre ? N'avait-il point parlé d'une visite à Paris ? Se pouvait-il que son plan fût de détruire la « copie » de Lord Arthur, et de jurer que le trésor dérobé avait été acheté à Sa Seigneurie ? En ce cas, il serait à même de conforter ses dires en produisant l'irrécusable preuve de la vente. Oui, conclut M. Lumley, cette théorie constituait certainement une possibilité non négligeable.

S'il en était ainsi, il était également possible que lui, Lumley, se fût rendu complice d'un crime. Comment en avoir le cœur net ? Comment apaiser ses craintes ?

Il décida d'aller à Scotland Yard, de tout raconter, et de faire ensuite ce qu'on lui conseillerait de faire. Pour la suite des événements, il se trouverait alors déchargé de toute responsabilité.

Il consulta sa montre : juste dix heures. Il sortit de l'hôtel et suivit le quai jusqu'au Yard.

— Je voudrais voir l'inspecteur de service, demanda-t-il à l'accueil.

On l'introduisit dans un petit bureau, et là, un

homme de haute taille, au maintien calme, à l'air compétent, le pria de dire ce qui l'amenait.

— Je viens de vivre une expérience quelque peu inhabituelle, Monsieur l'Inspecteur, commença M. Lumley. Je ne puis affirmer qu'il y a eu méfait, je n'en sais trop rien ; mais les circonstances sont suspectes, et j'ai jugé prudent de venir vous mettre au courant, afin que vous puissiez vous former une opinion.

— Vous avez très bien agi, Monsieur. Pourriez-vous m'exposer les faits ?

M. Lumley se mit à relater son aventure. L'inspecteur l'écouta courtoisement, la mine impassible, l'air presque indifférent, jusqu'au moment où le nom de Lord Arthur fut mentionné. Une lueur d'intérêt surgit alors brusquement dans ses yeux et il accorda à son visiteur une attention soutenue. Mais il se garda de l'interrompre, laissant M. Lumley achever son récit comme il l'entendait.

— Vous avez fait une déposition très claire et précise, Monsieur, dit-il quand le courtier eut cessé de parler, et permettez-moi de vous féliciter pour avoir eu la sagesse de vous adresser à nous. Vous ne tarderez pas, je pense, à vous apercevoir que votre démarche est justifiée. Veuillez m'excuser un instant.

Il quitta la pièce et revint au bout de quelques minutes accompagné d'un autre policier, lequel portait un classeur sous son bras.

— Voici l'Inspecteur Niblock, dit-il ; je ne pouvais évidemment le savoir avant de l'avoir entendue, mais j'imagine qu'il sera encore plus intéressé que moi par votre déposition. Serait-ce trop vous demander que de la lui répéter ?

M. Lumley s'exécuta de bonne grâce pour la seconde fois. Tandis que le premier inspecteur avait manifesté un intérêt certain, mais paisible, pour son récit, Niblock, lui, réussit mal à dissimuler une intense excitation sous le calme professionnel. Il réitéra les félicitations de son collègue, puis ouvrit le classeur ; il en retira une série de photographies qu'il tendit à M. Lumley.

— Jetez un coup d'œil à ces photos, Monsieur, voulez-vous ? le pria-t-il.

M. Lumley prit les clichés. C'étaient des portraits d'un certain nombre d'hommes et de femmes à l'aspect très ordinaire, quelconque. Il les examina l'un après l'autre, l'air vaguement surpris. Et puis sa surprise fit place à la stupéfaction ; là, sur le quatrième cliché, apparaissait de pied en cap M. Silas S. Snaith.

— Vous l'avez déjà vu ? gloussa Niblock, tout réjoui et se frottant les mains. Je crois que vous avez fait de l'excellent ouvrage et tapé dans le mille sans trop vous en douter, Monsieur Lumley.

Il reprit son sérieux et poursuivit :

— A présent, il nous faut mettre au point la tactique à suivre, car il s'agit de ne pas cafouiller dans cette affaire.

Les deux inspecteurs s'écartèrent et s'entretinrent un moment à voix basse. Puis Niblock se retourna.

— Vous dites que le tableau se trouve actuellement dans votre coffre ? Je présume qu'il est exactement dans le même état que lorsque vous l'avez décroché du mur dans le bureau de Lord Arthur ?

— Très exactement.

— Nous devons nous saisir sans délai de ce tableau ; c'est nécessaire. Voulez-vous avoir l'obligeance de vous rendre dès maintenant avec nous à votre bureau et de nous le remettre ? Vous pourrez garder le taxi et vous faire conduire chez vous ensuite.

Les trois hommes quittèrent le grand bâtiment du Yard, hélèrent un véhicule et se firent déposer devant l'immeuble où M. Lumley traitait ses affaires. Ce dernier introduisit les inspecteurs dans son bureau, où, après avoir abaissé les stores, il produisit le porte-documents. Les policiers examinèrent aussitôt le tableau.

— Nous allons vous l'emprunter ainsi que le porte-documents, déclara Niblock tout en le réempaquetant soigneusement. Vous pouvez compter que nous le rapporterons vers cinq heures demain. Sur quoi donne cette porte ?

— Un réduit réservé au classement, aux archives.

— Tout à fait ce qu'il faut. Vous pourrez, peut-être, nous permettre de nous y cacher afin que, si votre entrevue avec Snaith ne se déroule pas de façon satisfaisante, nous soyons à même de vous prêter assistance. Ce sera tout pour ce soir, je pense.

M. Lumley sollicita quelques éclaircissements supplémentaires, mais Niblock s'y refusa alléguant que toute protestation d'ignorance de la part du courtier paraîtrait à Snaith plus convaincante si elle était sincère.

— Si par hasard, ajouta l'inspecteur, il devait se présenter avant l'heure prévue, vous lui direz que le tableau a été déposé à votre banque par mesure de sécurité, mais qu'il sera entre vos mains avant six heures. Si nous le trouvons ici à notre arrivée, nous jouerons les délégués de la banque. Mais en ce cas il faudra que nous attendions dans le corridor longeant votre bureau.

Le lendemain, en fin d'après-midi, M. Lumley se trouvait une fois de plus assis dans son bureau, lorsque, peu après cinq heures, les deux inspecteurs entrèrent, accompagnés d'un sergent en uniforme.

— Voici le tableau, dit Niblock après un bref échange de salutations. Intact, sauf que nous avons dû le placer dans un nouveau cadre. Un malheureux accident ; je l'ai malencontreusement laissé tomber ; le résultat étant que le coin du cadre a été fendu et la dorure endommagée. Vous allez pouvoir vous rendre compte de ce qui lui est arrivé.

L'inspecteur défit un emballage de papier brun, révélant l'ancien cadre, fendu, comme il l'avait dit, à un coin.

— Si M. Snaith vous fait remarquer que le cadre a été changé, enchaîna-t-il, vous décrirez l'accident, mais en vous en déclarant responsable. Vous lui exprimerez votre profond regret pour votre maladresse, et ajouterez que vous avez conservé l'ancien cadre, afin qu'il puisse constater sa détérioration. Pour la suite, laissez-nous faire. A présent, veuillez nous introduire dans votre réduit aux archives ; il faut que vous soyez seul quand votre visiteur viendra.

Les trois officiers de police pénétrèrent dans le petit local du fond, dont la porte fut presque refermée, mais pas complètement. M. Lumley, lui, demeura assis à sa table de travail, préoccupé, rédigeant nerveusement quelques papiers en retard. Il ne savait trop quelle tournure allait prendre l'imminente entrevue, et se sentait fort contrarié que les policiers n'aient pas voulu le mettre plus avant dans la confidence. Il trouvait qu'il eût été en meilleure position pour affronter le tête-à-tête, s'il avait su à quoi s'attendre.

Les minutes s'écoulaient lentement, au point que M. Lumley porta plus d'une fois sa montre à son oreille pour s'assurer qu'elle marchait toujours. Mais il fut enfin six heures, et quelques minutes plus tard M. Snaith fut annoncé.

— Dites donc, ils ont besoin d'être un peu bousculés, vos chemins de fer. (Telle fut son entrée en matière en s'engouffrant impétueusement dans la pièce.) J'arrive juste de Paris, avec quarante minutes de retard ! (Il s'assit, ouvrit son épais pardessus, puis ajouta, avec plus qu'une trace d'anxiété dans la voix :) Et cette transaction, comment ça s'est passé ? Vous l'avez menée à bien ?

— Menée à bien, oui, Monsieur Snaith, je suis heureux de vous le dire, et sans beaucoup de difficulté. Une chose, toutefois, est assez fâcheuse. Lord Arthur déclare que son tableau n'est pas authentique — que c'est seulement une copie.

Snaith leva vivement les yeux.

— Mais vous l'avez quand même — il est ici ? demanda-t-il aussitôt, et, en dépit d'un manifeste effort de contrôle, sa voix trahissait une avide impatience.

— Oui ; il est dans mon coffre. Mais lorsqu'il a déclaré que c'était une copie, j'ai eu des doutes quant à...

— Non, tout va très bien. J'ai aussi pensé qu'il pouvait ne pas savoir. Vous n'avez pas à vous inquiéter. Tout ce que vous avez à faire, c'est me donner le tableau, recevoir votre argent, et l'affaire sera réglée ; tout sera okay. Combien lui avez-vous payé ?

— Deux mille, mais il a dit qu'il restituerait la somme, si vous lui retourniez le tableau d'ici un mois, vous étant rendu compte que c'était une copie.

— Il a dit ça ? Eh bien, ma foi, c'était vraiment très attentionné de sa part. Bon, passez-moi l'objet, de toute façon.

M. Lumley se leva, déverrouilla le coffre, en sortit le porte-documents et le posa sur le bureau en face de son visiteur. Avec une espèce de rapacité qu'il ne parvenait plus à dissimuler, Snaith retira le tableau et arracha le fragile emballage de papier de soie ; ses mains tremblaient d'excitation. Il dévora un instant le portrait des yeux, avec une radieuse satisfaction ; puis sa physionomie s'altéra.

— Ce n'est pas lui ! jappa-t-il (et ses yeux braquèrent sur M. Lumley un regard où le soupçon faisait rapidement place à la menace). Bon Dieu, si vous essayez de me jouer un sale tour, je vous ferai regretter d'avoir vu le jour ! Qu'est-ce que ça signifie ?

M. Lumley, fort de l'invisible présence de ses autres visiteurs, adopta une attitude probablement plus hautaine que celle qu'il eût osé prendre en leur absence.

— Vraiment, Monsieur Snaith, répondit-il froidement, vous oubliez toute convenance. Je n'ai pas l'habitude qu'on me parle de cette façon. Quand vous m'aurez présenté des excuses, je poursuivrai cette conversation, pas avant.

Durant quelques secondes, il sembla que Snaith allait avoir recours à la violence. Puis une idée parut le frapper ; après un évident effort pour se maîtriser, il reprit la parole.

— C'est bon, y a pas d'offense — y a pas d'offense, maugréa-t-il. Vous êtes drôlement à cheval sur votre dignité. Mais expliquez-vous. Ce n'est pas le tableau de Lord Arthur.

— *C'est* le tableau de Lord Arthur, rétorqua M. Lumley, péremptoire.

— Alors vous l'avez trafiqué. Ce n'est pas le cadre.

— Ce n'est pas le cadre, je sais, et si vous aviez été plus poli je vous exprimerais des regrets plus sincères. Il se trouve que j'ai laissé tomber le tableau — fort maladroitement, je l'admets — mais il a glissé...

Snaith fixait M. Lumley, comme à l'affût, avec une effrayante intensité. A la fin, incapable de se maîtriser davantage, il explosa.

— Bon sang de bon sang, venez-en au fait, voulez-vous ! Où est-il, ce cadre, à présent ?

— Il est ici. Comme je le disais, j'ai laissé tomber le tableau et le coin de son cadre a été endommagé. Je l'ai fait réencadrer, mais l'ancien cadre m'a été restitué.

Snaith se tassa sur son fauteuil, le corps flasque, et s'épongea le front.

— Pourquoi diable n'avez-vous pas dit ça tout de suite ? grommela-t-il. Il me le faut aussi, l'ancien cadre.

M. Lumley se tourna vers son coffre et l'ouvrit.

— Là, tenez, jeta-t-il, avec une pointe de brusquerie, qui, chez lui, frisait l'insolence. J'espère que vous serez satisfait ; c'est le bon.

Snaith se saisit du cadre et l'examina minutieusement ; ensuite, il le retourna et en scruta le dos. Il demeura un bref instant immobile, figé, puis il lança brutalement le cadre sur le bureau et bondit sur ses pieds, le visage livide, tout frémissant de rage et de déconvenue.

— Voleur ! hurla-t-il. Sale voleur ! Si d'ici dix secondes vous n'avez pas craché, je vous expédie tout droit en enfer !

Et M. Lumley, aussi ébaubi qu'alarmé, se trouva confronté au canon d'un petit pistolet automatique à l'aspect fort peu engageant.

Mais se produisit alors une interruption. Une voix tranquille intervint sur le ton de la conversation.

— Allons, pas de ça, Monsieur William Jenkins

— pas de ça. C'est à vous d'être refait, cette fois. Posez votre arme et rendez-vous sagement.

Snaith, comme frappé par la foudre, se tourna pour voir les deux inspecteurs le tenir en joue avec leurs revolvers. Sa mâchoire s'affaissa. Un court moment on eût dit qu'il allait chercher la bagarre ; et puis, lentement, ses doigts s'écartèrent et le pistolet tomba sur le bureau.

— Les bracelets, Hughes, reprit Niblock ; et puis on pourra ranger nos joujoux et faire un brin de causette.

Snaith semblait totalement abasourdi ; il n'opposa aucune résistance quand le sergent empocha d'abord le pistolet et lui passa ensuite les menottes.

Une fois l'homme rendu inoffensif, Niblock se tourna vers M. Lumley.

— Je suis désolé, Monsieur, lui dit-il courtoisement, d'avoir dû vous soumettre à cette épreuve, mais il fallait que nous le laissions démontrer que c'était le cadre qui l'intéressait, et non le tableau, la peinture proprement dite. Grâce à vous, Monsieur, il en a fait une parfaite démonstration. (S'adressant au prisonnier :) Je dois vous avertir, Jenkins, que tout ce que vous direz pourra être retenu contre vous, mais en même temps, si vous désirez faire une déclaration, je suis tout disposé à la recevoir.

Le prisonnier, apparemment sonné par le brutal renversement de situation, ne répondit rien.

— En ce cas, conclut Niblock, nous ferions mieux de quitter les lieux. Avec votre permission, nous allons emporter le tableau et le cadre, Monsieur Lumley ; je ne manquerai pas de vous faire signe bientôt pour vous expliquer tout ce qui peut encore vous laisser perplexe ou vous paraître obscur.

Deux jours plus tard, M. Lumley se rendit au Yard en réponse à l'invitation de l'Inspecteur Niblock. Là, il rencontra les deux inspecteurs et leur chef, ainsi que Lord Arthur Wentworth. Ce dernier, à l'entrée de M. Lumley, se leva aussitôt et s'avança vers lui la main tendue.

— Et voici l'homme à qui je dois tant, s'écria-t-il avec chaleur. Permettez-moi, cher Monsieur, de vous exprimer ma profonde gratitude et de vous dire combien j'ai hautement apprécié votre action.

Sa Seigneurie rayonnait en élevant et abaissant avec vigueur la main mollement abandonnée de M. Lumley.

— Mais, Lord Arthur, émit M. Lumley, quelque peu embarrassé, je vous assure que je suis encore plus ou moins dans l'ignorance de ce que j'ai fait.

— Vous allez bientôt tout savoir. Racontez-lui, Inspecteur. Pour les détails, vous êtes mieux au fait que moi.

— Monsieur Lumley, commença Niblock, votre ami, M. Dobbs, a estimé ce tableau à environ quarante livres, et Snaith, ou Jenkins, à deux mille — tout au moins à votre intention.

La voix de l'inspecteur s'enfla, se fit presque déclamatoire.

— Deux estimations totalement erronées. La valeur réelle de ce tableau était au bas mot de quarante-cinq mille livres.

M. Lumley ouvrit tout grands la bouche et les yeux.

— Et vous plairait-il de voir ce qui lui a conféré cette valeur ? poursuivit Niblock, visiblement réjoui par l'effet qu'il venait de produire.

Il ouvrit un tiroir de son bureau, en sortit une petite boîte et déversa sur la table comme un ruisselet lumineux.

— Des perles ! Un collier ! s'exclama M. Lumley.

— Un collier, oui, confirma Niblock. Et plus encore. *Le* collier, le célèbre collier de Lady Wentworth, estimé quarante-cinq mille livres, qui lui a été volé voici maintenant plus de six mois.

— Je me souviens, lâcha spontanément M. Lumley. Je l'ai lu à l'époque. Mais comment... ?

Il n'acheva pas ; son expression parlait pour lui.

— Je vais vous le dire, Monsieur. Il y a de cela neuf ou dix mois, Lord Arthur engagea un valet de pied, un homme jeune, nommé William Jenkins. Il se révéla très capable dans son service, et paraissait tout à fait digne de confiance ; mais c'était votre Silas S. Snaith.

« Quelque trois mois après son arrivée fut organisée à Wentworth Hall une grande soirée dansante. Lady Wentworth devait à cette occasion porter le fameux collier. Lord Arthur le retira de son coffre et le lui remit vers sept heures du soir. Elle ne le porta pas pour le dîner, très intime et vite expédié, mais le laissa dans un tiroir de sa coiffeuse. Lorsque, vers huit heures et demie, elle monta s'apprêter pour la soirée, le collier avait disparu.

« L'alarme fut immédiatement donnée, et un détective privé, qui se trouvait sur place à toutes fins utiles, prit la chose en main. On téléphona à la police, un cordon de surveillance fut établi autour de la demeure, et personne ne fut autorisé à quitter les lieux sans avoir été rigoureusement fouillé. Sur ces entrefaites, les invités commencèrent d'arriver, mais l'on réussit à leur dissimuler l'affaire et la soirée battit bientôt son plein.

« Au cours des investigations qui suivirent, les soupçons se portèrent d'emblée sur Jenkins, celui-ci étant un nouveau venu. Il fut en outre démontré qu'entre sept et huit heures du soir il était demeuré cinq minutes inaperçu, laps de temps dont il aurait pu profiter pour visiter la chambre de Lady Wentworth. Mais il fut également démontré qu'il n'avait aucune possibilité de quitter la maison ni de communiquer avec un éventuel complice. En conséquence, comme aucune des perles ne parut sur le marché, nous arrivâmes à la conclusion que le voleur les avait cachées quelque part dans la demeure. Mais la fouille la plus minutieuse ne permit pas de les découvrir.

« Vous comprendrez donc, Monsieur, continua l'Inspecteur Niblock, s'inclinant vers M. Lumley, que lorsque j'ai appris qu'un homme, dont la description correspondait à Jenkins, offrait une somme assez exorbitante pour un tableau de modeste valeur provenant du bureau de Wentworth Hall, j'ai été aussitôt intéressé, et quand vous avez sélectionné Jenkins parmi le personnel du château, mon intérêt n'a fait que croître. Mon collègue et moi, après vous avoir emprunté le tableau, avons constaté que l'on avait creusé, tout autour de l'envers du cadre, une cavité ensuite comblée par du mastic ; cavité où se trouvait blotti le fameux collier. Nous avons retiré les perles et mis au point ce test avec le cadre, afin de rendre patent que ce cadre était l'unique objet de ses désirs. Je m'empresse de vous dire que Jenkins est passé aux aveux.

« Il en ressort qu'il est un vieil ami de Lucille, la femme de chambre personnelle de Lady Wentworth, laquelle avait souvent parlé du collier en sa présence. Il s'était résolu à tenter de mettre la main dessus, comptant pouvoir vendre les perles une à une en différents endroits. Il se lia d'amitié avec le maître d'hôtel, obtint son appui, et par là même son engagement. Il comprit très vite qu'il ne pourrait jamais se sauver avec son butin ; il rechercha donc sur les lieux une bonne cachette et porta finalement son choix sur le cadre épais de ce tableau. Cette cachette fut préparée des semaines à l'avance.

« Le jour de la réception, en fin d'après-midi, Lucille lui annonça que le collier allait être porté. Il réussit à lui soutirer l'emplacement temporaire du joyau, et tandis que tout le monde était occupé par le dîner, il fit un saut jusqu'à la chambre, déroba le bijou, se précipita au bureau, et le dissimula dans la cachette qui lui était destinée.

« Il se tint à carreau tant que durèrent les investigations, mais trois mois plus tard il donna son préavis et partit. Il lui fallait alors trouver quelque moyen de s'emparer du tableau. Il ne pouvait se rendre lui-même au château, où il serait de toute évidence reconnu, et je dois dire qu'il ne serait vraiment pas facile de concocter un plan meilleur que celui qu'il a élaboré.

***

Il reste une seule chose à ajouter : M. Lumley devint sous peu l'heureux bénéficiaire de billets de banque d'un montant de deux mille livres, ceux-là même qu'il avait remis à Lord Arthur, billets accompagnés d'un chèque de mille livres correspondant à la récompense promise ; Sa Seigneurie estima, en effet, que, de toutes les personnes concernées, le courtier était celle qui méritait manifestement de recevoir cette récompense.

The Greuze Girl
Traduction de Philippe Kellerson

APPELEZ MICHAEL

par KATHRYN GOTTLIEB

La jolie fille à la chevelure châtain, fermement décidée à se battre, se tenait au bord de la vaste terrasse couverte de gazon. Elle considéra pendant quelques minutes les feuilles d'or crissantes qui tourbillonnaient autour de ses chevilles, portées par la fraîche brise d'octobre. Puis, mâchoires serrées, elle leva les yeux vers Daniel Giffert et déclara :

— Ils ne me font pas peur. Je ne me laisserai pas chasser d'ici.

Cela faisait près d'une heure qu'ils discutaient âprement en arpentant la terrasse, Daniel la pressant, elle, résistant. Ils étaient fiancés, sur le point de se marier, et s'aimaient sincèrement. Pourtant, ils étaient au bord de la querelle.

— Je t'en prie, Cathy, supplia-t-il. Je ne peux pas veiller sur toi pendant que je suis au Venezuela.

— Va prendre ton avion. Que peuvent-ils me faire ?

— Ce sont des durs, ils sont coriaces et méchants, et tu possèdes ce qu'ils veulent. Je ne sais pas ce qu'ils sont capables de faire. Acceptes-tu au moins de quitter la montagne et de rester avec quelqu'un ? Même dans un motel ? Tu es toute seule ici, et tu leur barres la route. Une bande de spéculateurs de cette trempe. Le moins qu'on puisse dire est qu'ils n'ont pas très bonne réputation.

Elle secoua la tête et fit un large geste du bras — vers les chênes, certains d'un roux flamboyant, d'autres mordorés, d'autres encore conservant quelques feuilles d'un vert brillant ; vers les pins élancés, plus haut dans la montagne, qui s'échelonnaient en plaques sombres vers le sommet ; vers les bouleaux fragiles.

— Les écureuils ont besoin de moi, ajouta-t-elle en souriant. Ainsi que les daims, les renards, les tamias et les sconses. Tu seras bientôt de retour.

— Je crois que tu aimes ces tamias beaucoup plus que moi.

— Je vous aime tous. Et je ne vous laisserai pas tomber, ni toi ni eux. Maintenant, file, conclut-elle d'un ton sans réplique. Sinon, tu vas rater ton avion.

Il finit par partir, non sans avoir pris un paquet sur la banquette arrière de sa voiture et le lui avoir remis. Ayant les dimensions et la forme d'une boîte à chaussures, il était enveloppé dans du papier kraft, scellé avec du ruban adhésif, et pesait lourd.

— C'est un cadeau, lui dit-il. Ouvre-le après mon départ.

Elle regarda la voiture suivre le long sentier en lacet jusqu'à la route, disparaissant tout d'abord derrière l'écran de feuilles brillantes, réapparaissant un peu plus bas, s'échappant définitivement vers le village. Assise sur le muret de pierre qui bordait la terrasse inférieure, elle attendit quelques minutes après son départ, puis se releva et entra dans la maison d'un pas décidé. Elle ne souriait plus.

La maison Munning, trônant à flanc de montagne au milieu de treize hectares dominant une cité qui s'étendait de plus en plus le long de la vallée, relevait de ce qu'il est convenu d'appeler le style Queen Anne. Une vaste et solide bâtisse de lattes et de bardeaux, flanquée de tours et de tourelles, agrémentée de portiques et de galeries à tous les niveaux ; l'ensemble, fort plaisant, étant coiffé d'un toit haut perché, dessinant de nombreux angles, constitué de plaques de cèdre.

Une fois à l'intérieur, la jeune femme ferma la porte et resta immobile pendant une ou deux minutes, la main encore sur la poignée, comme quelqu'un qui écoute très attentivement, s'apprêtant à prendre la fuite. Apparemment rassurée par le silence absolu, elle se dirigea vers une petite pièce circulaire qui se trouvait juste à droite du hall d'entrée. Elle posa le cadeau de Daniel sur la table massive de la bibliothèque, ramassa un lourd tisonnier près de la cheminée et sortit rapidement dans le couloir, allant jusqu'à la porte de la cave. Elle l'ouvrit silencieusement, s'arrêta à nouveau pour prêter l'oreille. En contrebas, au pied de la volée plongeante de marches en bois, la cave n'était qu'une vaste étendue uniforme, à l'exception d'une cloison de planches qui séparait la réserve de charbon du reste, et d'une petite lingerie.

En portant le matin même un panier de vêtements à laver dans la lingerie, quelque chose d'incongru au milieu de la cave avait attiré le regard de Cathy, une présence qui détonnait dans cet espace vide et immaculé. Elle s'était approchée pour en avoir le cœur net et avait identifié une feuille de papier journal froissé recouverte d'une pile de brindilles. Par-dessus étaient disposées en croix les moitiés d'une bûche fendue en deux. La chair de poule avait envahi ses avant-bras et elle avait remonté l'escalier, telle une flèche, criant : « Qui est là ? Qui est-ce ? Que voulez-vous ? », avant de claquer violemment la porte et de la verrouiller.

Mais personne n'avait répondu. Et bien entendu, elle savait ce que l'on voulait. La voix, l'appelant au téléphone en pleine nuit la semaine précédente, le lui avait signifié sans ambiguïté : « Acceptez l'argent et partez.

— Ce n'est pas une question d'argent », avait-elle répondu, mais déjà, il n'y avait plus personne au bout de la ligne pour l'entendre. « Je ne le ferai pas », avait-elle affirmé au téléphone muet. Mais elle avait terriblement peur.

Elle n'avait rien dit à Daniel du coup de téléphone, pas plus qu'elle n'avait mentionné la petite mise en scène du bûcher dans la cave, car alors, il ne l'aurait pas laissée demeurer là après son départ. Elle ne lui avait pas davantage raconté que la semaine précédente, quelqu'un s'était introduit dans la maison — avec toutes ces fenêtres, ces vérandas, ces parapets et ces tourelles, cela n'avait pas dû être bien difficile — et avait passé la nuit dans une des chambres inutilisées de l'aile nord, au troisième étage. Ou du moins, avait disposé un drap et une couverture en désordre pour en donner l'impression. Là aussi, elle avait senti la chair de poule la gagner et la répulsion l'avait fait sortir de la maison. Quelqu'un avait-il vraiment passé une nuit sous le même toit qu'elle pendant qu'elle dormait ? « Oh, mon Dieu, murmura-t-elle. Non, je ne veux pas croire une chose pareille. » Toujours est-il qu'elle n'avait rien dit à Daniel de sorte que s'il lui arrivait quelque chose, elle serait entièrement responsable.

Plus tard dans la matinée, pour raffermir sa résolution, elle déploya le rouleau de plans d'aménagement qui lui étaient désormais devenus familiers, et les étudia une fois encore. Les plans exposaient en détail la construction de quatre énormes tours de plus de vingt étages dans le style urbain le plus agressif, destinées à abriter des appartements. Rampes d'accès, routes d'accès, aires de stationnement et garages surélevés occupaient l'espace demeuré libre.

On lui avait offert pour le terrain une somme d'argent à vous couper le souffle. Le représentant des promoteurs qui l'avait contactée, un petit homme bien vêtu, très bronzé, avait d'abord paru sidéré par son refus, puis s'était résigné. Il lui avait souri. « Vous changerez d'avis, je le sais. » Il avait pris congé d'elle aimablement et arrivé à la porte, avait ajouté : « Vous n'aurez peut-être pas envie de rester, voyez-vous. »

Elle confia à Daniel sa ferme intention de protéger ses terres. L'État, avait-elle appris, était prêt à les acheter pour un prix raisonnable à condition que la ville accepte de participer au montage financier. Sa propriété serait alors sauvée pour toujours, et pour tout le monde. Les pressions ultérieures des promoteurs, elle s'en arrangerait le jour venu. C'était ses terres, sa propriété. Son héritage et ses valeurs étaient en jeu. Des associations de citoyens avaient commencé à exprimer leur intérêt pour la préservation de la montagne et de la forêt. Ce n'était qu'une question de temps, de résistance et de fermeté.

Et voilà que la société pour laquelle Daniel travaillait l'envoyait à Caracas. Elle allait devoir garder le fort toute seule pendant trois semaines. Raison pour laquelle, tisonnier en main, elle était en train d'explorer la cave et toutes les pièces de la maison vide, ses pas résonnant dans les couloirs interminables. Demain, décida-t-elle, elle se procurerait un chien.

De l'autre côté de la vallée, Michael, à qui l'on ne connaissait pas d'autre nom, se reposait après un dur labeur. C'était un homme trapu aux traits réguliers, presque beaux, avec une crinière de cheveux prématurément blanchis. Le vieil homme qui travaillait pour lui ayant rendu son tablier l'après-midi même, Michael avait été obligé de nettoyer la propriété des Walker sans aucune aide. Il était de mauvaise humeur et ruisselant de sueur. Et il avait froid, comme cela lui arrivait souvent depuis quelque temps. Il repéra un coin ensoleillé sur la pelouse en pente douce, s'assit et alluma une cigarette.

Mme Walker et sa fille se reposaient également, allongées dans des chaises longues sur la terrasse en contrebas, près de la maison, offrant leurs jambes nues aux rayons encore chauds du soleil d'octobre. Michael les regarda, son visage arborant comme d'habitude une expression où se mêlaient le désir et le mépris. Ayant terminé sa cigarette, il approcha l'extrémité encore incandescente de la petite surface d'herbe entre ses pieds et observa la flamme qui prenait facilement dans les brindilles sèches, s'élargissant lentement en cercle. Quand le feu atteignit la semelle de ses chaussures, il l'éteignit avec la paume de la main, puis il se releva et retourna à son ouvrage.

A deux miles de là, au fond de la vallée, du côté sud, Henry Simpson arrivait au bout de la longue marche qui le ramenait chez lui. Il faut rendre justice à M. Michael, celui-ci avait proposé de le raccompagner en voiture, mais Henry avait refusé, affirmant — sans d'ailleurs s'attendre à être cru — que la marche calmerait ses douleurs lombaires. Haussant les épaules, Michael l'avait laissé partir, le regardant de ses yeux clairs totalement inexpressifs.

Tout comme la maison des Munning, celle de Simpson était à l'écart de la ville, mais la ressemblance s'arrêtait là. La maison de Simpson était petite, située dans le bas-fond, à la lisière de la zone marécageuse. Les Simpson étaient noirs et cela faisait plus de quarante ans qu'ils vivaient à cet endroit. Addie y était arrivée jeune mariée. La famille d'Henry avait été la première de sa race à s'installer en ville.

Tandis que Daniel et Cathy discutaient sur la terrasse de la demeure accrochée au flanc de la montagne, Addie repassait dans sa cuisine sur la planche dressée près de la fenêtre, histoire d'avoir plus de lumière et de pouvoir jeter de temps à autre un coup d'œil à cette montagne qu'elle aimait tellement, tout illuminée de rouge et d'or en cette époque de l'année, et changeant d'aspect d'une minute à l'autre, au gré des passages de nuages poussés vers l'est par un vent vif.

A peu près au moment où Daniel donnait le paquet à Cathy, Addie débrancha le fer à repasser, plia la dernière chemise d'Henry et sortit sur la véranda pour profiter de cette journée radieuse. La vue de son mari remontant à pied le sentier qui venait de la grand-route la fit frémir. On était en plein milieu de l'après-midi ! Que s'était-il donc passé ? Elle se précipita à sa rencontre.

Il leva la main vers elle, lui intimant de s'arrêter et d'attendre qu'il l'ait rejointe. Ils rentrèrent côte à côte dans la maison et s'assirent à la table de leur petite cuisine.

— Tu vas bien ? demanda-t-elle. Tu n'es pas

malade ? Ne me dis pas qu'il n'avait pas de travail pour toi à cette époque de l'année.

— Plein de travail, répondit le vieil homme. C'est moi qui suis parti.

— Oh, Seigneur ! s'exclama-t-elle.

Son noir visage arrondi était tout amour et inquiétude.

— Quelque chose de désagréable s'est produit ?

— Je lui ai dit que j'étais malade, mais c'est faux. Je n'y retournerai pas.

Addie hocha la tête.

— Ce M. Michael, dit-elle. Il m'inquiète. Il m'a toujours inquiétée. Est-ce qu'il a fait quelque chose ? Qu'est-ce qu'il a fait ?

— Rien. Il n'a rien fait. Seulement... (Là, il baissa le ton, regardant alentour comme si quelqu'un pouvait les entendre, caché dans un coin.) Nous étions en train de travailler comme d'habitude, à nettoyer la propriété de la femme Walker et tout et tout, et puis je suis retourné dans son appentis chercher quelque chose pour attacher les sacs de feuilles mortes. Ne trouvant rien à première vue, j'ai regardé sous la bâche qu'il garde dans un coin de la remise et j'ai découvert douze, peut-être même quinze gros bidons pleins d'essence alignés dessous. C'était de ces réserves à eau, couleur kaki, que l'on trouve dans les surplus de l'armée. L'odeur était repérable à plus d'un mile, mais j'en ai ouvert deux ou trois pour être sûr, après quoi je les ai refermés et recouverts comme si de rien n'était. En ressortant, je lui ai dit : « Monsieur Michael, faut que je rentre à la maison. J'ai très mal. » Cela ne lui a pas du tout plu.

— Tu vas le dire à la police ?

— Pour quoi faire ? Qu'est-ce que je vais leur dire ? Est-ce qu'ils écouteraient un vieux Noir comme moi ? Ils me diraient de m'occuper de mes affaires. Et puis, M. Michael a toujours été gentil avec moi. Je ne veux pas lui causer de tort. Pour te dire la vérité, je ne sais pas quoi faire. Mais je devine qu'il se trame quelque chose de bizarre là-bas et je ne veux pas y être mêlé.

— Il a de drôles d'yeux, ce Michael, dit sa femme. Ils sont sans couleur, comme de l'eau. Quand il vous regarde, pas moyen de dire s'il vous aime ou s'il vous déteste. J'ai jamais eu confiance en lui.

— Je souffre pour de bon, maintenant.

— Ne te tracasse pas. (Elle lui prit la main.) Tu as agi comme il fallait. Un homme qui n'a pas de conscience, ce n'est personne. On s'en sortira très bien. Si tu te comportes comme il faut dans ce monde, Dieu s'occupera de nous dans l'autre.

— Oui, mais entre-temps... dit son mari.

— Je peux gagner de l'argent en faisant du repassage. Ça m'est déjà arrivé.

— A ton avis, pourquoi a-t-il stocké quinze bidons d'essence ?

— La police a raison, conclut Addie d'un ton ferme. Cela ne te regarde pas.

Ils restèrent silencieux le reste de l'après-midi et le vieil homme ne mangea presque rien au dîner. Addie le regarda en hochant la tête.

— Tu as eu une très mauvaise journée, lui dit-elle. Écoute quelque chose. Tu devrais te coucher tout de suite. Je vais simplement porter un peu de tarte aux pommes à la vieille Cissie Gates. Tu vois, l'assiette est déjà prête. Je ne serai pas longue. Repose-toi.

« Non, mais écoutez un peu, dit le sergent Brimmer, qui était assis sur la table. Il y a une vieille femme, une Noire, qui vient d'appeler. Je cite : "M. Michael a des bidons d'essence sous un *polion*[1]." » Il regarda ses notes, puis ses collègues, avec des yeux ronds. « C'est ce qui est marqué ici. Un *polion*. Je me demande ce que ça veut dire. »

Joe LaVarca, assis sur le radiateur, changea de position ; le vent commençait à souffler fort autour du commissariat et la tuyauterie s'était mise à chauffer. « Napoléon, proposa-t-il. C'était un Français, un type tout petit. Qui est la Noire ?

— Je te l'ai déjà dit, répondit Brimmer. Elle n'a pas donné son nom. "J'vous demande pardon, mais il faut que j'y aille, maintenant", qu'elle m'a dit. Elle parlait comme Scarlett O'Hara, mais sans les dents. Et qui est M. Michael ? »

LaVarca jeta son gobelet de café vide dans la corbeille à papiers qui se trouvait de l'autre côté de la pièce.

« J'aurais bien pris un morceau de gâteau aux amandes avec ça. A ma connaissance, il n'y a personne en ville qui s'appelle Michael. Vérifie dans l'annuaire.

— C'est déjà fait, dit Brimmer. Pas le moindre Michael. (Il haussa le ton et cria à l'intention de Rosenman, du Service des Travaux Publics, qui blaguait avec quelqu'un dans le couloir.) Hé ! Rosie ! Tu connais des Michael en ville ?

— Pourquoi a-t-elle appelé, d'ailleurs ? demanda LaVarca. Si nous devions arrêter tous les gens qui ont un bidon d'essence chez eux, il n'y aurait plus personne en liberté dans le coin.

— Elle s'imagine peut-être que ce M. Michael a l'intention de mettre le feu à la ville, dit Brimmer.

---

1. Jeu de mots intraduisible sur la prononciation des Noirs : au lieu de *tarpaulin* (bâche en français), le vieux Simpson avait dit *tarpolion*, qui dans la bouche de sa femme est devenu *polion*.

Peut-être que c'est une histoire d'assurances. Rosie ! »

Rosie entra.

— Que puis-je faire pour vous, messieurs ?

— Vous autres, aux Travaux Publics, vous connaissez une famille qui s'appellerait Michael ?

— Non ? Vous avez un prénom ?

— Michael est peut-être un prénom, dit Brimmer. La vieille l'appelait M. Michael.

— Eh bien, dit Roseman, il y a « Appelez Michael » ?

— Que voulez-vous dire, « Appelez Michael » ?

— Vous avez dû voir le camion dans les parages. Un vieux camion de livraison, bleu. Le Michael en question s'occupe de l'entretien des propriétés. Vous savez, nettoyage, tonte du gazon, taille des haies, ce genre de boulot. « Appelez Michael » est inscrit en grosses lettres dorées sur le camion.

— Il y a une vieille femme noire qui travaille pour lui ?

Rosenman haussa les épaules.

— D'habitude, il est accompagné d'un vieux Noir. Le type conduit le camion, quelquefois.

— Comment s'appelle le vieux ?

— Pas la moindre idée.

— Quel est le nom de famille de Michael ?

— Je ne peux pas vous le dire. C'est peut-être simplement Michael. Comme Cher. Vous avez un problème ?

— Quelqu'un nous a appelés. Où habite-t-il, ce Michael ?

— Il a une vieille ferme délabrée sur Centerville Road, de ce côté-ci de la Route 40.

— Les gars, vous feriez mieux d'aller y jeter un coup d'œil, dit Brimmer. Rosie, tu peux les accompagner pour leur montrer où c'est ?

— S'il le faut. Mais c'est juste l'aller et retour.

Le vent commence à souffler vraiment fort. (Il frissonna.) Je crois que j'ai pris froid.

— L'hiver approche, dit LaVarca.

La maison de Centerville Road n'était pas éclairée.

— Essaie les portes, proposa Turner.

— Pfft, dit Rosie.

— Fermé à clé, annonça LaVarca.

— On est sauvés, dit Rosie.

Turner suggéra d'aller voir dans l'appentis. Les trois hommes remontèrent le chemin légèrement gravillonné qui passait derrière la maison. Les portes du cabanon étaient grand ouvertes et il n'y avait pas trace du camion bleu. LaVarca promena le faisceau de sa torche le long des murs. Des rangées d'étagères contenaient de l'outillage léger, des boîtes de peinture, des bidons de peinture pour les arbres, divers flacons de produits chimiques, le tout soigneusement aligné. Les outils de jardinage, râteaux, bêches, etc., étaient accrochés à des râteliers et le matériel électrique était rangé bien en ordre dans le fond.

— Impeccable, dit LaVarca. Vraiment impeccable.

— Tiens, voilà ton polion, dit soudain Rosie. Là, dans le coin. Plié par terre.

— Eh bien, si c'est ça, il n'y a plus rien dessous.

Turner avança dans le fond de l'appentis, souleva un angle de la bâche et renifla.

— Ce truc-ci a été en contact avec de l'essence, dit-il.

— Oui, mais elle est partie, maintenant, dit LaVarca. Comment savoir de quoi il retournait ? Il n'y a plus rien ici. Qu'est-ce que vous en pensez, on y va ? (Pourtant, il resta dans l'embrasure de la porte, les sourcils froncés.) Quel genre de camion c'est, Rosie ?

— Une fourgonnette bleue, avec des barres de protection autour du plateau de chargement, taille moyenne. La marque, je ne sais pas. Mais comme je vous disais, il y a l'inscription « Appelez Michael ».

— Allons-y, dit LaVarca. Allume la radio, Bill, et vois si un de nos types peut le repérer.

Addie revint de son escapade auprès de Cissy Gates et de son téléphone.

— Tu es allé partout où il va, dit-elle à Henry. Maintenant, réfléchis bien. Où es-tu allé ?

— Nulle part où il a porté de l'essence.

— Faut bien que ce soit quelque part.

— Peut-être que quelqu'un l'a appelé.

— Passé commande par téléphone ?

— Pourquoi pas ?

— Ça ne tient pas debout. Pour une tâche telle que mettre le feu quelque part, le client voudra le lui demander face à face.

— C'est donc de ça que nous parlons, Addie ?

— Ça y ressemble drôlement, non ?

Henry soupira.

— Je ne veux pas y penser. Ça me rend malade de penser une chose pareille de cet homme.

— Tu le penses quand même, sinon tu ne serais pas parti.

— Nous sommes allés chez Mme Burg cette semaine. Et chez les Lampson. Et nous avons fait du nettoyage, juste pour une fois, dans une petite maison qui appartient à des gens nommés Miller, près de Pleasantville. Et puis nous sommes passés par toutes les usines où il prend son matériel, celle qui fournit la peinture, et la fabrique de balais. Tu connais les autres clients, Addie, on y est allés des millions de fois et je t'en ai déjà parlé. Rien de particulier à leur sujet.

— Rien de différent pour un seul d'entre eux ?

Il secoua la tête.

— Tout s'est passé exactement comme d'habitude. La seule chose qui ait changé, c'est que nous avons monté le chemin qui va tout en haut de la montagne, jusqu'au château d'eau, et nous sommes redescendus ensuite.

— Et pour quoi faire ?

— Il a dit qu'il voulait regarder les arbres. Et c'était drôlement joli, là-haut. Ces chênes, ils sont magnifiques cette année, aussi beaux que dans un tableau. Il a arrêté le camion là et il a simplement regardé les arbres.

— Bon, je ne peux pas le lui reprocher, dit Addie. Chaque fois que je franchis ce seuil et que je lève les yeux vers les sommets, mon cœur se soulève de joie, comme on dit.

— Alors, qui pourrait avoir besoin de l'argent de la compagnie d'assurances ? demanda Rosie quand ils furent tous remontés en voiture.

— La scierie ? suggéra Turner.

— Pas avec les prix qu'ils pratiquent actuellement, répondit LaVarca. Certainement pas.

— Beers, avança Rosie. Leurs affaires vont affreusement mal depuis l'ouverture du centre commercial.

Mais LaVarca prit la défense de Beers.

— Ne dis pas de bêtises. Le vieux Beers n'irait jamais se fourrer dans une affaire pareille. D'ailleurs, ses affaires ont un peu repris, ces derniers temps. Quand on y va, il y a presque toujours du monde. Beers n'est pas stupide. Il sait faire crédit. Non, Beers n'est pas la bonne piste.

— Eh bien, qui alors ?

Turner fit la moue.

— Et que dites-vous de la propriété Munning, en haut de la montagne ? Doreen dit que la fille est encore en retard pour ses impôts.

— Qu'est-ce qui te prend ? s'exclama Rosie. Cette fille ? Elle finira par payer. Elle paie toujours. Et puis, elle n'a pas besoin de mettre le feu. On lui a fait une proposition récemment, quelque chose comme un demi-million. Surtout qu'elle n'a pas besoin d'engager quelqu'un pour faire le travail. Il lui suffit de craquer une allumette.

— Alors, qui ? demanda LaVarca.

— Et l'usine de peinture de Vesey ? dit Turner. Joe a vraiment des difficultés. Savez-vous que toutes leurs livraisons du mois dernier leur ont été retournées ? La peinture n'est pas de bonne qualité, ou alors c'est la couleur ou je ne sais quoi qui ne va pas, ou elle se mélange mal.

— Joe Vesey n'est pas un type à mettre le feu à sa boîte, dit LaVarca.

— En tout cas, il saurait quoi faire avec l'argent, dit Turner. Et qui irait poser des questions au sujet d'un incendie dans une fabrique de peinture ? Il suffit d'un mégot mal éteint pour tout embraser.

— Je te répète que ce n'est pas un type à faire ça, insista LaVarca.

— Eh bien, alors, qui ? demanda Turner.

— Je ne sais pas, dit Rosie.

— Pas la moindre idée, confirma LaVarca.

— Je crois qu'on ferait mieux d'aller voir du côté de l'usine de peinture, conclut Turner.

— Ce Michael, ça lui arrive souvent d'admirer le coucher de soleil ? demanda Addie.

— Jamais, si je me souviens bien.

— Ça lui arrive, de dire quel beau lever de soleil ?

— Pas dans mon souvenir. Bon, maintenant, tu ne crois pas qu'il faudrait dormir ?

— Si, dit Addie.

Elle se réveilla à minuit, en larmes.

— Oh, mon Dieu ! Que se passe-t-il ? demanda Henry en se redressant. Tu es malade ?

— Oh, mon Dieu, mon Dieu ! (Elle était assise toute droite dans le lit.) J'ai rêvé que la montagne était en flammes. Maintenant, rendors-toi. Je vais me préparer un verre de lait. Allez, rendors-toi.

— Tu veux dire que tu vas encore porter un morceau de tarte au téléphone de Cissie. (Il posa les pieds par terre.) Le sol est froid. (Il se pencha et ramassa une chaussure.) Je t'accompagne, et ne t'avise pas de m'en empêcher. Nous allons les appeler pour de bon, cette fois.

— Je suppose que je devrais m'y opposer, mais c'est d'accord, dit sa femme. Allons-y.

Leurs pas résonnèrent fort sur le plancher de la véranda dans le silence de la nuit. L'air était frais et doux, et une brise légère agitait les branches du vieil érable, près des marches.

— La montagne est belle, vraiment belle, dit Addie, regardant vers l'est. Bientôt, cette lune va monter si haut dans le ciel qu'elle verra l'hiver arriver.

— On ferait mieux d'y aller, Addie. Il faut utiliser le téléphone.

Elle serra son chandail autour de ses épaules.

— Voilà les rats qui se mettent à sortir du marécage, dit-elle. Ils font ça tous les ans à la même époque.

— Je m'en occuperai plus tard, dit le vieil homme. Ce n'est pas un problème. (Il la prit par le bras.) Il faut se dépêcher, maintenant.

Cathy Munning se réveilla au milieu d'un cauchemar où des pas se rapprochaient dans le couloir, et une voix masculine disait : « Je ne tiens plus, je ne peux plus dormir là-haut », tout en sifflotant au-dessus d'un petit tas de brindilles sur le sol de la cave. La voix demanda : « Avez-vous déjà joué au mikado avec des baguettes enflammées ? » et elle s'éveilla, haletante de terreur.

Elle s'accroupit au bord du lit, l'oreille tendue. Il n'y avait d'autre bruit que celui du vent hululant dans les cimes des arbres et poussant les feuilles mortes par terre. Elle enfila un imperméable par-dessus son pyjama et gagna la terrasse. Là, elle s'assit sur le muret qui bordait la pelouse et leva les yeux vers le sommet de la montagne.

C'était une nuit splendide. La pleine lune n'avait pas encore atteint le sommet de la montagne mais la luminosité qu'elle dégageait en s'approchant découpait tout en ombres chinoises sur le fond du ciel : la crête dentelée des bois sur sa gauche, la simple ligne droite de l'éperon rocheux au-dessus de sa tête, à nouveau les bois sur sa droite, et la silhouette géométrique du château d'eau encore plus loin sur la droite.

Certaines nuits, des voitures suivaient la piste qui mène au château d'eau et elle apercevait par intermittence leurs phares à travers les arbres, clignotant comme un signal à l'endroit où le chemin de terre traversait l'éperon rocheux. Quelquefois, c'était des voitures de police pourchassant des amoureux noctambules, parfois, c'était seulement des amoureux. Une fois, cela lui revint à l'esprit et la fit sourire, il s'était agi d'un policier et sa petite amie âgée de seize ans. Daniel avait entendu parler de l'incident — un gros scandale et une carrière brusquement interrompue pour au moins l'un des partenaires.

Elle était trop éveillée, maintenant, pour rentrer dans la maison. Elle resta à regarder le contour de la montagne qui s'éclairait dans le ciel à mesure que la lune s'élevait, ne pensant absolument à rien pendant ces quelques minutes bénies. Et soudain, une ombre, une petite masse obscure, traversa le plat de l'éperon rocheux. Il y avait quelqu'un qui roulait là-haut sans lumières.

Lorsqu'elle arriva au téléphone, la ligne était coupée. Elle saisit le cadeau que lui avait offert Daniel, un pistolet Colt de calibre 22, qu'elle chargea d'une main tremblante. Elle entreprit ensuite la longue ascension du sentier sinueux qui partait de l'arrière de la maison, se déplaçant aussi vite et silencieusement que possible. La nuit était noire sous les arbres et elle trébucha une première, puis une deuxième fois.

Michael conduisit le camion jusqu'au château d'eau, suivit la petite boucle que formait le chemin de terre à cet endroit, et recula de façon à se positionner juste au-dessus de la maison. Rouler sans lumières était chose aisée. La lune éclairait bien et les arbres, au sommet de la montagne, étaient plus clairsemés et moins élevés que ceux de la forêt à ses pieds. Il réfléchit quelques secondes et finit par avancer le camion d'une centaine de mètres avant de s'arrêter. Inutile de risquer de se faire couper la route.

Le vent était vif et imprévisible dans la hauteur, un courant descendant affrontant la brise qui soufflait régulièrement de l'ouest. Il fallait qu'il calcule soigneusement son coup pour maintenir le camion en dehors de l'action. Il y avait bien un risque, mais il n'était pas excessif à condition de prendre ses précautions.

Il sortit les bidons d'essence de l'arrière du camion et les posa par terre à l'entrée du chemin qui descendait la pente jusqu'à la maison. Le clair de lune commençait à éclairer le toit à quelque deux cents mètres en contrebas. Michael dévissa un bouchon, souleva le bidon et regarda autour de lui. Des chênes. Des pins. Les pins, c'était mieux. Il en repéra un grand, avec un tronc de dimension moyenne, s'en approcha et versa le contenu du bidon. L'odeur acide et agressive de l'essence s'éleva contre le parfum fumé de l'arbre.

Il déversa le deuxième bidon au pied d'un deuxième pin, un peu plus bas, en dehors du chemin, en diagonale par rapport à la pente — il fallait que le vent d'ouest pousse le feu devant lui, que la face occidentale de la montagne s'embrase. Si possible, faire en sorte que l'incendie ne s'étende pas au-delà du sommet. Ce côté-là ne nous intéresse pas, lui avait expliqué l'homme qu'il n'avait jamais vu. Ils voulaient simplement détruire la propriété des Munning.

Se déplaçant rapidement, versant l'essence le long d'une ligne ininterrompue d'un arbre à l'autre, imbibant les superbes feuilles tombées par terre, il couvrit le flanc de la montagne, apportant des bidons pleins, remportant ceux qui étaient vides. C'était un homme mince, à la démarche souple. Le clair de lune brillait sur sa crinière de cheveux blancs qui retombait de temps en temps sur son front, si bien qu'il devait la rejeter en arrière de sa main imprégnée d'essence.

Il avait déversé la presque totalité des bidons et, se montrant plus économe maintenant, il dessinait une traînée d'essence en descendant vers la maison lorsque Cathy se dressa devant lui, lui intimant de s'arrêter. Ils se dévisagèrent, séparés par un mètre à peine.

— Ma chère petite, vous ne pouvez pas tirer, dit Michael de sa voix légère et charmeuse. Vous mettriez le feu à l'essence.

— Dans ce cas, vous mourrez.
— Non, c'est vous qui mourrez, rectifia Michael. Je sais où j'ai versé l'essence.

La voiture de police fonça à toute allure jusqu'au bout de la vallée, s'arrêta devant la petite maison blanche juste le temps de laisser le vieil homme grimper sur la banquette arrière, tourna sur place et s'élança vers la montagne. Ils étaient à mi-pente, sur la piste qui menait au château d'eau, quand LaVarca hurla à Turner d'arrêter. Turner freina brusquement. « Coupe le moteur, dit LaVarca d'une voix pressante. Cet endroit est imbibé.
— Seigneur, sentez-moi ça », dit Turner. Portée par le vent, l'odeur âcre de l'essence envahit la voiture. « Comment diable est-ce qu'on sort d'ici, quand tout ça prend feu ? J'aurais peut-être intérêt à tourner la voiture dans l'autre sens.
— Mieux vaut pas, dit Rosie. Une étincelle suffira. » Assis à l'arrière à côté du vieil homme, il se pencha en avant, regardant par la fenêtre avec une extrême concentration. « Là, en bas, dit-il. Quelqu'un tient une lampe. Votre Monsieur Michael est-il du genre à prendre une torche pour un travail comme ça ?
— C'est peut-être quelqu'un d'autre qui l'éclaire, suggéra Henry.
— Qui ?
— Pas la moindre idée. Laissez-moi descendre maintenant. Il est loin du sentier. Je connais ces bois comme ma poche, depuis ma petite enfance. Tous les animaux des bois étaient mes amis — à dire vrai, je n'en avais pas d'autres. »
Rosenman le laissa passer et il sortit de la voiture avec la lenteur caractéristique de la vieillesse.

— Surtout, ne me suivez pas. Je veux faire ça tout seul.

— Pas question, dit LaVarca. Nous suivons à distance. Vous êtes sûr d'en être capable ?

— Absolument sûr. Mais je ne veux pas que vous tiriez, quoi qu'il arrive. Sinon, toute la montagne va s'embraser.

— Nous ne tirerons pas.

Une éternité sembla s'écouler pendant que les hommes crapahutaient le long de la pente derrière le vieil homme, guidés par le cercle de lumière en contrebas. Le ciel s'étant voilé de nuages, ils ne cessaient de trébucher et de glisser dans l'obscurité. « Je n'y vois rien, chuchota LaVarca.

— Excellent, répondit le vieux. Il y a de la pluie qui arrive avec ces nuages. Vous entendez le vent qui rugit dans les arbres ? Prions Dieu.

— Du moins, lui, il ne nous entendra pas, dit Turner. Michael. (Il prononça ce nom comme s'il lui laissait un goût désagréable dans la bouche. Ils s'arrêtèrent juste hors de portée de la lumière.) Quelqu'un a une lampe, c'est sûr. Êtes-vous assez près ? demanda-t-il au vieil homme.

— Je pense que oui.

— Appelez-le.

— Monsieur Michael !

— Plus fort.

— Monsieur Michael ! »

La silhouette qui se détachait dans le faisceau de lumière pivota brusquement, leur faisant face. Ses cheveux blancs étincelaient.

— Henry ? Henry ? demanda-t-il d'une voix incrédule. Que diable faites-vous ici ? Vous êtes fou ?

— Je suis venu vous empêcher d'accomplir votre forfait. Sortez des bois avec moi.

— C'est la police qui vous accompagne ?

LaVarca poussa le bouton de sa lampe-torche et promena rapidement le faisceau sur ses collègues et lui-même.

— Qui est-ce qui tient la lampe, en bas ?

— Cathy Munning, s'écria-t-elle. Par pitié, ne tirez pas.

— Rendez-vous, Michael, appela Turner.

Il eut une injure pour toute réponse, puis Michael cria :

— Je vous accorde trente secondes pour quitter les lieux !

— Donnez-nous vos allumettes. Jetez-les par ici.

— J'ai un travail à faire, dit Michael de sa voix ferme et raisonnable. Appelez Michael, et vous obtiendrez ce pour quoi vous payez. Vous pouvez partir ou rester. Rien ne m'empêchera de continuer.

— Très bien, dit LaVarca en se tournant vers le vieil homme. A vous de jouer.

— Je suis vraiment désolé d'avoir à faire ça, dit Henry.

Ses doigts tordus exercèrent leur pression, le lance-pierres se courba dans sa main avec la souplesse du bois jeune. Propulsée par l'arme archaïque, la pierre fendit l'air à une vitesse meurtrière.

Call Michael
Traduction de M.C. Aubert

UNE HISTOIRE PASSIONNANTE

par JEREMIAH HEALY

La présidente d'une petite société dans le même immeuble que mon bureau m'avait chargé de faire un simple aller et retour Boston-New York. L'idée que son courrier était trop important pour être envoyé par fax semblait lui plaire et elle trouvait un certain cachet à louer les services d'un détective privé.

Somme toute, de l'argent facile à gagner. Mais nous étions en décembre, j'arrivai dans le Connecticut à neuf heures du soir après un long trajet depuis New York et je n'étais qu'à mi-chemin de Boston. Je me sentais tellement fatigué que je ne voulus pas courir le risque de piquer du nez sur le volant de ma vieille Prélude et décidai de m'arrêter devant un « Rest Stop ».

Les voitures rangées de chaque côté de l'allée formaient une collection très éclectique. A gauche : une Chevy au feu écrasé — les occupants buvaient à même le goulot d'une bouteille Thermos — et une camionnette Mitsubishi, le pare-chocs retenu par du fil de fer, un chien rébarbatif attaché à une boîte à outils sur la plate-forme arrière qui n'avait pas de panneau de rabattement. A droite : un coupé Cadillac El Dorado et une Toyota qui semblait être passée sous un tunnel aérodynamique.

Ayant le sens de la hiérarchie, je glissai ma Prélude entre la Chevy et la camionnette.

Un type en jeans maculés de boue et chaussé de bottes me croisa dans l'entrée. Je me dirigeai vers le distributeur de boissons chaudes et me servis un chocolat, histoire de faire remonter mon taux d'adrénaline. A travers la vitre d'un autre appareil automatique, j'examinai ce que j'allais prendre avec mes quatre dernières pièces de 25 cents. J'hésitai entre une tranche de gâteau ramolli et des biscuits sous cellophane qui, d'après la poussière, devaient être là depuis un bon bout de temps.

Perché sur un tabouret derrière le comptoir des toilettes, un Noir d'une soixantaine d'années était plongé dans un magazine de boxe. Je m'apprêtai à pousser la touche au-dessus des biscuits. Il baissa son journal et hocha la tête.

— A votre place, je choisirais le gâteau. Les biscuits sont plutôt rassis.

— Merci, dis-je, mais finalement je ne veux rien.

Je m'approchai.

— John Cuddy.

— Elvin Tyson.

La main qu'il me donna à serrer était aussi dure qu'un sac de chips en bois, ses cheveux aussi clairsemés que la surface d'une île pelée par les intempéries — mais coupés à ras, on ne s'en apercevait pas, à moins qu'il n'expose son crâne sous des lumières phosphorescentes. Il avait le nez aplati et de travers ; des cicatrices barraient ses sourcils.

Je désignai le magazine.

— Vous étiez dans quelle catégorie, Elvin ?

— Poids léger. J'avais un beau jeu de jambes, mais pas assez de punch, et il en faut dans cette catégorie. Vous n'avez jamais boxé, hein ?

— Non.

— J'en étais sûr. Je le remarque tout de suite aux mains.

Deux hommes habillés comme des gravures de mode passèrent, nous ignorant, et pénétrèrent dans les toilettes.

— Vous êtes de Boston, je parie ? dit Tyson.

— Vous avez une bonne oreille.

— Dans ce job, on apprend à repérer les accents. J'ai été juste une fois à Boston, pourtant il suffit que des types de cette ville ou de New York répètent les directions que je leur indique pour savoir d'où ils sont. Vous avez vu boxer Marvin Hagler ?

— A la télévision, pas sur un ring.

— Alors, mon vieux, vous avez manqué quelque chose ! Justement, c'est à cause du match de Marvin que j'étais à Boston. Il boxait contre Willy the Worn Monroe. Vous vous souvenez de lui ? Il était de Philly.

— Heu...

— Ça fait une quinzaine d'années maintenant, avant que Marvin devienne célèbre et tout et tout. J'étais au balcon avec les frères de Willy, tous de Philly. Ils m'ont expliqué comment Willy avait battu Marvin l'année d'avant et qu'il allait encore l'avoir cette fois-ci. Mais je savais que l'année d'avant Marvin avait eu la grippe et Willy une fichue veine.

Nos jeunes dandys émergèrent en même temps des lavabos et gagnèrent la sortie en se tenant par la main.

Tyson suivit son idée :

— Les cinq premiers rounds, Willy a réussi à posséder Marvin. Grâce à son allonge, il le cueillait comme une fleur. Mais Marvin était solide. Ce jeune gars avait la poitrine et les bras d'un homme de votre âge. En plus, il n'est pas tombé dans le panneau et a ménagé ses forces. Faut dire aussi qu'il est gaucher ce qui déroute l'adversaire.

Un couple, dans les trente ans, fit son entrée. Sans doute les parents d'un petit garçon qui pouvait avoir trois ans. Ils portaient des parkas confortables et échangèrent quelques mots en espagnol. Puis l'homme conduisit l'enfant aux toilettes et la femme poussa la porte voisine.

— Alors, au sixième round, continua Elvin Tyson, Marvin commença à regagner du terrain. Willy était à peine essoufflé. Il a encaissé tout en tenant Marvin en respect...

— Toujours grâce à son allonge ?

— Toujours, oui.

Une femme entra, escortée par deux hommes en jeans et treillis de l'armée. Tous les trois de petite taille, le teint sombre, silencieux. Celui qui avait un mince collier de barbe me jaugea au passage. Son camarade et la femme semblaient plutôt crispés. Ils se séparèrent devant les portes des cabines.

— Aux septième et huitième rounds, Marvin s'est vraiment déchaîné. Il fonçait, tapait dur, poursuivait Willy autour du ring. Willy a essayé de se reprendre, mais c'est Marvin qui a gagné encore le dixième round. Ça les mettait à égalité.

La femme sortit la première et s'élança dehors. Les deux types apparurent à leur tour. Cette fois, le barbu ne m'accorda pas un regard et dépassa son camarade qui titubait. Sa démarche chancelante s'expliquait : il portait dans ses bras le petit garçon. Nulle trace de ses supposés parents.

Il y avait un problème.

— Alors, au onzième round...

Je me précipitai dans les toilettes pour hommes.

— Elvin ! Voyez dans quelle voiture ils montent !

— Quoi ?

— Dans quelle voiture monte celui qui porte l'enfant.

— Ben... j'ai même pas fini mon histoire...

Je regrettais d'avoir enfermé mon Smith et Wesson dans la boîte à gants de la Prélude, ma licence n'étant valable que dans le Massachusetts.

L'endroit paraissait calme, mais du sang filtrait sous la porte d'une cabine et commençait à former une flaque sur le carrelage. A l'intérieur, je découvris le père de l'enfant. Le couteau dépassait de sa parka et ses yeux manquaient de synchronisation comme si chacun fixait les pointes opposées d'un compas.

Dans les toilettes voisines, la femme du mort gisait près du lavabo, le contenu de son sac éparpillé à côté d'elle. Pas de sang et son pouls battait. Une compresse était tombée près de son visage. Elle avait été chloroformée.

Je ne vis pas Tyson derrière le comptoir. Il se tenait au bout de l'allée, les bras serrés contre sa poitrine, tapant des pieds pour lutter contre le froid.

— Pourquoi vous voulez savoir quelle voiture ils ont prise ?

J'extirpai mes clés de ma poche et me dirigeai vers la Prélude.

— C'était laquelle ?

— Une vieille Chevy. Le type barbu est monté tout seul dans une Mercedes.

Je me glissai au volant et mis le moteur en route.

— La couleur ?

— De la Chevy ? Je ne sais pas. La Mercedes est jaune.

— Et les plaques ?

— Les plaques ?

— Le numéro d'immatriculation de la Chevy ?

— Bonté divine, qu'est-ce...

— Appelez la police et dites-lui de surveiller les cinq sorties Nord. Il y a une femme dans les toilettes... appelez aussi une ambulance.

— Mais, je voudrais bien...

Je démarrai à toute vitesse.

Je les repérai à quelques kilomètres de là. Ils devaient faire du 50 alors que mon compteur flirtait avec les 80 à l'heure. La Chevy était reconnaissable à son feu arrière cassé. C'était comme de suivre une luciole et je maintins une distance raisonnable entre nous.

Ils dépassèrent les deux premières sorties, bifurquèrent à la troisième. Je perdis la Mercedes aux feux de signalisation d'un carrefour, mais parvins à rester derrière la Chevy pendant une dizaine de kilomètres. La circulation, dense dans la zone urbaine, devint fluide en traversant un petit bourg dominé par un bâtiment en bois de trois étages perché à flanc de coteau.

La Chevy grimpa la montée tortueuse. Je ralentis. Arrivé au sommet, je l'aperçus qui tournait dans une allée étroite entre deux maisons. Je continuai lentement ma route. J'avais eu le temps de voir descendre le type glabre et la femme. A présent, c'était elle qui portait l'enfant.

Je me rangeai sur l'aire de stationnement un peu plus loin. Avant de trouver un téléphone, je voulais être sûr qu'ils ne partiraient pas ailleurs.

Le pare-brise et les vitres de la Prélude furent

bientôt couverts de buée. Je baissai celle de mon côté plutôt que de remettre le moteur en route pour dégivrer. Je venais juste d'appuyer le coude à la portière lorsque le canon d'un revolver se nicha dans mon oreille.

— J'ai tout de suite flairé que vous étiez un flic, dit une voix teintée d'un fort accent espagnol.

— Détective privé, hein ?

Vautré dans un fauteuil, le barbu but une rasade de vin au goulot de la bouteille et tendit ma carte d'identité à son camarade. Toujours aussi nerveux, celui-ci occupait le deuxième siège. Il lut la carte en remuant les lèvres. Pour ma part, j'étais assis sur le plancher, les mains étroitement liées derrière le dos et les pieds attachés par une corde tout aussi solide. Nous nous trouvions au premier étage du bâtiment en bois que j'avais vu à flanc de coteau. Dans la pièce voisine, on entendait la femme parler doucement au petit garçon.

— Je vous surveillais depuis le carrefour, dit le barbu. Vous avez l'habitude de coller aux gens comme une ventouse ?

— Je suivais la Chevy, pas vous.

Le glabre intervint :

— Christo, c'est un détective, il pourrait...

Le dénommé Christo lui assena un coup du revers de la main sur la joue.

— Combien de fois je t'ai dit, José...

Il se mit à rire, lui adressa quelques mots en espagnol d'un ton apaisant et se gargarisa avec une nouvelle gorgée de vin.

— Vous parlez espagnol, Monsieur le privé ?

— Non.

— Admettons, mais peut-être que vous mentez. Ça n'a guère d'importance. J'ai frappé mon cousin parce qu'il a prononcé mon nom devant vous.

Comme je lui ai répondu en l'appelant José, je viens de m'excuser. Nous sommes tous sous pression, pas vrai ?

— C'est votre premier kidnapping ?

— On peut dire ça, oui.

— Mais pas votre premier meurtre.

José lui tendit ma carte et massa son estomac qui gargouillait. Christo se contenta de lui sourire, leva la bouteille et but à nouveau.

— Voyons si je devine bien... du moment que nous avons laissé le couteau, vous vous figurez que nous sommes des idiots, c'est ça ?

— C'était probablement plus intelligent de le laisser en place au lieu d'essayer de le retirer pour l'emporter, mais c'était tout à fait stupide de tuer cet homme du moment que vous l'aviez chloroformé.

— Vous avez du nez, Monsieur. Moi aussi. Quand je vous ai vu, je me suis dit : Christo, ce type-là est un flic... ou il l'a été.

— Vous vous êtes dit ça avant d'entrer dans les toilettes ?

Christo me regarda, quelque peu perplexe.

— Oui, et alors ?

— Alors, puisque vous pensiez que j'étais flic, vous aviez une bonne raison de ne pas commettre un meurtre, pratiquement sous mes yeux.

Au même instant, la jeune femme sortit de la chambre. Plutôt jolie, en jeans et corsage blanc. Une petite croix en or pendant à son cou. Christo lui murmura une phrase. José s'interposa avec irritation. Elle ne tint pas compte de son interruption et répondit au barbu.

— Mon cousin est contrarié, expliqua celui-ci. Il trouve que j'ai appelé sa femme d'un nom qui n'est pas convenable. Luna, Monsieur est détective privé.

Elle m'examina, se posant peut-être des questions sur mon métier.

— Comment va l'enfant ? demandai-je.

Elle n'eut pas l'ombre d'une hésitation.

— Il va très bien.

— S'est-il rendu compte que votre mari et son cousin avaient poignardé son père ?

José tressaillit. Christo ne le remarqua pas et lâcha un rire aviné. Le gros calibre, à plat sur ses genoux, pouvait cracher le feu à chaque mouvement un peu vif. Il le saisit et l'agita dans ma direction.

— Qu'est-ce que vous manigancez, Monsieur le privé ? Vous essayez de monter ma famille contre moi ?

— Pourquoi l'avez-vous tué, Christo ?

Il se pencha pour attraper la bouteille à ses pieds et le revolver manqua tomber.

— Il m'aurait reconnu.

— Où vous avait-il déjà vu ?

Il se remit à boire et devint plus loquace :

— Je travaille dans une maison de retraite où y'a que des richards. Si riches qu'ils n'auront même pas le temps de dépenser leur fortune avant leur mort. Surtout un, en particulier, qui roule sur l'or. Son fils et sa belle-fille lui ont amené son petit-fils. Ils ont de l'argent, eux aussi, mais ça leur suffit pas. Alors, ils font tout un cinéma au vieux, lui apportent un tas de trucs dont il n'a pas besoin, qui ne servent strictement à rien...

Il haussa les épaules et reprit :

— Le gosse a mis aussitôt la pagaille dans la chambre en poussant des cris. Son grand-père a hurlé qu'il n'était pas malade au point de ne pouvoir se lever pour le faire taire. Le calme revenu, ils ont parlé de choses et d'autres. J'ai appris qu'ils s'arrêtaient au « Rest Stop » chaque fois qu'ils venaient ici avec leur petit monstre. C'est pas loin d'où habitent José et Luna. Quand le fils est sorti pour fumer, je l'ai rejoint dans le patio. J'ai engagé la conversation, en jouant au bon type. « Hé, vous savez, ce restaurant, il est près de chez mon cousin », que je lui ai dit. Il a écrasé son mégot sous son talon et il est rentré. Sans même un regard, sans même me répondre, comme si je n'existais pas.

— C'est à ce moment-là que vous avez eu l'idée d'enlever son fils.

— ... qui est le petit-fils du vieux, n'oubliez pas ça.

— Contre une rançon, évidemment.

— Oui. Et pas une petite, mais une partie de la montagne de fric que possède le grand-père.

— Alors, pourquoi avoir tué le fils ?

Il but encore ; ses yeux errèrent au plafond.

— Je vous l'ai dit. J'avais pas le choix puisqu'il m'avait reconnu.

Pendant cet aparté, José observait Christo et Luna m'observait.

— Vous deviez prendre l'enfant lorsque son père le conduirait aux toilettes. Et vous saviez bien qu'il vous apercevrait dans la glace.

Maintenant, José avait un œil sur moi et Luna fixait Christo.

J'insistai :

— Vous saviez que l'homme vous apercevrait dans la glace et se rappellerait de vous en se réveillant lorsque le chloroforme ne ferait plus d'effet. En plus, vous lui aviez raconté que votre cousin vivait près du « Rest Stop ».

Christo pointa son revolver sur moi. Les deux autres ne perdaient aucun de ses gestes.

— Ça va, mec, il serait temps de la fermer !

Je jouai ma dernière carte.

— Et vous êtes forcé de me tuer ainsi que l'enfant puisque nous nous souviendrons également de vous.

J'ignorais où le couple dirigeait ses regards. Christo bondit de son siège, piqua du nez en avant, rétablit son équilibre et m'administra un coup avec la crosse de sa pétoire. Je pensai que celle-ci avait dû résister au choc, mais j'en étais moins sûr en ce qui concernait ma mâchoire.

Ils m'avaient transféré dans la pièce voisine. Du bout de la langue, je vérifiai les dégâts à l'intérieur de ma bouche — une molaire branlait — et la promenai sous le bâillon. Allongé de côté sur le sol froid, j'étais à un mètre à peine du petit garçon qui dormait paisiblement. Il occupait un lit en fer et Luna l'avait enveloppé d'une couverture.

Je basculai, et me tordis jusqu'à ce que je parvienne à m'asseoir, chaque mouvement me causant des fourmillements aux chevilles et aux pieds. Je me traînai sur le postérieur près de la fenêtre basse, assez large, et qui devait donner dans l'allée — je voyais le toit de la Chevy.

Sans doute retarderaient-ils autant que possible le moment de me tuer, limitant ainsi l'odeur et la rigidité de mon cadavre qu'ils allaient être obligés de transporter ailleurs. Du regard, je fis le tour de la chambre à la recherche de quelque chose pour trancher mes cordes.

Luna entra. Un doigt sur les lèvres, elle referma silencieusement la porte. Elle alla d'abord se pencher sur l'enfant, puis s'agenouilla près de moi, afin d'être à ma hauteur, et me murmura à l'oreille :

— Je vais couper vos cordes et vous pourrez sauver le petit, mais promettez-moi de ne pas blesser mon mari.

J'acquiesçai d'un signe de tête.

Elle sortit un couteau de sa poche. J'eus les mains libres en dix secondes ; les pieds en moins de temps encore. J'enlevai mon bâillon, mais j'eus du mal à me tenir debout. Je tremblais sur mes jambes. Le sang se remit peu à peu à circuler.

Luna prit l'enfant dans ses bras. Il se frotta les yeux, bougea légèrement, mais demeura tranquille contre Luna.

La fenêtre résista. Pourtant, il n'y avait pas de verrou. Après une nouvelle tentative, je réussis à hisser le treillis métallique à mi-hauteur. Le grincement réveilla tout à fait l'enfant qui se mit à crier. Luna essaya de le calmer.

J'entendis du bruit dehors. Le battant se souleva enfin en vibrant. L'enfant commença à hurler.

— Vite ! dit Luna. Sautez et je vous le passerai.

Je m'exécutai, mais étant donné l'obscurité, je me tordis la cheville en touchant le sol. Je parvins à me redresser et levai la tête vers Luna. Sa silhouette se découpait dans l'encadrement, éclairée par-derrière.

— Attrapez-le !

Luna lâcha l'enfant qui gémissait et je le saisis comme si c'eût été un ballon de football. Le cri furieux de Christo retentit dans la pièce et l'aboiement de son revolver. La balle atteignit Luna dans le dos ; une tache sanglante se forma sur son chemisier blanc, sous la petite croix, à l'endroit où elle était ressortie. Sa bouche s'arrondit. Elle s'affaissa sur le rebord de la fenêtre, les bras ballants.

Quelqu'un jura en espagnol, lança une exclamation angoissée, mais je m'éloignai de la maison aussi vite que je le pus.

J'avais fait trois pas en sautillant lorsqu'un ordre résonna :

— La voie est libre ! Allez-y !

Je berçai le petit garçon dans mes bras. Les lumières des torches électriques s'entrecroisaient tout autour de nous. Devant, la nuit était remplie du bruit des M.16, derrière de celui des éclatements de vitres et de bois.

Assis sur un banc inconfortable dans le couloir de la police municipale, je remerciai un flic qui avait eu l'idée de m'apporter du café. Je le bus sans plaisir tant j'étais encore défoncé.

Le toubib avait bandé ma cheville et conseillé de la faire radiographier dès mon retour à Boston. Je venais à peine de reprendre mes esprits et m'apprêtais à lever le pied pour vérifier si j'avais toujours mal quand Elvin Tyson sortit du bureau de l'inspecteur.

Il s'arrêta, me regarda de haut en bas.

— Content de vous voir, John. On m'a dit que vous n'étiez pas trop amoché.

— Salut, Elvin. Content de vous voir, moi aussi. Vous avez alerté les flics, merci.

— Ouais. Pendant que je gelais dehors devant le « Rest Stop », je me suis reproché de ne pas vous avoir aidé en ignorant le numéro de cette vieille Chevy. Aussi, j'ai voulu me racheter.

— En faisant quoi ?

— En donnant le numéro de votre voiture à la police. Celui-là, je l'avais retenu.

Je fermai les yeux, la tête appuyée contre le mur.

— Ils ont fouillé les rues des villes aux sorties de l'autoroute et ont fini par trouver la Prélude. Ceci, grâce à vous.

— Pourtant, ça leur a pris du temps.

— Peut-être. N'empêche que je vous dois une fière chandelle. Encore merci.

— Mais je n'ai pas fait ça pour vous, fils.

J'ouvris les yeux et les levai sur lui.

— Pour l'enfant ?

— Bon sang, non. C'est que je n'avais pas terminé mon histoire.

— Votre histoire ?

— Ben, oui. Comme je vous l'expliquais, pendant le dixième round, Marvin et Willie, ils étaient à égalité. Alors, voilà qu'au onzième...

Rest Stop
Traduction de Dominique Sidot

BON SANG NE SAURAIT MENTIR

par James Holding

Je me réveillai avec une gueule de bois de derrière les fagots.

Rien que d'ouvrir les yeux, ça me faisait mal. Après plusieurs tentatives, je parvins cependant à les garder ouverts le temps de consulter ma montre-bracelet. Neuf heures et demie. Du matin ou du soir ? Le soleil qui filtrait à travers les persiennes de l'hôtel indiquait plutôt le matin.

Poussant deux ou trois gémissements, je me retournai dans mon lit avec autant de précautions qu'un spéléologue partageant la même grotte qu'un serpent. Je posai les pieds par terre, respirai un bon coup et réussis à me mettre debout. J'avais la tête qui tournait et l'estomac qui tanguait. Sans perdre un instant, je me précipitai vers la commode et m'envoyai vite fait deux bonnes rasades de *Johnny Walker Black*, histoire de rester en vie suffisamment longtemps pour pouvoir me raser et m'habiller.

J'avais rendez-vous avec un médecin.

Et ce n'était pas du luxe. Le mélange de couleurs que me renvoyait le miroir avait de quoi donner la nausée : cheveux d'un noir terne, yeux bleu clair injectés de sang, peau flasque et grumeleuse, teint livide comme une coquille d'huître décolorée, menton ombré d'une barbe d'un violet sale. Indubitablement, le visage d'un homme en mauvaise santé.

Je connaissais parfaitement la nature de ma maladie, bien entendu. L'excès de gnôle. Mais j'avais pris ce rendez-vous avec le Dr Jonathan Gaynor trois jours auparavant, par téléphone, à un moment où j'étais relativement sobre. Et j'avais vraiment envie de le rencontrer.

Je me rendis à la Clinique Longue Vie dans ma Dodge Dart de location. C'était un petit bâtiment à un étage niché en pleine campagne, au nord de Fort Lauderdale. Les murs étaient peints dans une couleur neutre, écrue, qui devait être assez bien assortie à mon teint, et l'allée était bordée d'une haie d'ixoras dont les fleurs rouges s'harmonisaient parfaitement avec mes yeux injectés. Pas de doute, j'étais venu au bon endroit.

Je me garai sur le parking et poussai les portes vitrées de la clinique.

— Je suis Mr Daybreak, annonçai-je à la réceptionniste. Je viens voir le Dr Gaynor.

Elle consulta son cahier de rendez-vous et opina du bonnet.

— Dix heures et quart, dit-elle.

Puis, comme tout le monde, elle me regarda d'un air amusé et ouvrit la bouche pour faire une remarque spirituelle sur mon nom, mais elle se ravisa. Pour ma part, je ne trouve pas que « Daybreak »[1] soit un nom si drôle que ça, mais je ne suis peut-être pas tout à fait objectif. En tout cas, ceux qui préfèrent l'éviter peuvent toujours

1. Point du jour.

m'appeler Elihu. C'est mon prénom — et, personnellement, je le trouve beaucoup plus marrant que « Daybreak ».

— Si vous voulez bien vous asseoir, monsieur Daybreak, dit la réceptionniste, Le Docteur vous recevra dans quelques minutes.

Elle prononça ces mots — « Le Docteur », majuscules — du ton de voix que prennent les Tibétains quand ils parlent du Dalaï-Lama. Je me pris à espérer que le médecin fût aussi doué qu'elle avait l'air de le croire.

A l'heure pile de mon rendez-vous, je fus introduit dans le cabinet du Dr Gaynor.

Il n'avait rien de très particulier sur le plan physique, à part ses yeux. Ils me plurent, ses yeux, d'après ce que je pouvais en voir derrière ses lunettes aux verres légèrement teintés. Ils avaient une expression chaleureuse, bienveillante, intéressée et extrêmement attentive à ma personne tandis qu'il pivotait sur son fauteuil pour m'accueillir. Mais en même temps, son regard semblait me traverser pour contempler sereinement, au-delà de moi, je ne sais quel rêve de santé idéale que le commun des mortels ne pouvait pas voir. Pour le reste, il avait un double menton et commençait à s'épaissir à la taille, bien qu'il ne parût pas avoir beaucoup plus de quarante ans. Ses mains étaient étrangement menues, comme si, à la suite d'une erreur d'assemblage, il s'était vu attribuer les mains d'un enfant de huit ans. Et il était si petit que, lorsqu'il était assis, ses pieds touchaient à peine son tapis persan rose et argenté.

Il se leva pour me serrer la main, puis se rassit prestement en m'invitant d'un geste à prendre le siège qui lui faisait face.

— Alors, Monsieur Daybreak, quel est votre

problème ? demanda-t-il aimablement, comme s'il ne l'avait pas deviné rien qu'en me voyant.

— Je ne tournerai pas autour du pot, docteur. Je suis un ivrogne. Et j'ai besoin d'aide.

Il me sourit, dévoilant des petites dents aiguisées qui devaient appartenir au même gamin de huit ans dont il avait hérité les mains.

— Vous êtes un buveur invétéré ? Un alcoolique ?

— Regardez-moi. (Je tendis la main droite. Elle tremblait comme une feuille.) Il est dix heures un quart du matin et j'ai déjà éclusé cinq godets.

Le Dr Gaynor hocha la tête.

— Les Alcooliques Anonymes ou une organisation de ce type pourraient, me semble-t-il, vous être plus utiles que moi, Monsieur Daybreak. Avez-vous essayé ?

— Plusieurs fois. Entre deux cuites.

— Sans résultat ?

— Aucun. En sortant des réunions, je m'arrêtais en chemin pour prendre un verre.

Le Dr Gaynor émit un clappement de langue désolé.

— Voilà pourquoi je suis venu vous voir, repris-je. J'ai entendu dire le plus grand bien de votre clinique...

— Nous pourrions vous désintoxiquer, c'est vrai, mais j'évite généralement les cas comme le vôtre. Une cure de désintoxication n'est qu'une mesure temporaire, vous en êtes bien conscient. Et il existe des méthodes beaucoup moins onéreuses que la mienne.

— Peu importe la dépense, dis-je. Quels sont les cas où vous acceptez de soigner des alcooliques ?

— Quand il apparaît que nous avons des chances de déterminer les causes profondes de la maladie.

Car l'alcoolisme *est* une maladie, monsieur Daybreak, ne vous y trompez pas.

— La seule fois où je me suis trompé en ce qui concerne l'alcoolisme, c'est quand j'ai attrapé la maladie. Et la seule cause profonde, à ma connaissance, c'est mon goût très prononcé pour la gnôle.

Le Dr Gaynor haussa les épaules avec indulgence.

— Il y a une quantité de facteurs causatifs, dit-il. Êtes-vous malheureux en ménage ?

— Je ne suis pas marié.

— Sexuellement frustré, alors ?

— Pas le moins du monde.

— Gros stress dans votre travail ? Besoin psychologique d'échapper aux astreintes de votre métier ?

Je secouai négativement la tête.

— Je ne travaille pas pour vivre, docteur. Je vis du jeu.

— Comment cela ?

— Je pratique toutes sortes de jeux de hasard et, si je peux me permettre de le dire, j'ai autant de talent que de chance dans cette branche. Courses de chevaux, poker, bridge, rami, roulette, sports professionnels... je couvre toute la gamme et j'en tire généralement un bénéfice substantiel. (Je lui fis un grand sourire.) Bref, pas de stress dans le cadre de mes activités.

— Dans ce cas, peut-être y a-t-il une cause physique, déclara le Dr Gaynor. Quelque chose qui s'est détraqué dans votre organisme et qu'il faut réparer. Quelque chose dont vous n'avez absolument pas conscience, qui provoque une légère dépression, une anxiété, et vous conduit à abuser de la boisson.

— Pourriez-vous me remettre d'aplomb, si

c'était ça l'explication de mes cuites à répétition ? Une cause physique ?

Le docteur hocha la tête avec bienveillance.

— Certainement, dit-il, dans la mesure où l'on pourrait isoler et soigner la cause. Mais avant d'aborder cette étape, il nous faudrait déjà vous désintoxiquer. Ce qui prendrait au minimum plusieurs jours, à en juger d'après votre... euh... votre état actuel.

— Au régime sec ? dis-je en frissonnant. Ma foi...

Je marquai une pause, réticent.

— ... Bon, d'accord.

Il me jaugea un moment d'un œil critique, comme s'il essayait d'arriver à une décision. Cette expression, je l'avais vue souvent sur le visage de joueurs tentés de risquer le tout pour le tout.

— Très bien, Monsieur Daybreak, dit enfin le Dr Gaynor, si vous disposez du temps et de l'argent nécessaires. Et si vous êtes capable de supporter l'abstinence suffisamment longtemps pour nous permettre de vous faire des analyses de sang dès que vous serez purgé de toute trace d'alcool.

— Je suis prêt à tenter le coup si vous l'êtes aussi. Je ne réclame pas une cure aux effets garantis, entendez-moi bien ; je demande simplement que vous fassiez tout votre possible pour m'aider.

Il acquiesça et, d'une pression de son pied droit sur le tapis persan, il se leva.

— Je voudrais que nous commencions la cure tout de suite, dit-il. Puis-je vous demander si vous habitez dans le coin ?

— Je viens du nord et je suis de passage pour l'hiver, répondis-je en toute sincérité. Je peux revenir d'ici une heure, le temps de quitter mon hôtel.

— Parfait. Miss Halborn, notre réceptionniste, aura la consigne de s'occuper de votre admission dès votre retour.

Ses yeux étaient de nouveau fixés sur ce point lointain, mais il tenta néanmoins une dernière petite plaisanterie :

— Vous sentez-vous capable de conduire, Monsieur Daybreak ? Je ne voudrais pas perdre un nouveau client au profit de la police pour conduite en état d'ivresse.

— Ne vous en faites pas, le rassurai-je. Avec l'entraînement que j'ai, je pourrais conduire sans problème une voiture de pompiers en étant bourré jusqu'aux yeux.

Et voilà comment, deux heures plus tard, je me retrouvai à nouveau dans un lit. Seulement cette fois, ce n'était pas à l'hôtel *L'Escale* mais à la Clinique Longue Vie du Dr Gaynor. Je me sentais toujours aussi mal fichu, et je n'avais pas de bonne petite bouteille de *Johnny Walker Black* sur ma commode pour me remonter un peu. Miss Halborn, la réceptionniste, avait détecté ladite bouteille dans ma valise lorsqu'elle m'avait conduit à ma chambre (à deux lits) pour suspendre mes vêtements dans la penderie. Elle se l'était aussitôt appropriée, à la manière gentiment réprobatrice d'une mère confisquant à son petit garçon le bébé lapin qu'il avait subrepticement glissé dans sa poche.

Après m'être installé dans mon lit et être arrivé à la conclusion que mon voisin de chambre, de l'autre côté du rideau de séparation, était soit endormi, soit dans le coma, soit trépassé, puisqu'il ne répondait pas à mes salutations polies, je regardai avec enthousiasme les revues de suspense que j'avais apportées avec moi pour tuer le temps.

Maintenant que j'étais là, je commençais à me demander si j'avais été bien inspiré de venir.

Je contemplais d'un air lugubre le plafond gaiement coloré quand, près de moi, un frou-frou amidonné et une légère bouffée de *Lys dans la vallée* m'apprit qu'un nouveau facteur venait d'intervenir dans mon cas. Ce nouveau facteur, c'était une somptueuse apparition dotée de longues jambes et vêtue d'un uniforme d'infirmière. Ça ne pouvait être qu'une apparition, car on ne rencontrait plus des filles comme ça — du moins, pas dans les cercles que je fréquentais. Son bonnet blanc était juché sur une crinière de cheveux auburn et elle avait un nez impertinemment retroussé, en sus de quoi même un alcoolique pouvait voir du premier coup d'œil que, sous son uniforme, elle était faite au moule. L'odeur de *Lys dans la vallée* émanait d'elle ; je devais apprendre par la suite qu'elle se mettait du parfum au mépris du règlement de la clinique. En tout cas, la seule vue de cette créature me fit subitement considérer ma cure à la Clinique Longue Vue sous un jour beaucoup plus favorable.

— Je suis Constance Perry, se présenta-t-elle. Le Dr Gaynor m'a chargée de vous tenir à l'œil pendant les prochains jours.

Pour la première fois depuis un bon bout de temps, j'éprouvai un certain embarras.

— Ne vous approchez pas de l'éponge humaine, Nurse, badinai-je. Je suis imbibé de gnôle et inapte au contact humain — surtout avec Aphrodite ou Vénus ou qui que vous soyez.

— Arrêtez votre char, Julot, dit Aphrodite, vous n'êtes pas rétamé à ce point. Vous pouvez m'appeler miss Perry.

— Quel soulagement !

— Soulagement ?

— Que vous ne soyez pas *Mrs* Perry. Vous ne pouvez savoir ce que ça représente pour moi.

— Il y a intérêt à ce que ça vous aide à supporter l'abstinence sans hurler si vous ne voulez pas que je vous passe une camisole de force, dit-elle avec fermeté en me fourrant un thermomètre dans la bouche. C'est du mercure qu'il y a là-dedans, alors n'essayez pas de le boire.

Elle avait de la repartie, mais ce n'était pas pour me déplaire. La bouche pleine, je bredouillai :

— Vous êtes sensationnelle, miss Perry.

Elle leva dédaigneusement son nez retroussé :

— Vous avez une haleine qui empeste, dit-elle, aussi vous prierai-je de bien vouloir fermer votre clapet.

Elle prit mon poignet entre ses doigts et compta les pulsations. Je trouvai cette expérience curieusement excitante. Son contact était froid et impersonnel. Ses ongles étaient coupés court, arrondis, sans vernis.

— Vous ne travaillez pas ici depuis très longtemps, n'est-ce pas ?

Ses grands yeux verts me lancèrent un regard acéré.

— Qu'est-ce qui vous fait dire ça ?

— Vous n'avez pas encore appris à être patiente avec les patients. Même avec un malheureux alcoolique hébété.

— Vous m'avez l'air bien guilleret pour un malheureux alcoolique hébété.

— C'est parce que vous me stimulez, miss Perry. Encore plus que le *Johnny Walker Black*. Et ce n'est pas un mince compliment, je vous prie de me croire.

Pour la première fois, elle sourit.

— J'ai parfois cet effet-là sur les ivrognes et les enfants, Monsieur Daybreak. Mais n'espérez pas pour autant me soutirer de quoi boire. Je suis la seule stimulation à laquelle vous aurez droit pendant quelques jours.

— Je m'en contenterai volontiers s'il le faut. Pourtant, si vous considérez la chose objectivement, rien ne vous empêche de m'apporter en douce deux ou trois bouteilles échantillons de scotch, pas vrai ? Elles sont toutes petites, faciles à dissimuler dans l'échancrure d'un corsage...

— Miséricorde, vous avez de ces expressions !

— Qu'est-ce que vous en dites, miss Perry ? Pour les petites bouteilles ?

— Apparemment, vous avez besoin de réponses concises. En voici donc une : Non.

— Négatif, comme je le craignais. Il ne vous arrive jamais de réfléchir positivement, miss Perry ?

— OK. Je refuse positivement de vous passer de la gnôle en cachette.

Elle notait des chiffres sur un diagramme accroché au pied de mon lit.

— Par contre, je vais vous donner quelque chose qui pourra vous aider.

— Quoi donc ?

— Ça.

Elle sortit de sa poche deux rouleaux de pastilles à la menthe qu'elle me tendit.

— Le Dr Gaynor vous conseille d'en prendre une dès que vous vous sentirez incapable de tenir une minute de plus sans boire.

Elle me montra une rangée de dents à la Deborah Kerr en un sourire qui était totalement dépourvu de compassion.

Je m'indignai :

— C'est pour des pastilles à la menthe que je paie la Clinique Longue Vie cent dollars par jour ?

— Cent cinquante, rectifia-t-elle. Chambre à

deux lits. Nos chambres particulières sont à deux cent dix dollars.

— Tant qu'à faire, maugréai-je, si je dois lutter contre le scotch avec des pastilles à la menthe, j'aime autant le faire debout que cloué dans ce lit. Suis-je autorisé à me lever ?

— Certainement. Pour aller aux toilettes. Ou vous promener dans le couloir. Ou vous asseoir dans votre fauteuil. Vous pouvez tout faire, sauf boire de l'alcool et déranger nos autres patients.

— Autrement dit, j'ai la permission de bavarder avec mon voisin de chambre, de l'autre côté de ce rideau ?

— Naturellement.

— Dans ce cas, vous feriez mieux de jeter un coup d'œil sur lui en sortant.

— Pourquoi ?

— Je me demande s'il n'est pas mort.

— Il dort, Monsieur Daybreak. On lui a donné un léger somnifère. Il a eu son injection juste avant votre arrivée.

— Qu'est-ce qu'il a ? C'est un ivrogne, lui aussi ?

— Posez-lui donc la question quand il se réveillera.

Là-dessus, elle pivota sur ses talons et me quitta. J'admirai sa façon de se mouvoir — comme une panthère onduleuse qui se sait de taille à flanquer une raclée à toutes les créatures qu'elle est susceptible de rencontrer près de la mare.

Au bout d'une heure, ma migraine et mon mal de cœur devinrent plus supportables. Je fermai les yeux et m'assoupis. Je fus réveillé par un fracas de plateaux métalliques dans le couloir.

Le déjeuner. Cette perspective suffit à m'arracher un gémissement.

De l'autre côté du rideau, une voix lança joyeusement :

— Ne perdez pas espoir, l'ami. La tambouille n'est pas si mauvaise que ça.

— Merci, répondis-je faiblement. Je suis heureux de vous l'entendre dire. Je vous croyais mort.

— Loin de là, mon vieux, loin de là.

Une tête apparut à la lisière du rideau. C'était une tête hirsute, avec pour principales caractéristiques un nez cassé, des oreilles en feuille de chou, des petits yeux porcins et un grand sourire aux dents jaunâtres — un sourire de guingois car l'homme avait la figure complètement tordue d'un côté.

— Je faisais juste un petit somme après ma piqûre. Comment vous appelez-vous ?

— Daybreak, répondis-je. Elihu Daybreak.

Son demi-sourire s'élargit.

— Votre vrai nom, j'entends.

— C'est le vrai. Et le vôtre ?

— Smith. Comme ça se prononce.

— Ah ! fis-je. (Pas étonnant qu'il soit jaloux de mon patronyme.) Qu'est-ce que vous faites là ? Vous m'avez l'air éclatant de santé.

Smith écarta le rideau avant de retourner s'asseoir dans le fauteuil qui était au pied de son lit.

— J'ai la maladie de Bell, une légère paralysie...

Il s'interrompit car l'infirmière, Constance Perry, entrait dans la chambre avec le plateau de son déjeuner. Il la dévora de ses petits yeux porcins.

Je la regardai, moi aussi. Rien que de la voir, je me sentis soudain capable de boire un verre de lait si elle m'en apportait un. Le garder dans mon estomac serait une autre affaire, mais ça ne m'engageait à rien d'essayer. Pour cent cinquante dollars par jour, je devais quand même bien avoir droit à un malheureux verre de lait, même si c'était du gâchis avec mon estomac porté sur le scotch.

Pendant que miss Perry posait le plateau devant Smith, je lui dis :

— Je prendrais volontiers un verre de lait, Nurse, si ça ne vous ennuie pas.

Elle me lança un bref coup d'œil.

— Ça alors ! Déjà dégoûté des pastilles à la menthe ?

Non sans un effort de volonté, je réprimai un haut-le-cœur et répliquai avec dignité :

— Je voudrais un verre de lait, Nurse, je vous prie.

— Très bien. Mais n'espérez pas trouver du cognac dedans.

Se tournant vers Smith, elle expliqua aimablement :

— Mr Daybreak est un ivrogne. Ne le laissez pas s'approcher de votre alcool à quatre-vingt-dix degrés.

— C'est donc ça, son problème ?

— Ce n'est pas pire que la maladie de Bell, nom d'une pipe ! protestai-je, sur la défensive.

L'infirmière leva une main apaisante :

— Pas de dispute sur les maladies, camarades. Je vais vous chercher votre lait, monsieur Daybreak. D'ici ce soir, vous aurez peut-être suffisamment d'appétit pour faire un repas complet.

Elle m'apporta le verre de lait, le posa sur ma table de chevet et ressortit, plus panthère que jamais. Je sifflotai une note grave en témoignage d'admiration.

— Beau châssis, hein ? dit Smith. Mais elle ne tiendra pas une semaine ici, je vous le garantis ! Ça fait seulement quatre jours qu'elle est là et le gars de la chambre sept a déjà essayé deux fois de prouver qu'il était guéri. Et il n'a eu que trois injections !

— Guéri ?

— Ouais. De l'impuissance. On le soigne pour ça, d'après ce qu'il m'a expliqué.

— Et qui vous a dit qu'il avait essayé de s'entraîner sur miss Perry ?

— C'est elle. Quand elle a cru que j'entretenais des idées du même genre.

— Et c'était vrai ?

Question stupide. Smith éclata d'un rire candide :

— Qui n'aurait pas des idées en la voyant ? C'est un morceau de roi.

— Et vous qui avez la maladie de Bell ! dis-je d'un ton réprobateur. Vous devriez avoir honte.

Après une pause, je m'enquis :

— C'est quoi, au juste, la maladie de Bell ?

— Paralysie faciale. C'est ça qui cloche dans ma figure.

Je le regardai en pensant : « Ce n'est pas la seule chose qui cloche dans ta figure, mon pote. » A voix haute, je dis :

— Et on vous traite à coups de piqûres ?

— Ouais. Doc Gaynor me remet d'aplomb. Il me fait une analyse de sang toutes les semaines et les résultats montrent une amélioration.

— Combien de piqûres avez-vous eues jusqu'ici ?

— Ça fait quatre semaines que je suis là. Deux injections par semaine. Huit piqûres.

— Ils suivent l'évolution de votre paralysie à partir des examens de sang ?

— Tout juste. D'après Doc Gaynor, les gars du laboratoire entrent les résultats de mes analyses dans un ordinateur, et l'appareil établit un bilan du traitement en cours.

— Combien d'injections vous faudra-t-il ?

— Une vingtaine, selon Doc. J'espère que ça suffira. Elles coûtent un paquet.

— Combien ? demandai-je avec curiosité.

— Mille dollars les dix.

J'émis un long sifflement.

— Sans compter le prix de la chambre et des analyses de sang, ajouta-t-il.

— C'est quoi, le truc qu'on vous injecte ? De l'or liquide ?

Smith haussa les épaules.

— Qu'est-ce que j'en sais ? Le médicament qu'on donne pour la maladie de Bell, quel que soit ce médicament.

Je bus une gorgée de lait en regardant Smith démolir son déjeuner.

— Je suis alcoolique, vous avez la maladie de Bell et le type de la chambre sept est impuissant... Drôle de mélange.

— Doc Gaynor accepte tous les clients dans sa clinique du moment qu'il pense pouvoir les aider, expliqua Smith. Le mec de la chambre en face, ses examens de sang montrent qu'il a une sclérose en plaques. Et il y a une fille, chambre six, qui souffre d'un genre d'asthme. A ce qu'il paraît, les injections de Gaynor font des miracles sur eux. Mais la spécialité de la clinique, c'est de remettre en selle les gars qui ne sont plus à la hauteur côté romance, voyez ce que je veux dire ? Le type du sept, par exemple. Cure de rajeunissement. C'est pour ça que Doc a baptisé son établissement La Clinique Longue Vie. Vous pigez ?

Il me fit un clin d'œil.

Je vidai mon verre de lait.

— Beurk ! fis-je. Dire qu'on force des bébés sans défense à ingurgiter cette cochonnerie !

Contre toute attente, je parvins à garder le lait.

Je repoussai les couvertures, enfilai ma robe de chambre, mes pantoufles, et me dirigeai vers la porte.

— Je vais faire une petite balade, dis-je à Smith. Je suis impatient d'échanger des potins avec le type du numéro sept.

Je m'aperçus que la Clinique Longue Vie était beaucoup plus petite qu'elle n'en avait l'air de l'extérieur. Pour autant que je puisse voir, il n'y avait que quinze chambres espacées le long du large couloir. Vingt-cinq patients maximum, donc, puisqu'il y avait cinq chambres particulières. Quelques portes étaient ouvertes, révélant des lits vides. Apparemment, la clinique de Doc Gaynor ne faisait pas le plein de clients. Ce qui n'avait rien de surprenant, compte tenu des prix qu'il pratiquait.

Dans le poste des infirmières, au bout du couloir, miss Perry remplissait des papiers administratifs. Les portes battantes, derrière elle, devaient donner sur la zone de service de la clinique : la cuisine, la salle à manger du personnel, peut-être les bureaux d'autres médecins — s'il y en avait. Elle leva la tête en m'entendant venir vers elle d'un pas traînant.

— Qu'est-ce que vous voulez ? demanda-t-elle.

Vous avez dit qu'on avait le droit d'aller aux toilettes.

— Pas dans le couloir, répondit-elle avec aigreur. Vous vous sentez mieux ?

— Un peu. Quand me fera-t-on mon analyse de sang ?

— Une analyse de sang ? Pour quoi faire ? Vous êtes un alcoolique, c'est clair.

— Le Dr Gaynor veut me faire un examen pour

déceler les causes profondes du mal, expliquai-je. Alors, quand ?

— Ça ne devrait pas être bien long. Si vous avez réussi à garder ce verre de lait, c'est que vous récupérez vite. Mais ce sera au Dr Gaynor d'en décider.

— Autre chose me tracasse, miss Perry... Il paraît que tous les patients, ici, ont droit à des injections. Quelle que soit leur maladie. Et on leur fait assez souvent des prises de sang afin de soumettre les échantillons à l'analyse d'un ordinateur.

Miss Perry posa son crayon.

— Vous avez quelque chose contre les analyses de sang ?

— Il en faut, c'est sûr. Mais toutes les semaines ?

— Et pourquoi pas ?

— Parce que c'est l'une des raisons qui m'ont poussé à boire. La seule vue d'une seringue me rend absolument malade de trouille !

— Dommage, Monsieur Daybreak, dit-elle d'un ton glacial. Vous êtes venu ici de votre plein gré, n'est-ce pas ?

— Bien sûr. Mais j'ignorais alors la spécialité de la maison.

J'observai une pause.

— Vous ne voudriez pas me faire une prise de sang tout de suite, par hasard ? dis-je en lui lançant un regard mauvais.

— On ne peut pas analyser un sang à forte teneur en alcool. Soyez patient.

— Je parie que vous dites la même chose à tous les autres. Surtout au gars de la chambre sept.

— Si vous ne retournez pas dans votre chambre, Monsieur Daybreak, je me verrai obligée d'appeler le docteur Gaynor.

Sa voix me fit penser à la glace pilée sur laquelle les poissonniers exposent les truites mortes.

Je regagnai ma chambre en traînant les pieds et me plongeai dans un livre intitulé *Gloire Noire*.

Trois jours assommants s'écoulèrent, interminables. Je recevais deux fois par jour la visite du Dr Gaynor, qui suivait l'évolution de ma cure de désintoxication. Je recevais trois fois par jour la visite de miss Perry, qui nous apportait, à mon compagnon et à moi-même, des plateaux d'une nourriture tout à fait potable. Je bouquinais. J'arpentais le couloir. Je faisais des pompes sur le plancher de ma chambre. J'essayais sans succès d'amadouer miss Perry.

Le troisième jour, Doc Gaynor fit son entrée juste avant midi, planta dans la hanche de mon voisin une seringue remplie d'un liquide verdâtre et lui fit avaler une pilule aussitôt après. La pilule était destinée à plonger Smith dans le genre de sommeil artificiel qu'il avait déjà pu apprécier le jour de mon admission à la clinique. Une fois le médecin parti, je demandai à Smith, avant qu'il ne soit trop dans les vapes pour me répondre :

— Doc Gaynor vous fait toujours ces injections lui-même ?

— Ouais. Il ne fait confiance à personne d'autre pour les piqûres.

— Je voudrais bien qu'il fasse une exception, quand ce sera mon tour, et qu'il laisse miss Perry s'en occuper.

Smith sourit jusqu'aux oreilles.

— Où est-ce que vous vous croyez ? dit-il d'une voix ensommeillée. Dans un salon de massages ?

Le quatrième jour, Doc Gaynor prit la grande décision de me faire ma première analyse de sang et il m'envoya Constance Perry pour la prise de sang. Pendant qu'elle s'affairait avec ses tubes et ses lamelles en verre, je lui demandai :

— Quand me dira-t-on ce que j'ai ? A part un problème d'alcool et un empoisonnement aux pastilles de menthe ?

— Quand le Dr Gaynor recevra les résultats de l'examen.

— C'est-à-dire ?

— Dans quatre ou cinq jours.

— Quoi ? Quatre ou cinq jours pour tester des échantillons de sang en laboratoire ?

— Le labo se trouve à Key West.

— Super ! Je suis donc à la merci des Postes, c'est ça ?

— C'est ça, dit-elle en remballant son matériel.

— Dans ce cas, je risque de mourir avant que les résultats ne parviennent au docteur.

— Tâchez de tenir, dit-elle avec la plus totale froideur.

Puis elle me quitta.

Quatre ou cinq jours ! Et pendant ce temps-là, je dépenserais cent cinquante billets par jour à la Clinique Longue Vie ? Je pensai au gaspillage. Et à l'ennui mortel qui me terrasserait d'ici là. Et au liquide verdâtre que Doc Gaynor avait injecté dans la hanche de Smith. Et à un martini bien glacé avec une rondelle de citron. Et je suivis miss Perry dans le couloir, franchissant derrière elle les portes battantes qui donnaient sur la zone de service, au-delà du poste des infirmières. Miss Perry tourna à droite dans une pièce qui devait être un bureau, vu qu'elle était remplie d'armoires à dossiers.

A travers le grand panneau vitré du couloir, je vis deux filles assises devant des machines à écrire. Je me rapprochai de la porte ouverte. Miss Perry tendit mes échantillons de sang à l'une des secrétaires.

— Daybreak, chambre quatre, annonça-t-elle. Alcoolique.

Avec un hochement de tête indifférent, la fille remplit une fiche et glissa mes échantillons dans une boîte garnie de ouate qui était prête à être postée : l'adresse était déjà inscrite et le timbre collé. J'entrai dans le bureau juste au moment où miss Perry se détournait pour en sortir. Elle me regarda d'un air stupéfait.

— Que faites-vous ici, Daybreak ? dit-elle d'un ton sec. Ce secteur est interdit aux patients.

— Excusez-moi, je l'ignorais.

Par-dessus son épaule, je jetai un coup d'œil sur la boîte contenant mes échantillons de sang, qui était toujours posée sur le bureau de la secrétaire. Elle était adressée à *Consultants, Inc.*, B.P. 810, Key West, Floride.

— J'espérais trouver le Dr Gaynor, dis-je.

— Son cabinet est à l'entrée, glapit Perry.

Je la suivis humblement hors du bureau et franchis sur ses talons les portes battantes du couloir.

— Qu'est-ce que vous lui voulez, au Dr Gaynor ?

— Ça, si vous n'y voyez pas d'objection, je le lui dirai personnellement, répondis-je avec dignité.

La réceptionniste annonça au Dr Gaynor que je désirais le voir. Il était libre et me reçut tout de suite.

— Alors, Monsieur Daybreak, comment se porte-t-on ?

— Très bien, docteur. Mais j'ai une question à vous poser.

Ses yeux s'étrécirent un peu.

— Oui ?

— Dois-je rester à la clinique jusqu'à ce que

vous ayez reçu les résultats de mon analyse de sang ? Il paraît que ça prendra quatre ou cinq jours. Est-ce que je pourrais avoir un congé de sortie dans l'intervalle ?

— Vous voulez nous quitter ? Pourquoi ?

— Pas pour me remettre à boire, docteur, lui assurai-je avec chaleur. Je suis maintenant sobre comme un chameau et, avec votre aide, j'ai l'intention de le rester. Mais je ne veux pas vous raconter d'histoires. C'est en partie à cause du tarif de la chambre et en partie à cause d'une manifestation extérieure qui requiert mon attention personnelle.

— C'est-à-dire ? interrogea le docteur en scrutant mon visage.

— C'est-à-dire un tournoi de poker à Miami, docteur. Qu'est-ce que vous en dites ?

Il haussa les épaules.

— Pourquoi pas ? Évidemment, si vous restiez ici, vous seriez davantage à l'abri d'une rechute, mais nous vous avons suffisamment « essoré » pour procéder aux analyses de sang nécessaires. Donc, c'est à vous de décider. Supposons que je vous appelle quand le bilan du laboratoire arrivera et que nous prenions rendez-vous à ce moment-là ? Selon le résultat des examens, nous déciderons du traitement à vous appliquer.

Il eut un sourire désarmant.

— En attendant, si vous voulez bien nous remettre un chèque pour les services déjà rendus...

— Certainement, dis-je. Et merci, docteur.

Je regagnai ma chambre, m'habillai et entassai mes quelques affaires dans la valise que j'avais apportée. Mon voisin, Smith, m'observait de son fauteuil. Je le saluai de la main en disant :

— On se reverra, hein ? Je suis temporairement en congé.

Il se borna à hocher la tête. Je crus voir une

lueur de pitié dans ses yeux. Il devait penser : « Malheureux ivrogne, même pas capable d'attendre les résultats de son analyse de sang. » En partant, je ne vis aucune trace de miss Constance Perry.

Je me rendis en taxi à l'hôtel *L'Escale* où j'avais laissé ma Dodge de location au parking. Je jetai ma valise sur la banquette arrière, m'installai au volant et pris la direction de Miami.

J'évitai le plus gros de la circulation en contournant la ville par la Route 27. A Homestead, je m'arrêtai pour prendre de l'essence et faire vérifier la pression des pneus, après quoi je pris la Route 1 jusqu'à l'Overseas Highway.

J'arrivai à Key West à cinq heures. Je m'arrêtai à *L'Auberge des Vacanciers*, dans le quartier est de la ville, où je demandai une chambre au premier étage avec vue sur la mer. Ce changement me parut bien agréable après ma chambre à deux lits de la Clinique Longue Vie. Je balançai ma valise sur le lit et sortis sur le balcon pour retaper mon moral défraîchi en contemplant la baie. Le balcon surplombait littéralement l'eau. Sur le balcon voisin du mien, une blonde houri en bikini pêchait à la ligne par-dessus la rambarde. J'oubliai aussitôt le spectacle de la baie. La blonde était beaucoup plus rafraîchissante.

Je me sentais étrangement détendu. Quand j'en eus assez d'observer la pêcheuse d'à côté, je rentrai faire un somme dans ma chambre en attendant le dîner. Puis je descendis dans la salle à manger et m'envoyai deux martinis bien glacés, très secs. Ils étaient incroyablement délicieux. J'en aurais bien pris un troisième, mais je m'abstins par égard pour le Dr Gaynor, miss Perry et la Clinique Longue Vie.

Après ça, je dînai somptueusement d'un steak

frites et d'une abondante salade servie avec une vinaigrette à part. Au dessert, je pris un ballon de *Hennessy* cinq étoiles en me disant, pour soulager ma conscience, que ma note de frais à *L'Auberge des Vacanciers* serait de la roupie de sansonnet à côté des cent cinquante dollars par jour de la Clinique Longue Vie.

Quand je regagnai ma chambre, après le dîner, il faisait complètement nuit. Les étoiles scintillaient au-dessus de la baie et la nouvelle lune se levait, mince et fragile comme une rognure d'ongle. Un parfum de jasmin embaumait l'air. Je me secouai : il était temps de me remettre au travail. Je pris l'annuaire du téléphone de Key West et cherchai *Consultants, Inc.*, d'abord dans la liste alphabétique, puis dans les pages jaunes.

Le laboratoire n'était mentionné nulle part. En désespoir de cause, je regardai à la télévision un documentaire sur les méfaits de l'extraction à ciel ouvert, puis je me couchai.

Tôt le lendemain matin, muni d'un plan de la ville, je localisai le bureau de poste de Caroline Street. Je garai ma voiture à proximité et, quand le bureau ouvrit ses portes, je fus le premier client à entrer. Un mur compact de boîtes postales attira immédiatement mon attention. Je m'en approchai en jouant des coudes, comme un type impatient de voir s'il y a du courrier qui l'attend, et je constatai que la B.P. 810 se trouvait au milieu de la quatrième rangée en partant du bas. Je m'avançai et regardai à travers la vitre de la boîte 810, laquelle contenait deux petits paquets adressés à *Consultants, Inc.* La veille, la Clinique Longue Vie avait expédié mes échantillons de sang dans une boîte exactement identique à celles-ci.

Je me redressai, plus ou moins tenté de me renseigner à l'un des guichets pour savoir qui était l'abonné de la boîte postale 810. Mais j'optai finalement pour la méthode ardue. Un laboratoire digne de ce nom envoyait certainement quelqu'un prendre son courrier tous les jours. Non ?

Je sortis sur le trottoir et regardai autour de moi. Juste en face, de l'autre côté de la rue, j'avisai un magasin d'antiquités. Je me dirigeai vers lui d'un pas dégagé et examinai brièvement la vitrine avant de tourner la tête vers le bureau de poste. Comme je l'espérais, les rangées de boîtes aux lettres étaient parfaitement visibles de l'endroit où je me tenais.

Au bout d'une heure, j'en avais plus que marre de reluquer la devanture de cette boutique d'antiquités. Marre aussi des fausses alertes : un tas de gens entraient dans le bureau de poste pour prendre leur courrier, mais personne ne s'approchait du numéro 810. Cependant, vers dix heures et demie, un type court sur pattes, d'allure étrangère, doté d'une broussailleuse barbe brune, se pointa en traînant les pieds. Tout en se dirigeant vers le bureau de poste, il cherchait une clef dans la poche de son jean élimé. Il poussa la porte, s'approcha des boîtes aux lettres, et son corps dissimula à ma vue le numéro 810. Cela me parut de bon augure.

Quand il ressortit, j'étais adossé contre le mur, près de l'entrée du bureau de poste, le nez plongé dans mon plan de la ville comme un touriste lambda. Il avait pris son courrier, qu'il tenait encore à la main : les deux petits paquets de la boîte postale 810.

Tandis que je repliais mon plan, il tourna au coin de la rue dans Elizabeth Street. Je lui emboîtai le pas. Arrivé à l'angle, je parcourus Elizabeth du regard et je le vis qui marchait tranquillement le long du trottoir, cent mètres en avant. Regagnait-il sa voiture ? Si c'était le cas, je ne pouvais rien y faire. Ma Dodge était garée à deux cents mètres de là, dans la direction opposée. Si je retournais la chercher, je perdrais mon homme de vue.

S'il avait une voiture, il ne paraissait nullement pressé de la récupérer. Je le suivis en restant une cinquantaine de mètres en arrière. Les piétons qui encombraient les trottoirs me camoufleraient éventuellement si jamais il se retournait. Je me fis néanmoins le plus discret possible.

A Truman Avenue, il tourna à gauche et poursuivit son chemin. Toujours pas de voiture. Je tournai à gauche moi aussi et restai attaché à ses pas, tout en gardant soigneusement mes distances. A Roosevelt, il prit le boulevard tout droit. Je fis de même, en commençant à me demander où il allait comme ça.

Il ne me laissa pas longtemps dans l'incertitude. Arrivé sur les quais de pêche en eau profonde qui longeaient l'extrémité de Roosevelt Boulevard, il bifurqua et disparut provisoirement à ma vue. J'accélérai l'allure et ne tardai pas à le repérer. Il grimpait à bord d'un bateau déglingué sur la coque duquel était peint le nom *La Mouette qui rit*.

C'était un rafiot que personne n'aurait eu l'idée de choisir pour aller pêcher en haute mer, pas même un pêcheur à moitié aveugle. Apparemment, il n'avait que ses amarres pour l'empêcher de couler à pic. Il occupait la dernière cale, tout au bout du quai. Les trois cales voisines étaient vides.

Bon, j'avoue que je ne m'y connais guère en laboratoires médicaux, mais j'étais absolument certain que ce bateau de pêche complètement pourri n'en était pas un. Surtout pas un labo censé posséder un ordinateur spécialement programmé pour analyser les résultats des examens de sang. Je m'attendais donc à entendre le type barbu démarrer le moteur de *La Mouette qui rit* pour aller livrer ses échantillons de sang au laboratoire de *Consultants, Inc.*, quel que fût l'endroit où celui-ci se trouvait.

Je déambulai négligemment le long du trottoir jusqu'à ce que j'arrive à la hauteur de *La Mouette qui rit*. Je restai planté là quelques minutes, à faire semblant d'examiner mon plan de la ville tout en observant du coin de l'œil la cabine de pilotage du rafiot. Mais j'avais le soleil dans les yeux et je ne pus rien voir ; l'intérieur était trop sombre.

Aucun bruit de moteur. Aucune trace du barbu. J'en fus soulagé, dans un certain sens, parce que j'aurais difficilement pu suivre le bateau s'il avait pris le large. D'un autre côté, je ne savais pas trop non plus quelle tactique adopter s'il restait à quai.

Finalement, je décidai d'y aller au culot. Repliant mon plan, j'enjambai le petit muret qui séparait le trottoir du quai et je mis le cap vers *La Mouette qui rit*. Je toquai à la coque en criant :

— Ohé, du bateau ! Y a quelqu'un ?

Je me penchai pour scruter l'intérieur de la cabine. A cette courte distance, je pouvais voir le barbu. Il était étendu sur l'une des deux couchettes miteuses du bateau, la tête appuyée sur un coussin mangé aux mites, une canette de bière à la main. Exténué, sans doute, par son épuisante promenade jusqu'au bureau de poste.

Il ne bougea pas en m'entendant appeler, mais il daigna quand même me répondre :

— Qu'est-ce que vous voulez ?

Je lui dis la vérité :

— Je cherche un laboratoire médical qui s'appelle *Consultants, Inc.*

Silence. Puis :

— Jamais entendu parler, m'sieur. Alors décampez, OK ?

Léger accent étranger. Cubain, peut-être. Il se redressa sur sa couchette.

— Crénom, reprit-il, est-ce que ce bateau ressemble à un laboratoire médical ?

— Non, mais on m'a dit que vous pourriez m'aider à le trouver.

— Qui vous a raconté ça ? maugréa-t-il en buvant une rasade de bière.

— Un employé du bureau de poste de Caroline Street, répondis-je. La seule adresse que j'aie pour *Consultants, Inc.*, c'est un numéro de boîte postale à Key West, et on m'a dit que ce numéro vous était attribué.

— C'est quoi, ce numéro ?

— Huit cent dix.

Il émit un petit rire.

— Vous feriez mieux de monter à bord, m'sieur, qu'on éclaircisse cette histoire. On vous a bourré le mou, ça ne fait pas un pli.

Il ne fit aucun effort pour se lever de sa couchette.

Je montai sur le pont de *La Mouette qui rit* et contournai des transats défoncés pour atteindre le petit escalier menant à la cabine. Je m'arrêtai en haut des trois marches, sous l'auvent. C'était agréable d'être à l'abri du soleil brûlant.

— Est-ce que l'autre abruti, au bureau de poste, vous a donné également mon nom ? s'enquit mon hôte.

— Non. Il m'a simplement dit que vous aviez un bateau de pêche, *La Mouette qui rit*, amarré sur les quais.

Jusqu'où peut-on pousser la stupidité ? me demandai-je trop tard. Il ne goberait jamais un pareil conte de fées. Moi-même, je n'y aurais pas cru.

Il ne le crut pas. Je vis ses dents apparaître entre les poils de sa barbe hirsute, preuve qu'il souriait. Sans un mot, il termina sa bière et jeta la canette dans un coin de la cabine crasseuse. Puis il entreprit de sortir de sa couchette.

Au même instant, je sentis une brusque secousse sous mes pieds et j'entendis un frottement de semelles en caoutchouc : quelqu'un montait sur le pont derrière moi.

Je me retournai, mais pas assez vite. J'ignore avec quoi l'homme me frappa, mais ça eut pour effet de m'envoyer au bas des marches de *La Mouette qui rit*, dans un puits de ténèbres.

Quand je repris conscience, j'étais couché sur le côté, en position fœtale, sur la banquette précédemment occupée par mon ami barbu. Seulement moi, je n'avais pas de canette de bière à la main. Et j'en étais fort marri, car j'avais la bouche aussi sèche que du kapok. De toute façon, ça ne m'aurait avancé à rien d'avoir une bière, car j'avais la bouche recouverte de sparadrap. Non seulement ça, mais il semblait bien que je n'avais même pas de mains pour tenir une canette de bière. Je méditai solennellement ce fait bizarre jusqu'au moment où, enfin, entre deux martèlements de la migraine qui faisait rage dans mon crâne, je me rendis compte plus ou moins confusément que j'avais les mains attachées derrière le dos.

Je me mis instinctivement à gigoter sur la couchette, mais je me figeai aussitôt en entendant une voix qui provenait du pont, juste derrière ma tête endolorie. Vu l'accent, c'était la voix du barbu. Il disait :

— On ne peut pas courir le risque, Jerry. On ne peut pas.

Une autre voix, grave et sonore. Celle-là avait un accent aisément identifiable : « petit blanc » de Floride.

— J'essaie de trouver la meilleure façon de s'en sortir, Pete, tout comme toi. Et à mon avis, le plus simple est de l'emmener au large, de lester son corps et de le balancer par-dessus bord.

Ils parlaient de moi. Me balancer par-dessus bord ? Cette idée me scandalisa. Non : pour être honnête, elle me flanqua une trouille bleue. Je tendis désespérément l'oreille pour saisir la réponse de Pete :

— C'est trop dangereux. Ce type en sait trop sur nous pour qu'on prenne des risques avec lui.

— Il sait quoi, au juste ? Il sait que *Consultants, Inc.*, c'est nous. Et que *La Mouette qui rit* est un laboratoire fichtrement cocasse. — Jerry gloussa. — Et pour découvrir ça, il t'a suivi du bureau de poste jusqu'ici. Au début, Pete, je n'ai pas voulu croire qu'il te filait. Il n'arrêtait pas de regarder son plan.

— Notre système de sécurité a marché au poil aujourd'hui, dit Pete avec satisfaction.

Mon effroyable mal de tête était là pour en témoigner.

— Ouais, dit Jerry. Quand tu l'as fait monter à bord, j'ai compris qu'il nous apportait des ennuis. Et maintenant, je pense qu'on devrait l'achever.

— Le balancer dans la baie ?

— Tout juste.

— Pas question, dit Pete.

Je laissai échapper un soupir de soulagement étouffé. Apparemment, c'était Pete le boss. Il enchaîna :

— Imagine que quelqu'un d'autre sache ce qu'il

sait ? Imagine qu'il ait, lui aussi, un système de sécurité personnel, un comparse qui se demande en cet instant même ce qu'il doit faire à *notre* sujet ?

— Eh bien...

— Si on agit trop précipitamment, Jerry, on risque de ficher en l'air notre jolie petite combine. Ce n'est pas ce qu'on cherche, hein ?

— Non, évidemment, concéda Jerry. On ne trouverait jamais un autre pigeon comme Doc, c'est sûr. — Bref silence. — Dis donc, tu ne penses pas que c'est *Doc* qui a envoyé ce mec ici ?

— Doc ? Pourquoi aurait-il fait une chose aussi stupide ?

— Peut-être bien pour économiser deux cents dollars par semaine.

— Une misère ! L'argent qu'il nous verse, Doc ne le sent même pas passer. Et n'oublie pas que c'est lui qui a imaginé tout ce beau plan.

— Il serait tout de même content d'être débarrassé de nous, Pete, tu le sais bien.

— Et il prendrait le risque qu'on le dénonce ? Des clous ! C'est un vrai docteur, Jerry, ne perds pas ça de vue : il veut *soigner* les gens, pas leur faire du mal. Pas même à nous. Pourquoi est-ce qu'il continuerait à nous payer, sinon ?

— Avec tout ça, qu'est-ce qu'on fait de ce type, là ?

— On appelle Doc, qu'il décide lui-même. C'est la meilleure solution.

Long silence. Ma tête cognait comme le bec d'un pivert contre le tronc d'un cyprès. Jerry s'entêta :

— Pourquoi embêter Doc ? Je persiste à dire qu'on devrait régler ça nous-mêmes.

Une fois encore, Pete me sauva — provisoirement — de son sanguinaire collègue.

— Et si c'est un flic ? contra-t-il. C'est bizarre

qu'il n'ait sur lui ni cartes de crédit ni pièces d'identité. Pas même un permis de conduire.

Je me félicitai d'avoir laissé tous mes papiers dans le compartiment à gants de la Dodge.

— Admettons que ce soit un flic. Qu'est-ce que ça change ? Les flics ont autant de mal que les autres à respirer sous l'eau, ricana Jerry.

— Arrête un peu, tu veux ? dit Pete d'un ton sec. Tu as déjà failli tuer ce type avec le gnon que tu lui as flanqué.

— Juste une petite tape, répliqua Jerry d'un ton enjoué. Pas de dégâts.

— Va voir s'il est réveillé. Moi, je vais appeler Doc. Il saura quoi faire.

La Mouette qui rit donna de la bande lorsque Pete sauta sur le quai. Jerry passa la tête sous l'auvent pour regarder où j'en étais. A travers mes paupières presque closes, je vis un visage carré, brutal, avec des lèvres lippues et d'épais sourcils décolorés par le soleil. Je clignotai des yeux et poussai un gémissement à travers le sparadrap qui me bâillonnait. Je n'eus pas besoin de me forcer pour donner à mon gémissement une note réaliste.

Jerry descendit dans la cabine et enfonça au creux de mon estomac un index aussi gros qu'un havane.

— Réveillé ? s'enquit-il aimablement.

Il m'appuya de nouveau sur le ventre, plus fort. Je luttai pour ne pas vomir. Bâillonné comme je l'étais, je risquerais de mourir étouffé et il le savait aussi bien que moi. Je lui lançai frénétiquement des regards implorants pour qu'il cesse son petit jeu. Il éclata de rire et continua d'appuyer avec son doigt. Un peu plus fort à chaque fois.

Puis le bateau tangua et Pete remonta à bord. Il avait dû appeler de la cabine téléphonique qui se trouvait sur les docks, car il ne s'était pas absenté plus de cinq minutes.

Jerry haussa les épaules, me fit un clin d'œil et se tourna vers Pete qui descendait les marches.

— Alors ? s'enquit-il. Qu'est-ce que Doc a dit ?

En voyant la couleur de mon visage et la sueur froide qui perlait sur ma peau, Pete sentit que son badin partenaire s'était amusé à mes dépens. Il lui lança un regard furieux.

— Qu'est-ce que Doc a dit ? répéta Jerry, faisant comme si de rien n'était.

D'un coup de coude, Pete l'écarta de ma couchette et saisit fermement mon poignet gauche avant de répondre :

— Ça.

Je sentis une vive piqûre dans le bras et gigotai désespérément. Jerry voulut dire quelque chose, mais Pete l'interrompit d'un « Ferme-la ! » impérieux. Il retira l'aiguille de mon bras et ils quittèrent ensemble la cabine. J'entendis grincer les vieux transats tandis que les deux compères reprenaient leurs places sur le pont. Au bout de quelques minutes, je sentis une odeur de fumée de cigarette, mais ils avaient cessé de parler — du moins, aucun son ne me parvint. Bientôt, ma vue commença à se brouiller et tout devint flou dans la cabine. J'avais la tête qui tournait. Et puis je sombrai dans le néant.

Mon second réveil fut beaucoup plus satisfaisant que le premier. Ma migraine était moins violente. Ma bouche était libérée de son bâillon adhésif. Mes mains n'étaient plus attachées dans mon dos. Ma tête était appuyée sur un moelleux oreiller de percale blanche. Et j'étais couché de tout mon long sur un lit confortable.

Je tournai la tête. Et là, sagement assis dans un

fauteuil près de mon lit, je vis le Dr Jonathan Gaynor qui m'observait, un fin sourire sur les lèvres.

J'étais de retour à la Clinique Longue Vie. En chambre particulière, cette fois. Pas de voisin affligé de la maladie de Bell. J'étais seul dans la pièce avec le petit Doc Gaynor. Ce brave docteur qui avait un curieux penchant pour les analyses de sang.

Voyant que j'étais conscient, il dit sans préambule :

— Qu'avez-vous fabriqué, Monsieur Daybreak ?

Je lui retournai illico la question :

— Qu'avez-*vous* fabriqué, docteur Gaynor ?

— Je pensais vous traiter pour alcoolisme. Apparemment, je n'ai pas réussi. On vous a retrouvé errant dans les rues de Key West, ivre-mort, et vous avez demandé à être reconduit ici. Vous voilà donc de retour parmi nous. A mon humble avis, vous pouvez remercier — voire dédommager — les deux gentlemen qui ont bien voulu vous ramener.

— Je n'oublierai pas leur amabilité, dis-je en me tâtant délicatement le crâne. Ça, je vous le promets.

— Pourquoi avez-vous quitté la clinique, Monsieur Daybreak ?

— Vous connaissez la réponse, docteur. Je vous ai dit que j'étais joueur professionnel, vous vous rappelez ? C'est très simple : je voulais voir clair dans votre jeu.

Curieusement, Doc Gaynor parut soulagé :

— Ah ! *Mon* jeu... Mais je croyais que vous comptiez participer à un tournoi de poker à Miami.

— Eh bien, à la place, j'ai décidé d'aller à Key West.

— Pourquoi Key West ?

— Allons, Doc, soupirai-je, je ne suis pas un

imbécile. Quand mon voisin de chambre, dans cette clinique de dingues, m'a dit qu'il avait la maladie de Bell et que vous suiviez l'évolution de son état grâce à des analyses de sang hebdomadaires, j'ai commencé à flairer du louche. C'était gros comme une maison. On ne peut pas traiter la maladie de Bell à partir d'une analyse de sang !

Il me décocha un regard sévère et désapprobateur, comme un professeur dont le meilleur élève vient de lui donner une mauvaise réponse.

— Êtes-vous médecin, Monsieur Daybreak ?

— Évidemment non.

— Dans ce cas...

— Je m'y connais suffisamment pour savoir que vos fameux examens de sang ne sont pas catholiques dès lors qu'on les utilise pour faire un bilan de la sclérose en plaques *et* de l'impuissance sexuelle. Sans oublier l'asthme.

Le Dr Gaynor s'enquit avec curiosité, comme s'il ignorait vraiment la réponse :

— Qu'est-ce qui vous a conduit à Key West ?

— *Consultants, Inc.* J'ai vu la secrétaire leur adresser mes échantillons de sang à Key West.

Je ne pus m'empêcher de rire, bien que ça me fît mal à la tête.

— Sacré laboratoire que vous avez là-bas, Doc ! Quand j'ai vu *La Mouette qui rit*, j'ai compris que vous maniganciez quelque chose.

Je le regardai droit dans les yeux et marquai une pause éloquente :

— Je veux être dans le coup, Doc. Quelle que soit la combine.

— Si vous appréciez le chantage, dit Gaynor d'une voix lente, je suppose que vous pouvez être dans le coup.

Je feignis la surprise.

— Le chantage ? C'est donc ça, *Consultants, Inc.* ?

— Que voulez-vous que ce soit d'autre ?

L'espace d'un instant, il prit un air farouche. Puis, cessant de jouer la comédie, il gronda :

— Ces deux sangsues, à Key West, sont bien incapables de faire une numération globulaire. Ils ne seraient même pas fichus de compter jusqu'à dix !

Son amertume semblait sincère.

— Où sont-elles, maintenant, ces sangsues ?

— Dehors, dans le couloir.

— Pour attendre de voir si je vais survivre ? Ou pour s'assurer que je ne cause pas d'ennuis ?

Il ignora cette remarque. J'enchaînai :

— Les analyses de sang par correspondance sont une totale supercherie ?

Il me scruta à travers ses lunettes de soleil.

— Naturellement. Ainsi que vous l'avez judicieusement fait remarquer, on ne peut guère se prononcer sur la maladie de Bell à partir d'analyses de sang.

Avec un brin de malice, il ajouta :

— En revanche, Monsieur Daybreak, *votre* maladie — l'alcoolisme — peut fréquemment être décelée grâce à un examen de sang. Le test SMAC 23 indique avec précision le mauvais état du foie.

— Dites-moi... les *résultats* des analyses que Pete et Jerry sont censés effectuer pour vous sont-ils également forgés de toutes pièces ?

— Bien entendu. Il faut bien que j'aie des comptes rendus dans les dossiers de mes patients pour justifier les traitements que je leur prescris.

Je le regardai avec un grand sourire. C'était vraiment une bonne combine.

— Donc, vous fabriquez personnellement ces comptes rendus ? Sur les formulaires officiels de *Consultants, Inc.* ?

Il acquiesça et me dédia son petit sourire.

— Même chose pour les factures que nous recevons chaque mois de *Consultants, Inc.*

— Les factures ? Vous recevez réellement des « factures de chantage » mensuelles ?

— Envoyer des échantillons de sang à Pete et à Jerry n'est rien d'autre qu'un moyen pratique de camoufler à mon personnel et aux experts-comptables les sommes d'argent que je verse à mes maîtres chanteurs. A la fin de chaque mois, *Consultants, Inc.* facture cinquante dollars à la Clinique Longue Vie pour chaque analyse de sang qu'ils sont censés avoir effectuée. Et je répercute cette dépense directement sur mes patients.

— Jolie petite opération, dis-je. En fait, vos patients raquent à votre place. Aucun d'eux n'a jamais eu de soupçons ?

— On voit que vous ne souffrez pas d'une maladie incurable ou très douloureuse. Si vous étiez dans ce cas, vous seriez tout aussi confiant et reconnaissant que mes autres patients. Vous seriez prêt à croire n'importe quel papier du moment qu'il indique une amélioration de votre état. Rendez-vous bien compte, Monsieur Daybreak, que pour un malade moyen, une analyse de sang — surtout quand elle est censée provenir d'un ordinateur — est aussi mystérieuse et incompréhensible que le système de guidage d'un engin balistique.

Je pris une profonde inspiration avant de lui poser la question rouge :

— Comment Jerry et Pete ont-ils barre sur vous, Doc ?

— Vous n'avez pas besoin de le savoir.

Étrangement, il arborait une expression d'innocence outragée, non de culpabilité.

— Je suis d'accord pour vous inclure dans le

personnel de *Consultants, Inc*... (Encore son petit sourire) ... à condition que vous ne parliez à personne des faux examens de sang. Il me faudra augmenter le nombre de ces examens, naturellement, afin de pouvoir vous verser autant d'argent qu'aux deux autres. Quoi qu'il en soit, cela arrondira substantiellement vos gains de joueur professionnel.

Avec un soupir, il rejeta en arrière une mèche de cheveux qui était tombée sur son front. Puis il ajouta, d'un ton mi-figue mi-raisin :

— Désormais, je vivrai constamment dans la crainte que vous révéliez notre petit secret lors d'une de vos cuites. Au moins, je n'avais pas ce souci-là avec Pete et Jerry.

Je restai silencieux une minute. En définitive, je n'avais pas totalement perdu mon temps en allant à Key West. Mon expédition m'avait fourni un moyen de pression sur Gaynor pour lui soutirer ce que je voulais vraiment savoir.

— Écoutez, Doc, je ne veux pas participer à l'opération des analyses de sang. Je préférerais être associé à deux serpents à sonnettes plutôt qu'à Jerry et Pete. Vous voyez ce que je veux dire ?

Il attendit la suite. Comme je ne disais rien, il demanda :

— Mais alors, qu'est-ce que vous voulez ?

— En échange de mon silence, j'exige de vous quelque chose de tout à fait différent. Pas d'argent.

Il fronça les sourcils d'un air sceptique.

— Pas d'argent ?

— Non.

— Alors, quoi ?

— Des renseignements.

Il se passa la langue sur les lèvres.

— Quel genre de renseignements ?

— Médicaux. Sur les injections que vous administrez à vos patients pour soulager leurs maux, par exemple.

Je l'observai attentivement. Pas un muscle de son visage ne bougea.

— Et la nature du produit que Pete m'a injecté à Key West.

Le Dr Gaynor sourit et esquissa un geste vague.

— Ce n'était qu'un inoffensif somnifère que je lui avais fourni pour les cas d'urgence.

Il se tut, apparemment plongé dans ses pensées. Puis, me lançant un regard perplexe, il demanda :

— Pourquoi vous intéressez-vous à mes injections, Monsieur Daybreak ?

— Parce que je suis prêt à parier que vous me paierez davantage pour tenir ma langue sur ces fameuses piqûres plutôt que sur les analyses de sang.

Pour le coup, son visage changea d'expression : il parut s'affaisser sur son ossature. D'une voix qui n'était qu'un murmure, il dit :

— Vous parlez par énigmes, Monsieur Daybreak.

— Nullement. Écoutez, comment se fait-il que vous administriez le même traitement — une série d'injections — à tous vos patients, quelle que soit leur maladie ? Aussi bien pour Smith et sa paralysie faciale que pour le type atteint de sclérose en plaques ou la fille asthmatique ? Il paraît que vos piqûres coûtent un paquet, en plus. Alors ? J'en déduis tout naturellement que vous injectez à vos patients un quelconque remède de charlatan, voire de l'eau sucrée, à cent dollars l'unité. Une vaste escroquerie, Doc. Très lucrative pour qui est prêt à s'enrichir sur le dos de gens malades.

Là, j'avais touché un nerf. Doc Gaynor bondit de son fauteuil et se redressa de tout son mètre cinquante-cinq. Avec une étrange dignité, il déclara :

— Cela n'est pas vrai, Monsieur Daybreak. — Il haussa le ton : — Il n'y a pas une once de vérité là-dedans !

Comme si sa voix avait déclenché un signal, la porte de la chambre s'ouvrit brusquement et Pete entra, suivi de Jerry.

— Il vous pose des problèmes, Doc ? demanda Pete en me jetant un regard oblique.

— Non, non, dit le Dr Gaynor, visiblement content que les deux sangsues nous aient rejoints. Laissez-moi m'occuper de ça, les enfants. Mr Daybreak va être bien raisonnable...

Jerry intervint :

— Il a intérêt à être raisonnable, sinon c'est *moi* qui m'en occupe.

— Mr Daybreak n'a nullement l'intention de révéler notre petit arrangement, Jerry, le rassura Gaynor. Je peux vous garantir...

Un coup discret à la porte l'interrompit. Toutes les personnes présentes — y compris moi — se figèrent comme les personnages d'un tableau vivant. Après une brève pause, la porte s'ouvrit et miss Perry, précédée d'une délectable odeur de *Lys dans la vallée*, fit une gracieuse entrée.

— Que désirez-vous, miss Perry ? s'enquit sèchement le Dr Gaynor. J'avais demandé qu'on ne me dérange sous aucun prétexte.

— Je sais, docteur, mais il y a dans votre bureau deux messieurs qui insistent pour vous voir tout de suite.

— Qui sont-ils ?

— Ils n'ont pas voulu donner leur nom à miss Halborn.

— Dans ce cas, ils attendront, déclara Doc avec brusquerie. Dites-leur que je ne serai pas long.

Miss Perry toisa avec dédain Pete et Jerry, puis ma pomme, comme si elle avait toujours su que si des amis à moi venaient me rendre visite à la clinique, ça ne pourrait être que des spécimens minables.

— A votre place, docteur, dit-elle d'une voix égale, je les recevrais maintenant. Je crois qu'ils sont envoyés par le ministère de la Santé.

— Quoi ? Ils vous l'ont dit ?

— Non, mais j'en suis sûre.

— Pourquoi donc ?

— Je sais qui sont ces hommes, dit-elle. L'un est un médecin légiste de l'État, un certain Hugh Collins ; l'autre est Jamie O'Brien, du Service des Maladies Chroniques et de la Santé des Adultes.

Silence de mort.

Au bout d'un long moment, Doc Gaynor fixa sur l'infirmière un regard plein de désarroi.

— Vous connaissez leurs noms. Puis-je savoir comment ?

— Ce sont des collègues à moi, docteur, répondit calmement Constance Perry. Je leur ai demandé de venir aujourd'hui parce que notre enquête sur la Clinique Longue Vie est terminée.

Elle paraissait désolée pour le Dr Gaynor.

— Je suis *vraiment* navrée, docteur, s'excusa-t-elle, mais je travaille pour le même service qu'eux. (Elle rougit un peu.) Je suis une sorte d'espionne, pourrait-on dire.

Gaynor la regarda d'un air ahuri, comme si l'infirmière était une Méduse qui l'avait transformé en pierre. Enfin, reprenant ses esprits, il dit à Pete :

— Restez ici et surveillez-la pendant que je vais voir si elle dit la vérité.

Il trotta vers la porte, la poussa et sortit. Le battant se referma derrière lui en chuchotant.

— Salope ! s'exclama Jerry, une lueur sauvage dans les yeux.

Pris de fureur, il leva un de ses bras musclés et l'abattit rageusement. Sa main ouverte entra violemment en contact avec la tempe de miss Perry.

Celle-ci recula en titubant et s'effondra dans un coin de la pièce, à gauche de mon lit.

— Pauvre crétin ! rugit Pete d'une voix mauvaise. Bas les pattes ! Tu vas nous mettre dans un drôle de pétrin !

— C'est une moucharde, Pete ! dit Jerry. Elle l'a avoué elle-même ! Elle va nous balancer !

— La ferme ! ordonna Pete. Va voir si tu ne lui as pas fracturé le crâne, abruti.

Jerry s'approcha de l'infirmière et se baissa pour l'examiner.

Accroupi à côté de mon lit, le dos tourné, il était à ma portée et formait une cible trop tentante pour que je n'en profite pas. Un lourd pichet en verre rempli d'eau et de glaçons était posé sur la table de chevet, à ma droite. Je le pris par l'anse et le brandis à bout de bras au-dessus de ma tête, puis en travers du lit, comme un joueur de basket exécutant un lancer franc. Le pichet heurta le crâne de Jerry avec un craquement satisfaisant. Glaçons, eau et débris de verre volèrent dans toutes les directions. D'un bond, je sortis du lit — encore plus vite que Don Juan pris en flagrant délit — et essayai d'atteindre la porte avant Pete. Bien qu'il n'y eût que deux pas à faire, j'y parvins d'extrême justesse. Comme il fonçait sur moi pour s'échapper, je lui collai en pleine barbe le fragment d'anse dentelé qui restait de la cruche. Il recula, ses yeux faisaient désespérément l'aller-retour entre moi et la forme inerte de Jerry. Des gouttes de sang dégoulinèrent de sa barbe sur le sol immaculé.

C'est alors que miss Perry se releva, agrippant la barre de mon lit pour garder son aplomb.

— Que ceci vous serve de leçon, miss Perry, lui dis-je. Ne laissez jamais un pichet d'eau à portée d'un alcoolique.

Pour me récompenser de ma superbe prestation avec le pichet d'eau, Constance Perry accepta de dîner au restaurant avec moi le lendemain soir. Le fait que je lui aie avoué ma véritable identité avait peut-être pesé dans la balance, mais je préférais penser que c'était mon remarquable coup de carafon qui avait emporté sa décision.

Nous nous assîmes côte à côte sur une banquette isolée. Elle dégageait encore un léger parfum de *Lys dans la vallée* et elle était encore plus délicieuse en robe que dans son uniforme d'infirmière. Quand je lui demandai si elle prendrait un apéritif avec moi, elle commanda un bourbon pour accompagner mon martini.

— Dès le départ, dit-elle, je me suis doutée que vous n'étiez pas un véritable alcoolique, Monsieur Daybreak.

— J'ai toujours été un acteur exécrable. Qu'est-ce qui vous a mis la puce à l'oreille ?

— Vous preniez les pastilles à la menthe avec trop de bonne volonté. Et vous supportiez la cure de désintoxication avec trop de détachement. Et vous ne manifestiez pas suffisamment de symptômes de sevrage.

— Ma parole, vous causez comme une véritable infirmière, Perry !

— J'en suis une. Comment croyez-vous que j'aie eu cet emploi à la clinique ?

— En usant de votre charme, dis-je en souriant jusqu'aux oreilles.

Elle me rendit mon sourire, but une gorgée de bourbon et me raconta ce qui s'était passé depuis la dernière fois que je l'avais vue. Pete et Jerry étaient coffrés dans la bastille locale, inculpés de voies de fait, d'enlèvement et de chantage. Le Dr Gaynor, lui aussi, était sous les verrous. Et on avait fermé la Clinique Longue Vie après avoir transféré à l'hôpital municipal les malades les plus gravement atteints.

— Vous m'avez expliqué hier que vous étiez un détective privé de Pittsburgh, dit-elle. Mais est-ce que vous vous appelez vraiment Elihu Daybreak ?

Elle étouffa un petit rire distingué.

— Cessez de ricaner, dis-je en lui montrant ma licence. Et appelez-moi Eli si ça vous est plus facile.

— OK, Eli. Maintenant, racontez-moi ce qui a amené un détective privé de Pittsburgh à s'introduire dans la Clinique Longue Vie en se faisant passer pour un alcoolique.

— Le mois dernier, un riche ivrogne de Pittsburgh s'est fait faire une série d'injections par Doc Gaynor, à la clinique, afin de soigner son problème de boisson. Et subitement, le riche ivrogne s'est retrouvé mort. Son frère, qui est tout aussi riche, m'a engagé pour aller jeter un coup d'œil sur ladite clinique car il flairait que ce décès avait quelque chose de louche.

— Moi, j'ai été mêlée à cette histoire pour une raison similaire. Un pompier de Tampa se faisait faire des injections à la clinique, le mois dernier — une cure de rajeunissement — quand il a fallu le transporter d'urgence à la Fondation Cardiaque de Miami, apparemment à la suite d'un infarctus. Il est mort deux jours plus tard. Le médecin légiste a attribué le décès à une gangrène gazeuse provoquée par les injections du Dr Gaynor. L'État a donc entrepris une enquête.

— En vous nommant fouineuse en chef ?

Elle acquiesça et vida son verre. Je fis signe au serveur de nous apporter une autre tournée.

— Mon alcoolique de Pittsburgh avait lui aussi de la gangrène gazeuse dans le corps au moment de sa mort, dis-je. C'est pourquoi j'espère que vous pourrez me renseigner sur le seul point que je n'ai pas réussi à élucider.

— Les injections, c'est ça ?

— Oui. Vous avez certainement découvert leur composition. Elles ont de toute évidence causé deux décès par gangrène.

— Trois en tout, rectifia-t-elle. C'est ce troisième décès qui était à l'origine du chantage que Pete et Jerry exerçaient sur le Dr Gaynor : un de ses patients est mort voici plusieurs années, quand il exerçait à La Havane.

— Allez-vous me *dire* quel est ce produit ?

Elle me fit mariner :

— Nous comptons utiliser cet élément contre le Dr Gaynor et sa clinique lors du procès. Mais puisque vous avez eu l'amabilité de nous révéler cette lamentable histoire d'analyses de sang, je suppose que je vous dois bien ça en contrepartie.

— Exact. Alors ?

— Eh bien... j'avais beau travailler à la clinique, il y a seulement trois jours que j'ai pu mettre la main sur un échantillon. Et quand nous l'avons fait analyser...

Elle frissonna.

— Il s'agissait d'un sérum à base de cellules de fœtus de moutons. Sérum concocté par un éleveur néo-zélandais suivant les instructions du Dr Gaynor.

— Des cellules de fœtus de moutons... Gaynor croyait-il vraiment que ça soulageait ses patients ?

— Et comment ! Il en est totalement et radicalement convaincu. Il pensait que, lorsqu'il aurait débarrassé le sérum de ses germes — tendance à provoquer la gangrène gazeuse, par exemple — il aurait à sa disposition la plus grande panacée du monde. Et il savait que, d'ici là, il devait garder le secret pour éviter que nous ne tentions de mettre fin à ses travaux. Hier, quand nous l'avons mis au pied du mur, il nous a suppliés de l'autoriser à continuer d'utiliser son machin pour le bien de la race humaine.

Je me rappelai ma première impression de Gaynor : un homme qui semblait contempler — au-delà de moi, son patient — une vision de santé idéale que lui seul pouvait voir.

— Je crois volontiers qu'il est sincère à cent pour cent, dis-je. Ça n'empêche qu'il est siphonné.

Constance ne sourit pas.

— Peut-être, dit-elle avec gravité. Mais le plus curieux, Eli, c'est que le sérum à base de cellules de mouton soulage effectivement — à un degré étonnant — bien des maux humains. Ce truc retarde apparemment la dégénérescence et se révèle bel et bien efficace dans le traitement de l'impuissance, de l'asthme et d'un tas d'autres choses. Surtout l'impuissance.

— Oui, dis-je, je suis au courant du type de la chambre sept qui voulait vous prouver personnellement qu'il était guéri.

Elle rosit. Au bout d'un moment, elle murmura :

— Au fond, Eli, je plains le Dr Gaynor.

— Pourquoi ?

— Eh bien... il va prendre des coups de tous les côtés, maintenant — or, si on tient compte de ses mobiles, il ne mérite pas vraiment une telle punition. L'État de Floride va le poursuivre pour homicide involontaire et extorsion de fonds. L'Administration Fédérale des Médicaments va lui tomber sur le paletot. L'Ordre des médecins américains va le radier et le pourchasser sans répit.

— Ce n'est que le début, dis-je. Quand je remettrai mon rapport à mon client, Doc Gaynor se verra coller sur le dos le plus grand procès du siècle pour faute professionnelle.

Nous restâmes silencieux un moment, vaguement honteux de ce que nous avions fait au Dr Gaynor. Puis je me tournai sur mon siège pour regarder miss Perry. Je contemplai le tendre arrondi de sa joue et le profil de son nez retroussé.

— Miss Perry, cette histoire d'examens de sang m'a donné une idée. Que diriez-vous de retourner en Pennsylvanie avec moi ? Nous pourrons nous faire faire ensemble une analyse de sang.

Elle me dévisagea comme si j'avais subitement perdu les pédales.

— En Pennsylvanie ? dit-elle. Des analyses de sang ? Pour quoi faire ?

— Des analyses de sang légales et justifiées. Pour savoir quels risques nous avons de contracter, dans les prochains jours, une maladie très contagieuse.

— *Quelle* maladie ?

— Le mariage, répondis-je en la regardant dans le blanc des yeux. Acceptez-vous d'y réfléchir, miss Perry ?

Elle me lança un regard étrange.

— Entendu, Eli. Mais dînons d'abord, voulez-vous ? Je meurs de faim.

Elle prit les menus et nous les consultâmes.
— Daybreak, murmura-t-elle d'un ton incertain. Constance Daybreak...

The Blood Tests
Traduction de Gérard de Chergé

LE VER DANS LE FRUIT

par JUDITH L. POST

C'était du nougat. La vieille dame habitait une vaste demeure victorienne de trois étages, dans un de ces quartiers qui ont encore du standing. Tout y clamait poliment la fortune. Le jardin avait certainement été conçu par un architecte paysagiste et il était parfaitement entretenu. L'allée dessinait une élégante courbe pour aboutir à un de ces porches comme on n'en fait plus et qui abritait de confortables fauteuils d'osier.

Je lus de nouveau l'adresse sur la coupure de journal. Oui, c'était bien là. J'étais allée à la bibliothèque municipale consulter le cadastre. La maison était occupée par Madeline Parker, laquelle était âgée de soixante-treize ans.

J'en souris d'aise : pas d'enfant, pas de mari, juste une vieille femme seule qui avait besoin de quelqu'un à demeure.

Je sonnai.

— J'arrive ! cria une voix flûtée, accompagnée par un pas traînant en direction de la porte. Celle-ci s'ouvrit lentement et le regard humide de deux yeux bleus me détailla.

— Oui ?

— Je m'appelle Hillie Johnson et je viens au sujet de l'annonce que vous avez fait insérer dans le journal.

— Oh ! oui, l'annonce...

Achevant d'ouvrir la porte, elle me fit signe d'entrer.

— Mon neveu est toujours à se tracasser pour moi. Il pense que je commence à être trop vieille et patraque pour me débrouiller toute seule.

Je jetai un coup d'œil autour de moi. Constat décevant, à tout le moins. Le salon où je venais de pénétrer avait piètre allure : tapis d'Orient, mais usé et sale. Les bras du canapé laissaient échapper leur rembourrage et le siège du fauteuil était tout creusé. Peut-être Mrs Parker n'utilisait-elle plus cette pièce ?

— Que désirez-vous savoir, mon petit ? s'enquit-elle en s'asseyant au bord d'une chaise-longue placée près d'une fenêtre.

— Avez-vous déjà engagé quelqu'un ? demandai-je.

— Oh ! non, bien sûr que non... Pourquoi quelqu'un souhaiterait-il vivre ici ?

L'entretien ne prenait pas la tournure que j'escomptais. Mrs Parker semblait être une aimable vieille dame, mais j'étais incapable de dire si elle avait ou non toute sa tête. Peut-être s'agissait-il d'une riche excentrique, un peu sénile, et c'était pour cette raison que le neveu souhaitait voir une personne s'occuper d'elle. Mais, dans ce cas, pourquoi n'était-ce pas le neveu lui-même qui recevait les candidates ?

— C'est votre neveu qui a fait passer l'annonce dans le journal ? hasardai-je.

— Phillip ? Non, non, il a bien trop à faire.

— Mais vous disiez...

— J'ai pensé que ça pourrait rassurer Phillip, m'expliqua-t-elle. C'est pourquoi j'ai fait passer cette annonce.

J'eus un hochement de tête. Elle n'était donc pas sénile le moins du monde. Comme le neveu était toujours à la harceler, elle avait eu recours aux petites annonces afin de ne plus l'avoir constamment sur le dos. Pas mal calculé du tout.

— J'étais venue poser ma candidature, mais je comprends quelle est la situation. Merci de m'avoir néanmoins reçue.

Comme je me détournais pour partir, elle dit :

— Mais, mademoiselle... Serait-ce que la place vous aurait intéressée ?

Je m'employai de mon mieux à avoir l'air de la pauvre fille qui a terriblement besoin de travailler. Comme je ne suis pas grande et que j'ai un air innocent, les gens s'y laissent presque toujours prendre. Ils regardent mon visage en cœur, mes grands yeux noisette, et pensent aussitôt à une poupée. Au début, ça me foutait en rage, mais maintenant j'en tire parti.

— Je suis arrivée à South Bend depuis quelque temps déjà et je n'ai plus guère d'argent. Alors je m'étais dit que si je pouvais trouver à vivre ainsi chez quelqu'un...

Son visage ridé exprima la sympathie :

— Oh ! mais alors oui, bien sûr, ma pauvre enfant... Dites-moi, avez-vous faim ? Je peux vous préparer un petit quelque chose...

Je ne pus cacher ma surprise. A présent, il en faut beaucoup pour me déconcerter, mais cette vieille dame y parvenait.

— N'est-ce pas moi qui suis censée m'occuper de vous ? rétorquai-je.

Sa main fine veinée de bleu esquissa un geste expressif :

— Grand Dieu ! Je déteste qu'on soit sans cesse à s'occuper de moi. Tout ce que je vous demande, c'est de nettoyer, enlever la poussière, et vérifier que j'ai bien éteint le gaz. Le mois dernier, j'ai oublié de le faire et la cuisine a failli brûler. (Elle soupira.) Phillip a piqué une de ces crises ! Mais quand on a l'esprit occupé ailleurs, c'est le genre de petites choses qu'on oublie.

Était-elle vraiment comme ça ? Je n'arrivais pas à en être sûre, mais il n'y avait pas urgence. J'avais projeté de rester environ un mois avec elle avant de me lancer. De la sorte, quand elle serait « cambriolée », je ferais partie de la maison, je serais devenue quelqu'un de sûr, quelqu'un à qui l'on pouvait faire confiance. Après, je resterais encore deux ou trois semaines, puis je recevrais une lettre de ma mère me demandant de revenir à la maison. Déplorant notre dispute qui avait motivé mon départ, elle dirait que tout était de sa faute ou quelque chose comme ça.

— J'ai besoin de retourner chercher mes valises, dis-je. Quand aimeriez-vous que je commence ?

— Le plus tôt sera le mieux. Pouvez-vous être de retour pour le dîner ? J'ai l'habitude de manger à six heures.

***

Je retournai à mon hôtel quérir les quelques affaires que j'avais emportées. Je n'ai jamais grand-chose avec moi, vu que je passe l'automne et l'hiver à étudier dans un collège pour essayer de décrocher un diplôme, et la belle saison à gagner de l'argent pour payer mes études. Je pris le bus pour retourner chez Mrs Parker, où j'arrivai vers cinq heures et demie.

Elle vint m'ouvrir au quatrième coup de sonnette.

— Je ne voulais pas vous faire attendre, dit-elle en me faisant signe de fermer la porte et de la suivre, mais mes vieilles jambes ne vont pas vite. J'espère que vous vous sentez bon appétit, le dîner va être prêt.

Je déposai mes valises au creux du majestueux escalier et gagnai l'arrière de la maison, laquelle était encore en pire état que je ne l'avais pensé. Le papier qui tapissait les murs se décollait par endroits et l'aspect de la cuisine était encore plus désolant. Les murs avaient été recouverts d'une peinture-émail couleur moutarde, comme on n'en voyait plus depuis trente ou quarante ans. Des placards en bois blanc montaient jusqu'au plafond et les plans de travail étaient recouverts de plastique.

— Très stand de ravitaillement, hein ? fit Mrs Parker, qui avait su lire en moi. Ça n'a pas été refait depuis qu'Ira a acheté la maison, me précisa-t-elle en promenant un regard critique autour de la pièce. Sa première femme avait un goût atroce, vous ne trouvez pas ?

Je ne pus qu'acquiescer.

— Cela fait longtemps que vous êtes veuve ? questionnai-je, me demandant pourquoi elle n'avait pas fait retaper tout ça.

— Dix-sept ans, répondit-elle sans la moindre hésitation. Bien sûr, Ira était plus âgé que moi, mais il venait d'avoir soixante ans quand il est mort. Le cœur, comme tant d'hommes qui brassent beaucoup d'affaires.

Elle m'aiguilla vers une petite table ronde où le couvert était mis pour deux personnes.

— Si vous nous serviez un verre de vin pendant

que je vais chercher le plat ? Vous aimez le vin, n'est-ce pas ?

— De temps en temps, oui, dis-je.

J'étais plutôt portée sur la bière, mais je n'allais pas la contrarier.

— Ce rouge est très bon, m'assura-t-elle. Vous allez certainement l'apprécier.

Je versai du vin dans les verres tandis qu'elle s'affairait au fourneau. Notre menu consistait en un petit morceau de bœuf avec des patates douces et des haricots verts. Parfait en ce qui me concernait, mais plus paysan qu'aristocratique.

— Je l'ai fait spécialement pour vous, dit Mrs Parker en me souriant. J'ai pensé que vous auriez probablement faim.

— Ça paraît délicieux, déclarai-je, mais décidément rien dans cette maison ne correspondait à son aspect extérieur.

— Vous devez avoir cuisiné depuis que je vous ai quittée...

— Oui, ça me faisait tellement plaisir ! Voilà un siècle que je n'avais eu quelqu'un pour dîner avec moi. Et c'est tellement triste de manger chaque soir en face de la télé. D'ordinaire, je me contente d'un plat congelé que je mets dans le four.

Telle était donc l'explication. Vivant seule, elle ne se compliquait pas l'existence. Mais elle semblait si gaie, si pleine d'entrain, que je ne pouvais l'imaginer passant ses journées à ne rien faire.

— Sortez-vous beaucoup ? m'informai-je.

— Non, plus guère, me répondit-elle en soupirant. Je ne sais pas conduire. La vieille voiture d'Ira est dans le garage, mais ça fait bien longtemps qu'elle n'a pas roulé...

Elle se tourna soudain vers moi, d'un air interrogateur :

— Vous ne conduisez pas, je suppose ?

— Mon problème est l'inverse du vôtre : j'ai mon permis mais pas de voiture.

— Mais alors vous pourrez peut-être essayer demain la Lincoln d'Ira ? Elle était sa fierté et sa joie, c'est pour cela que je l'ai gardée, tout en ayant le sentiment que je ne sortirais plus d'ici que dans une ambulance !

— Et pourquoi pas dans un taxi ? rétorquai-je.

— Vous connaissez leurs tarifs ? Moi qui ai déjà du mal à joindre les deux bouts ! Sans Phillip, j'en serais réduite à l'asile.

— Votre neveu ?

— Il se plaît à le dire, mais c'est le fils qu'Ira avait eu de son premier mariage. La pauvre Sarah est morte en le mettant au monde et il avait près de onze ans quand Ira s'est remarié avec moi. Il n'a jamais pu admettre que son père ait une autre épouse que celle qui avait été sa mère. Au début, j'ai tout fait pour l'apprivoiser, mais il n'y a pas eu mèche ! Une sorte de modus vivendi s'est établi entre nous, où l'affection n'a aucune part. Il raconte à tout le monde qu'il est mon neveu, afin de ne pas avoir à m'appeler « Mère ».

— C'est horrible !

L'exclamation m'avait échappé.

Mrs Parker sourit :

— Non, ce n'est pas un drame. Mon union avec Ira a duré trente-six ans et il n'y avait pas meilleur homme au monde. Mais je n'avais que vingt ans lorsque je l'ai épousé et, en ayant onze lui-même, Phillip ne voyait guère de raisons de m'obéir.

Elle marqua une pause et secoua la tête :

— Toutefois, Phillip est un homme qui a des principes. Depuis la mort de son père, il se considère comme le chef de famille et se comporte comme tel, s'astreignant à venir me voir une fois par semaine.

Sa voix la trahit. Elle ne vivait certainement pas dans l'attente de ces visites. J'avalai ma dernière bouchée et me levai pour débarrasser la table.

— Sait-il que vous m'avez engagée ?

— Ciel, non ! Et ça ne va certainement pas lui plaire.

Je fis couler de l'eau chaude dans l'évier et y ajoutai un peu de détergent.

— Je croyais qu'il se tracassait pour vous ?

Mrs Parker eut un bruit de bouche qui n'avait rien d'aristocratique :

— Il en fait des tonnes, mais ce qui le tracasse, c'est beaucoup moins moi que cette maison... et les apparences. Phillip a grand souci des apparences. Il veille à ce que le jardin soit toujours parfaitement entretenu. Voici trois ans, il a fait ravaler la maison, car la peinture extérieure s'écaillait un peu partout... Alors qu'auraient pensé les voisins ?

Reculant un peu sa chaise, elle se servit un autre verre de vin.

— Phillip tient beaucoup à ce que le prestige attaché au nom de Parker reste intact.

Elle balaya du regard son minable environnement :

— Mais tout ceci est bien assez bon pour moi.

Pour la première fois, le doute m'assaillit. Peut-être Mrs Parker ne possédait-elle plus rien ayant de la valeur. J'avais toujours eu soin de ne rien subtiliser d'important... juste des choses dont on ne risquait guère de remarquer la disparition.

J'estimais que, en m'aidant ainsi à poursuivre mes études, les gens payaient pour leurs fautes passées. Ils ne l'auraient pas fait volontairement, mais peut-être que, Là-Haut, c'était néanmoins porté à leur crédit. Pour gagner de quoi vivre, mes parents travaillaient dur à l'usine. Puis, quand la crise a frappé notre petite ville, ils n'ont plus eu de boulot. Personne ne voulait de gens de leur âge sans aucune qualification. C'est aussi pour leur faciliter un peu les choses que je les ai quittés.

Je les aimais bien pourtant, mais ils n'auraient pas compris. En dépit de tout ce qui leur était maintenant infligé, ils continuaient à penser qu'il n'y avait ici-bas d'autre issue que ce bon vieux travail. Moi, je n'étais pas d'accord. Les riches tirent profit de la sueur des ouvriers, comme disent les syndicalistes, mais quand ils n'ont plus besoin de vous, ils n'ont cure de ce que vous pouvez devenir.

En quittant mes parents, j'avais un but bien précis : les riches qui avaient profité d'eux, devraient payer pour mes études. Le problème, c'est que Mrs Parker ne semblait plus faire partie de ces nantis.

— Qu'est-ce que votre neveu va penser de moi ?

Elle eut un sourire qui lui fit un visage de sorcière :

— Il va vous détester.

— Peut-il me renvoyer ?

Elle finit son verre de vin avant de me répondre :

— Non : il va être obligé de payer votre salaire, car je suis trop pauvre pour le faire.

J'en restai bouche bée.

— Soyez sans inquiétude, mon enfant. Ça ne lui plaira pas, mais il le fera. Vous pourrez demeurer ici aussi longtemps que vous le voudrez. Quand vous aurez suffisamment économisé, je comprendrai très bien que vous repreniez votre liberté.

Je commençais à me faire horreur. Mrs Parker m'avait engagée, alors qu'elle se serait volontiers passée de moi, vu la situation à laquelle l'avait réduite la disparition de son mari ; et pour cela, elle allait devoir affronter ce Phillip.

— Écoutez, si cela doit vous attirer des complications avec Phillip, je peux très bien me mettre en quête d'un autre emploi. Pour moi, cette situation pénible n'est que temporaire, tandis que pour vous...

Elle rit :

— Ma chère enfant, désormais je m'en fiche. J'aimerais finalement mieux être dans une maison de retraite que de continuer à vivre dans cette belle propriété en étant contrainte de lésiner pour tout !

Et ce n'était pas là une attitude de bravade. Je commençais à me rendre compte que Mrs Parker et moi avions beaucoup de points communs. Ni l'une ni l'autre ne voulions quémander, qu'on s'apitoie sur notre sort. Même si cela devait se solder par un rude échec, nous préférions prendre quelques risques.

— Alors, quand vais-je faire la connaissance de ce Phillip ? demandai-je.

— A la bonne heure ! approuva Mrs Parker en me souriant. Il sera là vendredi. Il vient *tous* les vendredis, souligna-t-elle.

Quand nous eûmes dégusté une glace à la vanille, suivie d'une pomme, en guise de dessert, Mrs Parker me dit :

— Montez inspecter le premier étage et prenez la chambre que vous voudrez. Je ne vais plus là-haut, c'est trop pénible pour mes jambes. J'ai fait installer un divan dans la bibliothèque, et c'est là que je passe le plus clair de mon temps. Si ça vous dit de la regarder avec moi, j'ai la télé-couleur.

Je la remerciai, puis gravis l'élégant escalier avec mes valises. Je pris le temps d'ouvrir toutes les portes. Il y avait cinq chambres et il sautait aux yeux que celle occupant un angle de la façade avait été la chambre de maître. Un immense lit de milieu en acajou était adossé au mur faisant face à la porte. Une coiffeuse avec dessus de marbre et miroir à trois faces était encombrée de cadres contenant des photos de Mrs Parker et son mari quand ils étaient plus jeunes. Une longue commode basse occupait la troisième paroi. J'en ouvris les tiroirs. La senteur complexe d'un pot-pourri odoriférant s'exhalait encore de lingeries fanées, mais il n'y avait là aucun objet de valeur, pas de bijoux, rien.

La dernière chambre à gauche avait dû être celle du fameux Phillip. Destinée à un garçon, elle avait été peinte en bleu, et un bureau se trouvait devant la fenêtre. Sur une étagère, de vieux trophées de baseball et de tennis.

Je choisis la chambre en façade qui faisait pendant à celle des Parker. Ce devait être la chambre d'amis. Tout y était tapissé de chintz fleuri, et un tapis d'Orient recouvrait la presque totalité du parquet. C'était très poussiéreux, mais après un bon nettoyage, ça ferait une chambre extrêmement agréable.

Je trouvai dans un débarras tout ce qu'il fallait pour faire le ménage ; une heure plus tard la chambre était propre comme un sou neuf et j'y disposai mes affaires.

Ce séjour chez Mrs Parker ne ressemblait en rien à ce que j'avais connu précédemment. Nous faisions tout ensemble. Quand je préparais le petit déjeuner, elle venait m'aider. Lorsque je lavais la vaisselle, elle l'essuyait. Et si j'entreprenais de nettoyer la cuisine à fond, elle s'asseyait à la table pour astiquer l'argenterie, afin que nous puissions bavarder tout en travaillant. Mrs Parker n'était ni sénile ni mal portante : elle souffrait seulement d'être seule. Quand nous partîmes pour notre première virée dans la vieille Lincoln de son mari, elle rayonnait de joie.

— Oh ! mon petit, voyez donc... Là, il y avait un cinéma et maintenant c'est un magasin consacré à la télévision. J'ai lu des articles sur les magnétoscopes et j'en ai parlé à Phillip, mais il m'a dit que les films qu'on vend en cassettes ne me plairaient pas.

— Oh ! il y en a de tous les genres sur le marché, dis-je. Qu'est-ce que vous aimez comme films ?

— Vous allez penser que je suis une vieille folle, mais j'ai toujours aimé les comédies et les films sentimentaux. Ceux avec Spencer Tracy et Katharine Hepburn... et un où il y avait le beau Rock Hudson avec la charmante petite Doris Day. (Elle soupira.) Je suppose que maintenant on préfère des choses moins conventionnelles.

Je ne pus m'empêcher de rire :

— Oh ! les goûts n'ont pas tellement changé ! Au fond d'eux-mêmes, les gens restent comme autrefois !

— Vous ne me trouvez pas terriblement démodée ? Phillip me traite toujours comme une relique du passé.

Cédant à une impulsion, je me garai à côté d'une rue piétonne.

— Que faites-vous ? s'étonna Mrs Parker.

— A présent, les magnétoscopes ne coûtent plus tellement cher. Allons en acheter un !

Elle s'émut :

— Mais je n'en ai pas les moyens ! Le fait que je vous ai engagée vous a sans doute abusée : il me faut faire très, *très* attention. Sans Phillip...

— Au diable, Phillip ! l'interrompis-je. C'est moi qui achète ce magnétoscope. Quand je m'en irai, je l'emporterai avec moi.

— Mais, mon petit...

— Combien me payez-vous par semaine ?

— Cent cinquante dollars. C'est ce dont nous sommes convenues et ça me paraît honnête... Mais on ne devrait pas demander à quelqu'un de travailler pour moins que cela...

— Alors, dis-je en souriant, je vais consacrer ma première paye à l'achat de ce magnétoscope. Comme cela, je passerai des soirées plus distrayantes durant le temps que je resterai chez vous.

— Vous êtes sûre que...

— Certaine, lui assurai-je en la faisant descendre de voiture.

Sur le chemin du retour, le magnétoscope et deux cassettes en location occupant la banquette derrière nous, je m'avisai que je dépensais mon fric pour quelqu'un que j'étais venue voler, et je me promis de rattraper ça. La vieille dame devait bien avoir un bas de laine ou quelques objets de valeur. Lorsque j'aurais mis la main dessus, je me rembourserais de mes dépenses. De toute façon, le magnétoscope procurerait plus de plaisir à Mrs Parker que n'importe quoi de précieux enfoui au fond d'un tiroir.

Ce soir-là, nous dînâmes dans la bibliothèque, tout en regardant *Vacances à Venise* et *Un pyjama pour deux*. Mrs Parker était aux anges.

— Je pense qu'il nous vaudra mieux ne pas parler de cela à Phillip quand il viendra demain, dit-elle. Je vais déjà avoir assez de mal à justifier votre engagement !

Elle me considéra un instant, puis hocha la tête :

— Réflexion faite, je crois que demain serait un très bon jour pour aller aux provisions. Comme cela, vous ne serez pas à la maison quand Phillip arrivera.

J'acquiesçai en souriant. Mrs Parker n'était

certainement pas le vieux débris qu'imaginait Phillip.

Mais, moi, je commençais à me poser des questions. Cela faisait une semaine que j'habitais avec Mrs Parker et j'avais de plus en plus le sentiment de quelque chose de pas normal. Depuis que j'avais quitté mes parents, j'avais développé une sorte de sixième sens. Tout d'abord, pour une vieille dame seule, Mrs Parker recevait trop de courrier. Chaque jour, nous allions ensemble jusqu'à la boîte à lettres pour en revenir chargées de tout un tas de catalogues et de publicités. Ces sociétés ne gaspillent pas leurs deniers pour des vieilles dames n'ayant que la retraite de la Sécurité Sociale. Et il y avait aussi des brochures concernant des emprunts, des placements. Ce n'était pas normal.

Autre chose bizarre : bien qu'elle fût une vieille dame charmante à tous égards, Mrs Parker ne recevait jamais de visites d'amies. Personne ne venait la voir.

Alors, ou bien un tas de boîtes croyaient Mrs Parker encore riche quand elle n'avait plus le sou... Ou bien ma première impression ne m'avait pas trompée et la vieille dame entassait de l'argent quelque part en prétendant avoir tout juste de quoi vivre.

Vu ce qui m'avait amenée chez elle, il fallait absolument que je tire cela au clair.

La liste de commissions qu'elle me donna le lendemain avait de quoi faire pitié. Me remémorant les repas que nous avions pris ces derniers jours, je me rendis compte que Mrs Parker tirait au maximum sur la corde. Nous avions eu des pâtes avec juste assez de bœuf pour leur donner du goût, des œufs durs en salade, du riz avec des lamelles de poulet, et de grandes assiettées de soupe. Elle dut remarquer mon expression tandis que je prenais connaissance de la liste.

— Je me suis efforcée de vous faire comprendre que j'avais des moyens très limités, dit-elle d'un ton presque d'excuse. Mon Ira était un homme formidable, mais pas tellement en ce qui concernait l'argent. Il avait fait de mauvais placements qui, depuis sa mort, n'ont cessé de rapporter de moins en moins. Certains ont même cessé de rapporter quoi que ce soit. Phillip a fait de son mieux pour m'expliquer la situation, mais je crains de n'avoir pas compris grand-chose, car c'était toujours Ira qui s'occupait de notre argent. C'en est arrivé à un tel point que Phillip passe chaque vendredi pour collecter mes factures afin de veiller à ce que tout soit payé. Sans Phillip, je serais probablement à la rue.

J'éprouvai un élan de pitié. Qu'elle fût vraiment pauvre ou non, elle croyait l'être et en souffrait.

— Mais vous devez sûrement avoir des amis ? lui dis-je.

Ses yeux bleus s'avivèrent :

— Ira et moi recevions chaque week-end. D'immenses buffets ou de grands dîners. Et nous étions sans cesse invités ici ou là, mais j'ai dû décliner de plus en plus d'invitations, car je n'avais pas de quoi payer ma quote-part au club... Et s'ils m'invitaient chez eux, il aurait fallu que je rende la politesse. Comment l'aurais-je pu ? Nos amis n'auraient pas apprécié de ne se voir offrir que des œufs durs en salade ou du flan instantané.

J'en avais le cœur serré. Mes parents avaient perdu tout ce qu'ils possédaient, mais ils ne s'étaient pas laissé abattre. « En pareil cas, faut redoubler d'ardeur ! » Ils avaient prêché d'exemple, comptant aussi sur nous. J'avais servi dans une cafeteria pour payer mes études, mais cela n'avait pas suffi. Selon mes parents, je me décourageais trop vite, mais quoi que je fisse, ils en faisaient toujours davantage, si bien que j'ai fini par me lasser de vouloir rivaliser avec eux.

Mrs Parker avait tout perdu, elle aussi, mais elle était différente. Elle continuait à prendre la vie du bon côté et à se soucier des autres. Je n'en revenais pas que, face aux mêmes épreuves, on pût réagir de façons aussi opposées. Au contact de mes parents, j'étais devenue de plus en plus amère, mais n'en avais pas eu conscience avant de rencontrer Mrs Parker.

— Partez sans plus attendre, mon petit, me dit-elle. Sinon, Phillip va vous trouver ici...

Comme je ne tenais aucunement à pareille rencontre, je m'en fus aussitôt avec ma liste de commissions.

Je dépensai plus d'argent qu'elle ne m'en avait donné. Comme c'était la saison des pêches et des abricots, j'en achetai six de chaque. Le boulanger faisait une promotion sur les feuilletés, j'en achetai donc un. Et comme j'ai toujours aimé grignoter quelque chose en regardant la télé, je fis aussi une petite provision d'amuse-gueule.

Lorsque je déballai tout ça sur la table de la cuisine, Mrs Parker poussa des « ah ! » et des « oh », comme un enfant à Noël. J'avais gardé le meilleur pour la fin : des crevettes décortiquées avec un flacon de sauce pour les assaisonner.

— Oh ! Hillie... C'est vraiment *mer*-veilleux !

Lorsque nous nous assîmes pour déjeuner, je m'enquis :

— Comment s'est passée l'entrevue avec Phillip ?

Elle eut une expression penaude, comme un gosse pris en défaut :

— Il n'était pas autrement ravi que quelqu'un

habite avec moi, jusqu'à ce que je lui dise qu'il n'avait pas à s'inquiéter, que vous ne risquiez pas de fourrer votre nez dans les affaires Parker parce que... Enfin, bref, je lui ai raconté que vous étiez une demeurée.

— Une demeurée ? répétai-je, abasourdie.

— C'était le seul moyen d'avoir son assentiment. Je lui avais dit que mes articulations me faisaient souffrir et que j'avais de plus en plus de peine à me déplacer, mais ça ne lui avait pas semblé être une raison suffisante. Alors j'ai dit que la maison était vraiment trop grande pour moi et que je ferais peut-être mieux de la vendre pour m'installer dans une résidence du 3e âge. Cette perspective ne paraissait nullement l'enchanter, mais il continuait à estimer que je n'avais pas besoin d'une gouvernante. Il m'a posé toutes sortes de questions à votre sujet ; quand il a appris que vous étiez toute jeune et nouvelle venue à South Bend il est monté sur ses grands chevaux : « Je ne veux pas de quelqu'un qui se répande en commérages sur notre famille ! Dieu seul sait quelles idées saugrenues une jeunesse pourrait se mettre dans la tête ! » Alors je lui ai raconté que vous aviez tout autant besoin de moi que moi de vous, parce que vous étiez... demeurée.

— Et ça lui a plu ?

— Oh ! beaucoup, oui.

— MMMmm...

Phillip Parker était peut-être plus soucieux de son image que je ne l'avais pensé. Peut-être craignait-il que le monde apprenne que sa belle-mère vivait au bord de la pauvreté, alors que son cher « neveu » nageait dans l'aisance. Je le savais riche, parce que j'avais cherché son adresse dans l'annuaire. Il faut avoir de gros revenus pour se permettre d'habiter Coventry Hills. Cela ne laissait pas d'exciter ma curiosité.

— Mais s'il demande à me voir ? objectai-je.

— Aucun risque. Je lui ai dit que vous étiez d'une timidité maladive et qu'un rien vous mettait sens dessus dessous.

Je souris. Mrs Parker était décidément beaucoup plus maligne que je ne l'avais pensé et elle forçait mon admiration.

Cela faisait près d'un mois que j'étais chez Mrs Parker et j'avais tout lieu de me sentir déçue. Je m'étais employée « à remettre la maison d'aplomb » pour reprendre l'expression de Mrs Parker, la nettoyant à fond de la cave au grenier, sans découvrir le moindre objet de valeur. J'avais même été jusqu'à sonder les murs, en quête d'un coffre secret. Je surveillais le courrier et gardais mes oreilles bien ouvertes. Tout cela en vain.

Et pourtant, ça ne me tracassait pas, car jamais encore l'existence ne m'avait paru aussi agréable.

Un jour, en déjeunant, Mrs Parker dit :

— Ma petite Hillie, je vous ai raconté toute ma vie, mais aujourd'hui encore, je ne sais pratiquement rien de vous.

Je m'y attendais car, avec les gens, on finissait toujours par en arriver là. J'avais une réponse standard que je servais à cette occasion, mais il me devenait de plus en plus pénible de mentir à Mrs Parker.

— Eh bien, dis-je en soupirant, je suis allée à la fac jusqu'à ce que je n'aie plus d'argent.

Ça, au moins, c'était vrai.

— Quelle branche aviez-vous choisie ?

— Photo-journalisme.

— Seigneur ! Je crains de ne pas bien comprendre...

— J'ai étudié la photo et le reportage journalistique, expliquai-je. J'aimerais un jour pouvoir voyager à travers le monde en prenant des photos et écrivant des articles sur les lieux que je traverserais.

— Ce serait sûrement très plaisant, en effet.

Je lui souris :

— Aimez-vous les voyages ?

— Je ne connais rien d'exotique, mais Ira et moi aimions aller en voiture sur la côte Est et, une fois, nous avons pris l'avion pour nous rendre en Californie.

— Moi non plus, je ne suis jamais allée dans un pays exotique, avouai-je, mais j'aimerais beaucoup connaître nombre d'endroits que j'ai découverts dans des livres.

Étendant le bras en travers de la table, elle posa sa main sur la mienne :

— Vous serez parfaite pour le métier dont vous rêvez, car vous êtes aussi courageuse que compétente. Quand pensez-vous avoir assez d'argent pour achever vos études et décrocher votre diplôme ?

— Bientôt.

— Je m'en réjouis beaucoup, mon petit, car vous avez toute la vie devant vous ; ce sera une grande fierté pour moi que de vous avoir connue durant quelque temps.

J'eus du mal à déglutir.

Ce fut au début du mois, par une journée chaude et humide, que j'eus mon premier coup de pot. Je tenais à la main une poignée d'enveloppes, portant toutes des en-têtes prestigieux, comme celles qui contiennent des chèques de dividendes.

— Qu'est-ce que c'est ? demandai-je en les posant devant Mrs Parker sur la table de la cuisine.

Elle jeta un coup d'œil aux enveloppes.

— Des factures, dit-elle. Dieu merci, Phillip s'en occupe.

— Elles vous sont adressées.

Elle soupira :

— C'est une chose pénible, mais qu'il me faut bien faire. Phillip prend place derrière le grand bureau de chêne qui était celui de son père et je m'assieds en face de lui. Il me fait alors signer toutes ces feuilles, afin que je ne risque pas qu'on vienne me couper le gaz et l'électricité. Comme ça, tout est en règle.

— Qui vous a dit ça ?

— Phillip, bien sûr. Il m'aide pour toutes ces choses depuis la mort de son père. Je ne suis même pas fichue de comprendre un relevé de compte. Phillip n'est guère amusant, mais il s'acquitte ponctuellement de tous ses devoirs.

Cette fois, j'avais pigé. Mrs Parker n'était pas plus extravagante que sans le sou, mais son neveu était un sale petit menteur.

Je sentis la fureur croître en moi. Certes, j'étais venue chez Mrs Parker avec l'intention d'y commettre des vols, mais dans ce genre d'entreprises j'avais toujours observé une sorte d'éthique. Ainsi, je n'avais jamais rien pris qui fût un souvenir de famille. J'avais besoin d'argent et la plupart des gens riches en ont plus qu'ils n'en peuvent dépenser. Comme ils l'avaient gagné sur le dos des autres, mes vols étaient plutôt une manière de récupération.

Je n'en dis rien à Mrs Parker, mais je n'entendais pas rester passive. Si, après les études que j'avais faites, je n'étais pas fichue de régler cette affaire, ce serait preuve que j'avais purement et simplement perdu mon temps.

— Phillip va-t-il venir aujourd'hui chercher tout ça ? m'informai-je.

— Un mercredi ? (Elle secoua la tête.) Il ne vient que le vendredi.

Je l'installai sur la chaise-longue dans la bibliothèque en lui disant :

— Je vais poser tout ça sur le bureau. Aimeriez-vous que je loue une cassette pour tantôt ?

— Voilà qui est une excellente idée !

— Voulez-vous venir avec moi jusque chez le marchand ?

— Ne vaut-il pas mieux que je prépare le déjeuner pendant ce temps-là ?

— A mon tour de vous dire : excellente idée !

Je mis mon plan soigneusement au point, ne tenant pas à bouleverser Mrs Parker si je pouvais éviter de le faire. Je m'en fus à la boutique T.V., où je louai ce classique du genre : *Les Sept Femmes de Barberousse*. Puis je passai chez le marchand de vins où j'achetai une bouteille d'excellent chablis. Maintenant, je connaissais bien Mrs Parker : après avoir déjeuné en buvant un verre de bon vin puis regardé un film, elle ferait une petite sieste. Lorsqu'elle serait assoupie, je pourrais donner mes coups de fil.

A trois heures et demie, elle dormait profondément. En premier, il me fallait découvrir comment manœuvrait Phillip Parker. Je constatai qu'il m'avait facilité les choses en racontant à tout le monde qu'il avait engagé une gouvernante pour sa « pauvre vieille tante ». Je n'eus qu'à dire que je travaillais pour Mrs Parker, laquelle venait de recevoir une lettre et ne savait trop quelle réponse y donner, pour qu'aussitôt les gens se montrent on ne peut plus obligeants. Phillip semblait avoir raconté depuis un bon bout de temps que Mrs Parker était une invalide sénile qui aurait dû être dans un établissement spécialisé, mais qu'il n'avait pas le cœur de lui faire quitter une maison qui était tout pour elle. On l'eût presque béatifié pour l'infinie patience dont il faisait preuve dans ses rapports avec cette parente, et les gens ne tarissaient pas sur sa générosité qu'il avait poussée jusqu'à m'engager pour que Mrs Parker puisse rester dans l'ambiance qui lui était familière.

Bien entendu, il s'était gardé de dire que j'étais une demeurée, incapable de fourrer mon nez dans ses affaires. Aussi mes interlocuteurs n'étaient-ils nullement surpris que je donne l'impression d'être aussi efficiente que compétente. Lorsque j'eus expliqué que Mrs Parker avait jeté une liste de numéros de téléphone que Phillip m'avait laissée en cas d'urgence, ils me renseignèrent avec empressement.

Quelques communications plus tard, j'avais appris que Phillip Parker était un agent de change très estimé à South Bend, que la famille Parker avait toujours eu son compte à la Cityville Bank, que Phillip, âgé de soixante-quatre ans, était un membre éminent du Country-club, un excellent joueur de golf et qu'il assistait pieusement aux offices du dimanche. Il ne s'était jamais marié et n'avait pas non plus d'enfant (sans doute parce qu'il était bien trop occupé de lui-même, pensai-je) mais avait toujours été un neveu très dévoué pour Mrs Parker. Quand je reposai le combiné téléphonique après avoir parlé à la dernière personne de ma liste, j'en avais la nausée. On ne pouvait imaginer homme plus faux-jeton et suffisant que Phillip Parker. C'est alors que j'appelai la Cityville Bank, après avoir demandé à parler au directeur, je lui dis que j'étais la gouvernante de Mrs Parker, dont le vieux poste de télévision venait de rendre le dernier soupir. Mrs Parker souhaitait en acheter un neuf, mais ne sachant plus où elle avait mis les relevés de la banque, elle n'était pas sûre d'avoir assez d'argent sur son compte...

Le directeur se mit à rire :

— Phillip m'avait dit que, avec l'âge, Madeline n'avait plus toute sa tête. Je vous donne ma parole qu'elle peut s'offrir presque tout ce qui lui plaît. Cela fait bien six ans qu'elle n'a pas touché au capital d'Ira.

— Oh ! la pauvre chère femme ! fis-je en m'efforçant de paraître apitoyée.

— Oui, il y a une éternité que personne ne l'a vue. Phillip m'a dit qu'elle vivait en recluse. (Il marqua un léger temps.) Si vous l'aviez connue naguère encore... La plus charmante maîtresse de maison que South Bend eût jamais eue !

En raccrochant le combiné, je pensais qu'il n'y avait pas être plus vil que Phillip et je brûlais de le punir, l'esprit plein de scènes de vengeance. Mais la raison finit par l'emporter. Mrs Parker eût-elle souhaité l'humiliation publique de Phillip ? Était-elle le genre de personne à se délecter dans la vengeance ? Plus j'y réfléchissais, plus j'en doutais.

Finalement, j'optai pour une action rationnelle. Quand Mrs Parker eut terminé sa sieste, je lui portai les chèques de dividendes arrivés par courrier et lui expliquai ce que je pensais qui s'était passé.

— Depuis des années, Phillip vous a pris tout votre argent. Vous n'avez jamais cessé d'être riche, mais Phillip se servait de vos revenus pour mener la vie à grandes guides.

Mrs Parker en resta muette de stupeur.

— Vous avez le choix entre prévenir la police pour le faire arrêter, ou régler ça dans l'intimité.

Ses yeux bleus étincelaient de colère, mais le pli de sa bouche exprimait la tristesse :

— J'ai toujours su qu'il ne pardonnait pas à son père de s'être remarié, mais je n'aurais jamais cru qu'il m'en voulait à un tel point...

— Est-ce ressentiment ou cupidité ? rétorquai-je. Phillip ne s'est jamais marié, n'est-ce pas ? Il me semble être de ces gens n'ayant souci que d'eux-mêmes.

Mrs Parker hocha la tête :

— Enfant, il était très égoïste. Je suppose qu'il n'a pas changé.

— En tout cas, dis-je en lui prenant la main, une chose est sûre : vous n'êtes pas pauvre. Vous disposez de plus d'argent que vous n'en avez besoin, seulement Phillip garde tout pour lui.

— Mais il n'a pas touché au capital, souligna-t-elle.

— Comment l'aurait-il pu sans attirer l'attention sur lui ? Pour disposer d'une procuration, il aurait fallu qu'il vous fasse officiellement déclarer sénile, incapable de gérer vos affaires. Or aucun juge n'aurait rendu une telle sentence et cela aurait pu déclencher une enquête. Tandis qu'il s'est borné à vous *dire* que vous étiez pauvre. Votre fortune est restée à la banque et il en aurait hérité à votre mort.

Ses épaules se voûtèrent, elle semblait désemparée :

— Un enfant que j'ai élevé...

J'eus un geste expressif :

— Je vous tiens pour quelqu'un sachant toujours voir le bon côté des choses. Alors, dites-vous que vous n'avez plus besoin d'économiser. Vous pouvez retaper cette maison de fond en comble, avoir un chauffeur, faire tout ce qui vous chante !

Elle se redressa :

— Vraiment ?

— Je vous en fiche mon billet ! Par quoi voulez-vous commencer ?

Elle se laissa aller contre le dossier de la chaise-longue, réfléchit et dit :

— J'aimerais assez avoir un entretien avec Phillip.

Phillip eut beau patauger, il ne put nier la vérité. Il ne chercha même pas à s'excuser, laissant simplement paraître sa fureur d'avoir été démasqué.

Je ne pipais pas, attendant la réaction de Mrs Parker. J'aurais bien dû me douter qu'elle ne me décevrait pas.

Elle toisa longuement son insolent neveu, détaillant son costume de grand tailleur, sa chemise de soie, ses chaussures de chez Gucci. Son regard s'arrêta un instant sur la splendide montre en or qu'il avait au poignet, se porta vers la Volvo garée devant la fenêtre.

— Phillip, tu as toujours été un garçon aussi prétentieux qu'inintéressant mais, comme j'ai aimé ton père, je ne veux pas donner de publicité à tout cela. Bien sûr, quand ils me verront sortir de nouveau et pourront constater que je ne suis pas plus sénile qu'impotente, les gens ne manqueront pas de s'interroger. Alors, à moins que tu ne tiennes à ce que tes relations d'affaires comme tes amis de la paroisse apprennent que tu n'es rien d'autre qu'un fieffé menteur doublé d'un voleur, il nous faut conclure un accord. Tu ne remettras jamais les pieds dans cette maison et je vais charger Garringer, de la Cityville Bank, de gérer mes affaires, avec ordre de ne jamais te laisser avoir le moindre accès à mon argent. En sus de quoi, tu vas faire un don de vingt mille dollars au Foyer des Vieillards indigents.

— Quoi ? s'écria-t-il en devenant écarlate.

— Tu m'as volé bien plus que ça, m'amenant ainsi à apprendre ce que c'est de devoir toujours tirer des plans pour la moindre dépense. C'est terrible ! Tu vas donc faire en sorte que les nécessiteux de South Bend puissent être traités de façon un peu plus digne...

— Si vous croyez un seul instant que je...

— Tu as le choix, l'interrompit-elle. Tu agis ainsi ou je téléphone à la *Gazette* et je leur raconte toute l'affaire. Que penseront alors de toi tes amis du Country-club ?

Il serra les dents, puis lança :

— C'est tout ?

— Non : je te tiens pour un sale égoïste et je ne t'aime pas. Alors, prends bien soin de ne pas me pousser à bout, car c'est la dernière fois que je te considère comme faisant partie de la famille.

Sur quoi, elle se leva en me disant :

— Voulez-vous bien reconduire Phillip jusqu'à la porte, Hillie ? Nous en avons terminé.

Comme nous traversions le hall, Phillip me susurra avec rage :

— C'est à vous que je dois ça ! C'est votre œuvre !

— Oui, en effet, lui confirmai-je avec le sourire. Vous ne m'êtes aucunement apparenté et je vous tiens pour le dernier des salauds. La seule raison qui m'incite à me taire sur votre compte, c'est que j'aime votre belle-mère.

— C'est donc ça ! Maintenant, vous vous apprêtez à plumer la vieille !

— Vous êtes encore pire que je ne le pensais, ripostai-je. Je me réjouis qu'il ne nous ait jamais été donné de faire plus ample connaissance.

Ayant dit, j'ouvris la porte toute grande et il regagna sa voiture.

Au cours des semaines qui suivirent, Mrs Parker s'amusa vraiment beaucoup. Elle fit refaire entièrement l'intérieur de sa maison et, chaque jour, elle me demandait de sortir la voiture pour que nous allions déjeuner dans un nouveau restaurant, et elle renoua avec de vieux amis qu'elle n'avait pas revus depuis des années.

Mais vers la fin du mois d'août, elle se rembrunit au point que, un matin, au petit déjeuner, je finis par lui demander :

— Qu'avez-vous donc qui vous tracasse ?

Elle soupira :

— Dans la vie, il n'y a pas que l'argent.

— Non, mais il compte pour beaucoup.

Elle rit, puis :

— Savez-vous qu'il y a un excellent collège non loin d'ici ?

J'acquiesçai :

— Un collège très coûteux.

Elle haussa les épaules :

— Quand on est une vieille femme comme moi, à quoi sert l'argent si l'on n'a pas quelqu'un avec qui le partager ?

Me voyant secouer la tête, elle continua vivement :

— Ne me faites pas le coup de la fierté, mon petit ! Certes, je serais prête à pourvoir à tous vos besoins et vous ne l'ignorez pas, mais j'aimerais mieux continuer de vous avoir avec moi. Je me demandais...

— Oui ? la pressai-je, comme elle s'interrompait.

— Une journaliste risquerait probablement moins d'être importunée si elle voyageait avec une vieille parente, pouvant au besoin jouer les chaperons. Il y a quantité d'endroits où j'aimerais aller avant d'en être réduite au fauteuil roulant ou à garder le lit.

— Que me racontez-vous là ?

Elle soupira derechef :

— Faut-il vous mettre les points sur les i ? Je n'ai pas d'enfants, pas de neveux, pas de famille. J'aimerais trouver en vous la petite-fille que je n'ai jamais eue.

Mes yeux s'embuèrent. Je n'ai pas la larme facile, mais Mrs Parker avait ému au plus profond de moi quelque chose dont je ne soupçonnais même pas l'existence.

— Vous pourriez habiter ici pendant que vous termineriez vos études, et je serais heureuse que vous y invitiez des camarades à vous. Que dites-vous de ça ?

— Je tiens à ce que vous sachiez que lorsque je suis venue en réponse à votre annonce, c'était dans l'intention de vous voler.

Elle respira profondément, me considéra fixement l'espace d'une minute, puis se mit à rire :

— Vous n'avez pas eu de chance : mon neveu vous avait devancée.

La chose était assez comique, en effet.

— Vous êtes une brave petite, reprit-elle. Alors, qu'en pensez-vous ? Croyez-vous pouvoir vivre encore quelque temps avec une personne comme moi ?

Je l'entourai de mes bras :

— Je crois que nous nous ressemblons beaucoup.

— Oh ! vraiment ?

Une malicieuse gaieté emplit ses yeux bleus :

— Alors le monde entier fera bien d'être sur ses gardes !

The Pigeon
Traduction de Maurice B. Endrèbe

DANS LE LAC

par ERNEST SAVAGE

J'ai toujours pensé que les montagnes qui entourent le lac ne sont pas à la hauteur. Une si noble pièce d'eau mériterait un cadre grandiose, les Alpes par exemple, avec le Matterhorn d'un côté et l'Eiger de l'autre. Mais il faut que je fasse attention à ce que je raconte. Il paraît que Dieu ne supporte pas la moindre critique quant à la beauté du lac Tahoe...

Car Tahoe fait tout pour repousser la présence humaine. Ses eaux sont glaciales d'un bout de l'année à l'autre, sa plage n'est qu'un lit de cailloux coupants. La moindre boîte de bière vide à moins d'un kilomètre devrait être une véritable abomination, et c'est pourtant par millions qu'on les compte aujourd'hui. Malgré ses quatre cent quatre-vingt-dix mètres de profondeur, le lac commence déjà à se remplir des détritus, des immondices et de la fange accumulés par l'homme lors de son éphémère passage sur cette terre. Il a fallu douze millions d'années à la planète pour créer pareille splendeur, mais il nous suffira d'un siècle pour la détruire. L'humanité et Tahoe ne sont pas faits l'un pour l'autre.

***

Ils habitaient dans une maison de sept cents mètres carrés — tous les deux, avec une bonne. Une bagatelle. Sur ses genoux, reposait une énigmatique boule de fourrure blanche. Mais elle ne prit pas la peine de me dire de quoi il s'agissait. Et je ne le lui demandai pas. Ça respirait, mais ça n'aboyait ni ne ronronnait. Mrs Wilson était installée sur un immense canapé, devant les fenêtres donnant sur le lac. La bonne m'avait fait asseoir dans un fauteuil en face de sa patronne, ce qui me laissait tout loisir de contempler cette dernière sur la superbe toile de fond constituée par le lac entouré de collines. Comme il ne m'avait pas fallu moins de quatre heures pour venir de San Francisco, j'étais d'une humeur massacrante, prêt à trouver que le client a tort. Ce qui est souvent le cas de toute façon.

C'était un avocat du nom de Marcus qui m'avait engagé la veille, jeudi matin, pour retrouver le mari de Mrs Wilson, un certain Bill, qui avait disparu. L'homme de loi m'avait fixé rendez-vous dans un bar sombre situé au coin de ma rue et de Van Ness Avenue où il m'avait remis mille dollars dans une enveloppe vierge. Deux billets de cinq cents dollars.

Quand il m'annonça qu'il me faudrait aller au lac Tahoe pour faire le boulot, je faillis lui rendre le fric. Je connaissais l'endroit pour y avoir pêché la truite et le saumon quinze ans auparavant. Mais depuis, j'avais renoncé à y retourner à cause de l'interminable traversée des faubourgs de Reno dont la seule vue me filait la nausée. Quel dommage que les abords du lac n'aient pas été interdits au début du siècle !

— Marcus m'a informé que Mr Wilson a disparu

lundi soir, commençai-je après les politesses d'usage. (A part le fait qu'il était l'avocat de Wilson depuis trente ans, Marcus ne m'avait pas appris grand-chose.)

— Oui, confirma-t-elle, de sa voix de contralto. Il est sorti aux environs de sept heures et personne ne l'a revu depuis.

A contre-jour, devant les fenêtres, elle semblait avoir environ mon âge, la quarantaine bien sonnée. En plein soleil, elle devait peut-être faire plus vieux. Mais sa voix était encore celle d'une jeune femme.

— Mr Wilson a quel âge ?

Ma question lui fit hausser les sourcils.

— Ce n'est guère convenable, comme question.

— Madame Wilson, je vous en prie ! fis-je de mon air le plus excédé. J'ai une flopée de questions à vous poser, et dans le tas, vous n'en trouverez pas dix pour cent de convenables. En plus, j'ai ce mot en horreur.

— Voilà un pourcentage bien faible, Monsieur Train. Bill a soixante-sept ans. « Pertinent », vous conviendrait-il mieux ?

— Où est-il allé ?

— Vers le sud. Il a pris son bateau. A moins que vous ne préfériez « impertinent » ?

— *Son* bateau ? Parce qu'il possède un bateau en propre ?

— Oui, Monsieur Train. Son yacht de cinquante mille dollars. N'oubliez pas que nous sommes des gens riches, Monsieur Train. Même si cela vous révolte. Nous possédons *deux* bateaux, quatre voitures, ainsi que des appartements à San Francisco et à Cap-d'Ail sur la Côte d'Azur. J'ajoute que les jolies petites chaussures que j'ai aux pieds coûtent cent dollars.

J'en restai comme deux ronds de flan. Pourquoi

les riches sont-ils toujours si mal à l'aise, même quand ils sont entre eux ? Sans doute parce que la tradition n'a pas encore eu le temps de s'établir. Il faut des générations pour s'habituer à la fortune, surtout à la fortune que l'on s'est faite sur le dos des autres.

— Est-ce bien convenable, Madame Wilson ?

L'espace d'un instant, ses lèvres se crispèrent. Elle déposa la boule de fourrure à côté d'elle sur le canapé et se leva.

— Vous boirez sûrement quelque chose ? lança-t-elle en se dirigeant vers le bar.

— Scotch, s'il vous plaît.

Il n'était que deux heures de l'après-midi, mais l'âge aidant, j'avais tendance à me laisser un peu aller dans ma consommation. Grande et mince, elle se déplaçait avec aisance. Personne ne peut m'accuser de ne pas aimer les rupins. Ce n'est pas leur argent qui me dérange, mais leur façon de le gagner et de le dépenser.

L'alcool me fit du bien. Mrs Wilson m'apprit que son mari était l'un des leaders du mouvement écologiste local qui, depuis des années, menait contre les partisans de la croissance à tout prix une guerre sans merci. Ce qui, à son avis, ne manquait pas de sel, son époux ayant bâti sa fortune sur le lotissement des environs du lac Tahoe. Mais, avec un zeste d'humour, elle ajouta que l'approche de la tombe faisait voir les choses de la vie sous un jour différent.

Pour compliquer encore l'affaire, la région était à cheval sur le Nevada et la Californie et comptait cinq comtés dans chacun des deux États. Bien que, d'après elle, la situation fût inextricable, les dirigeants des différentes factions s'étaient réunis lundi soir sur la rive sud pour essayer de trouver une solution. Cette réunion s'étant, comme les précédentes, soldée par un échec, les participants s'étaient séparés vers onze heures trente. Wilson avait regagné en taxi la marina où le yacht était ancré, et personne ne l'avait revu depuis lors.

— Et les flics, qu'est-ce qu'ils en disent ?

— A leur avis, quelqu'un a profité de la situation, Monsieur Train.

— Vous n'êtes pas d'accord avec eux ?

— C'est une hypothèse que je *refuse* d'envisager.

— Quand avez-vous alerté la police ?

— Mercredi matin.

— Pourquoi avoir tant attendu ?

— Je voulais lui donner une chance.

— Pourquoi ? Ça lui est déjà arrivé ? Je veux dire, de disparaître ?

— Pas pendant si longtemps.

— La dernière fois, c'était quand ? Et où est-il allé ?

— C'était il y a deux ou trois mois. Il était descendu à San Francisco.

— A l'appartement ?

— Oui.

— Vous avez téléphoné ?

— Bien sûr. Mais ça ne répond pas. Il n'y est pas.

— Vous l'aimez ?

— Vous trouvez que c'est une question convenable ?

— Je veux !

— Si vous me soupçonnez d'avoir trempé dans cette affaire, Monsieur Train, vous perdez votre temps. Parce que je l'aime. Je l'aime même beaucoup.

Elle semblait sincère.

— Ça fait longtemps que vous êtes mariés ?

— Vingt ans.

— Des enfants ?

— Non.

— C'est vous qui héritez ?

— Bien sûr.

— Le pacson ?

— Comme vous dites.

— J'ai bien aimé quand vous avez dit que l'approche de la tombe faisait voir les choses de la vie sous un jour différent, Madame Wilson.

Elle haussa les épaules.

— Votre mari avait-il un pied dans la tombe ? A supposer qu'il n'y ait pas les deux maintenant...

— C'est notre cas à tous.

— Il est malade ? Gâteux ?

— Contre lui, vous ne feriez pas le poids, cher Monsieur. Il a encore une bonne quinzaine de belles années devant lui.

— Et dans une quinzaine d'années, ça vous fera quel âge ? Cinquante-cinq ans ?

— Quinze ans de plus qu'aujourd'hui, pas plus.

Je ne pus retenir un sourire. Elle avait de la repartie.

— Ils ont retrouvé le bateau ?

— Non.

— Ils l'ont cherché ?

— Évidemment. Et moi aussi si vous voulez le savoir. Mercredi et jeudi, toute la journée. Comme je vous l'ai dit, nous avons deux bateaux. J'ai fait le tour du lac.

— Et alors ?

— Alors, rien. Sinon, je vous aurais mis au courant.

— Vous avez cherché ailleurs ?

— Où ailleurs ? Cher Monsieur Train, quand nous trouverons le bateau, nous saurons que Bill n'est pas loin.

Elle se leva du canapé une deuxième fois et me prit le verre des mains. Il était encore à moitié plein, alors que le sien était déjà vide. Quarante ans, me dis-je après avoir vu son visage de plus près.

— Et vous, qu'est-ce que vous en pensez, du développement immobilier ? lançai-je.

Elle se retourna.

— Je ne veux plus que le lac ait à souffrir de quoi que ce soit. (Ses yeux s'étrécirent.) Je suis entièrement du côté de Bill.

— Parce qu'il y en a qui sont contre ?

— Des centaines de gens.

— Par exemple ?

— Marcus, pour commencer. Le bon gros qui vous a engagé.

— Et pourquoi ?

— Demandez-le-lui quand vous le reverrez.

— Qu'est-ce qu'il me dira ?

— Il vous dira que, à cause de sa position utopique, Bill perd une véritable fortune. Avec tous les terrains qu'il possède, il bloque une multitude de projets et empêche des milliers de gens de s'enrichir. En fait, il leur casse les reins.

— Marcus est-il de ceux qui s'en mettraient plein les poches si Mr Wilson venait à rendre l'âme ? (Ce n'était pas cent suspects que je voulais, mais un seul.)

Elle faillit répondre, mais se ravisa pour réfléchir un instant.

— Je ne suis pas au courant des accords qu'ils ont passés, finit-elle par énoncer d'une voix incertaine et se cachant le visage dans ses mains, elle se retourna vers le bar.

J'entendis la porte d'entrée s'ouvrir, se refermer. Un bruit de pas décidés résonna sur les carreaux du vestibule avant de venir mourir dans l'épaisseur moelleuse de la moquette du séjour. Un homme apparut à ma droite qui se dirigea vers Mrs Wilson.

— Ça y est, dit-il.

En m'apercevant, il ouvrit des yeux grands comme des billes de loto.

— De quoi s'agit-il ? m'enquis-je.

— De vous, répondit Mrs Wilson d'une voix redevenue claire.

Elle s'empara du journal plié que l'homme tenait à la main et l'ouvrit.

— Où ?

— Page deux, première colonne à gauche.

Elle parcourut l'article du regard avant de se mettre à le lire à haute voix :

« Mrs William Wilson, épouse du représentant des défenseurs de l'environnement du lac Tahoe, a annoncé jeudi soir qu'elle avait engagé un détective privé de San Francisco, le célèbre Sam Train, afin d'aider les autorités locales dans leurs recherches pour retrouver son mari, disparu depuis lundi soir. »

— « Célèbre » ? repris-je.

— Vous auriez préféré autre chose ?

— N'importe quoi, mais pas ça. Dites donc, Madame Wilson, c'est Marcus qui m'a engagé, pas vous. Pourquoi le canard raconte-t-il que c'est vous ?

— La secrétaire de Marcus a appelé hier. Elle a annoncé à Millie que son patron vous avait engagé et que vous arriveriez aujourd'hui.

— Millie, la bonne ?

— Oui. Harley et moi — elle désigna de la main le nouvel arrivant — explorions le lac à la recherche de Bill.

— Vous avez rappelé Marcus ?

— Non. La secrétaire avait précisé qu'il venait de partir en vacances à Hawaii.

— Ladite secrétaire vous a-t-elle suggéré de prendre mon engagement sous votre bonnet ?

— Non. Mais nous avons pensé, Harley et moi, qu'il vaudrait mieux que l'initiative semble venir de moi.

— Les apparences comptent donc tellement pour vous, Madame Wilson ?

— Normalement, non. Mais nous ne sommes pas dans une situation normale.

Je me levai et Mrs Wilson effectua enfin les présentations. Harley Wilson était le neveu de Bill. On eût dit une poupée de porcelaine, avec son visage parfait et ses dents éclatantes. Beau, oui, mais c'était tout. En m'écrabouillant les phalanges d'une poigne de macho, il se déclara enchanté. Mon œil.

— Puisque vous semblez tant tenir aux apparences dans cette affaire, pourquoi avoir laissé à Marcus l'initiative d'engager un privé ?

— Parce que je ne voulais engager personne. Je suis persuadée que Bill réapparaîtra quand bon lui semblera.

— Qu'est-ce qui vous fait dire ça ?

— Mon intuition. J'ai un pressentiment.

— Ouais, lâchai-je. Moi aussi.

***

A trois heures, je pris la route 28 en direction de la rive sud du lac où Wilson avait été vu pour la dernière fois. Je trouvai sans difficulté le bureau du shérif du coin, où l'on me conduisit à un flic en civil du nom de Hanley. Quand je me présentai, son visage devint de marbre. Il avait un journal ouvert sur son bureau.

— On n'a pas besoin de vous, Train, grogna-t-il.

— Ah bon ? Vous l'avez retrouvé ?

— Faites pas le malin. On le retrouvera.

— Mort ou vivant ?

— Mort, probablement. Mais, de toute façon, on n'a pas besoin de vous.

— Vous permettez que je vous dise ce que j'en pense ?

— Du moment que c'est pas une grossièreté...

— Alors comme ça, vous lisiez cet écho, hein ? Mal rédigé, comme j'ai eu l'occasion de le dire au rédacteur.

— Qu'est-ce que c'est, votre idée, Train ?

— Eh bien voilà : si vous aviez trouvé une voiture abandonnée ici depuis lundi soir, je ne serais pas autrement étonné.

— On en trouve deux ou trois par semaine.

— Celle à laquelle je pense serait neuve, Hanley. Probablement une voiture de location. Peut-être une Impala. Dans la marina où Wilson a ancré son yacht.

Hanley garda un silence éloquent.

— Et alors ?

— Vous en avez trouvé une ?

— Ce matin. Une LTD. Qu'est-ce qui vous a donné cette idée ?

— Écoutez-moi bien. Wilson a pris son bateau lundi soir. Et depuis, on n'a revu ni l'un ni l'autre. D'accord ?

— D'accord.

— Bon. Examinons donc les différentes possibilités. Ou bien il était seul, ou bien il ne l'était pas. S'il était seul, il serait rentré chez lui comme prévu, à moins qu'il ne soit arrivé quelque chose au bateau. Je ne sais pas, moi : qu'il ait explosé ou coulé...

— Ça m'étonnerait. Quelqu'un aurait vu ou entendu quelque chose, sinon les deux.

— Parfait. Nous supposerons donc qu'il n'était pas seul. Si notre deuxième larron était sur le bateau quand Wilson est monté à bord, cela signifie probablement qu'il était venu à la marina en voiture, puisque de nos jours personne ne se sert plus de ses jambes. Et puisqu'il était sur le bateau quand ce dernier a disparu, c'est pour ça qu'il n'est pas revenu chercher sa voiture. Si vous me parliez un peu de cette LTD, maintenant ?

— Louée à Sacramento. On l'a trouvée dans le parking de la marina. Le contrat de location était dans la boîte à gants. Au nom de Frank Smith.

— Ce bon vieux Frank Smith, soufflai-je.

— Vous pensez que c'est un pseudonyme ?

— Un nom de guerre, Hanley.

— Et pourquoi ?

— Y en a un sur deux qui s'appelle Frank Smith, allez savoir pourquoi... C'est un tueur à gages, Hanley. Ou c'était.

— Vous pensez que... quoi ? Qu'ils se sont tués sur le bateau ? Mais après ? Comment auraient-ils fait pour le couler ?

Je ne répondis pas. Je restai un long moment plongé dans mes pensées, à examiner les différentes hypothèses. Et Dieu sait qu'il y en avait un paquet.

— Wilson est le meneur des gens qui sont contre les promoteurs, d'accord ? Qui est son adversaire direct ?

— Il y en a beaucoup.

— Le plus dur ?

— Ma foi... Phil Enderby, peut-être. C'est un gros promoteur.

— Vous l'avez interrogé ?

— Non. J'aurais dû ?

— Alors, qui avez-vous interrogé ?

— A vrai dire, personne. Nous n'avons pas le moindre élément.

Je vrillai mon regard dans le sien.

— Hanley, vous pensez que Wilson est mort, oui ou non ?

— Eh bien... oui, je suppose.
— Continuez de supposer. Qui est-ce qui l'a tué ? Un ami ou un ennemi ?
— Ça suffit, Train ! Un ennemi, bien entendu.
— Enderby est un ami ?
— Non !
— Un ami à vous, peut-être ?
Quand on a lâché une bombe comme ça, il faut s'arrêter et regarder. Dans les comtés, les flics locaux sont toujours de mèche avec les factions au pouvoir, d'un côté ou de l'autre. Ça n'est pas un crime, ça fait partie de la vie. Mais à voir la réaction d'Hanley, j'avais mis dans le mille. Le haut de son visage était devenu écarlate et le bas livide. Il lui fallut trente secondes d'efforts surhumains pour se retenir de me cracher à la figure, mais je parlai le premier.
— Enderby y était, à la réunion de lundi soir ?
— Oui.
— J'imagine qu'il est bouleversé par la disparition de Wilson, le pauvre chéri ?
— Il est enchanté.
— Vous lui en avez parlé ?
— Je ne fais que ça.
— Vous êtes de son côté, hein ?
— Et vous du côté de Wilson.
— C'est mon sang indien, répliquai-je, m'attribuant une ascendance que je n'ai ni ne mérite. Moi pas aimer agonie de Gros-Diamant-dans-le-Ciel, comme mes ancêtres appelaient le lac. Vos petits copains et vous ne pensez qu'à une chose, Hanley : l'étouffer sous une forêt d'enseignes au néon et l'empoisonner avec vos saloperies de déchets. Vous avez raison, nom de Dieu, je suis du côté de Wilson. Et comment !
— Foutez le camp d'ici, Train !
— Bien parlé ! Comme au bon vieux temps, shérif. Avec le plus grand plaisir.

— Et ne revenez pas !

Je faillis lui éclater de rire au nez.

— Tu parles, Charles !

***

J'arrivai à la maison de Mrs Wilson à six heures. Le soleil venait de disparaître derrière la sierra. Sur la crête dentelée, les pins étaient nimbés d'un halo de lumière rougeoyante. Dans l'air apaisé du soir, le lac bleu cobalt évoquait un océan de sérénité. Quel paradis ç'avait dû être autrefois !

Quand je sonnai, ce fut Harley qui m'accueillit.

— Tiens, Train ! fit-il d'un ton cordial. Déjà de retour ? (A ses yeux brillants, je vis qu'il était saoul.) Entrez donc, cher Monsieur, je vous en prie !

Il ouvrit la porte toute grande devant moi, mais je ne bougeai pas d'un pouce.

— Dites-moi, Harley, il est gros comment, Marcus ?

— Pardon ?

— Mrs Wilson l'a traité de « bon gros ».

— Parce qu'il l'est.

— Gros comment ?

— Eh bien, gros, répéta-t-il. Oui, gros.

Il décrivit un cercle de ses mains pour me montrer, renversant du même coup une partie du contenu de son verre sur le carrelage.

— Et est-il aussi « bon » que ça ?

— Moins « bon » que « gros », cher Monsieur, mais il rit beaucoup, souvent sans raison. Vous en avez des questions ! Je croyais que vous l'aviez rencontré ?

— Il faisait nuit. Vous connaissez l'adresse de l'appartement de Wilson à San Francisco ?

— Ça alors ! Quelle drôle de question !

— Vous ne la connaissez pas ?

— Bien sûr que si. Tours Bleinheim, dans Kearney Street.

— Où est Mrs Wilson ?

— Dans le patio. Elle s'apprête à faire griller des steacks au barbecue et Millie prépare la salade — une César, naturellement. Si vous voulez vous joindre à nous...

D'un ample moulinet du bras, il m'invita à entrer. Mais je ne pus m'empêcher de trouver son hospitalité suspecte. C'était difficile à avaler, surtout sur un estomac vide.

— Non merci, déclinai-je. Bon appétit tout de même !

Il m'adressa un sourire éclatant. Lui tournant le dos, je remontai l'allée en direction de ma vieille Dart.

***

Dressé sur un promontoire dominant la baie, le complexe Bleinheim est une enclave impénétrable réservée aux grosses galettes, dont les tours phalliques et tumescentes s'élancent vers le ciel comme pour le violer. A côté, l'avenue Van Ness, où j'habite, est nulle. La seule vue que j'y ai est celle des passants.

J'ai beau me répéter qu'il faut que je déménage, je ne m'y résoudrai sans doute jamais. On n'échappe pas à son destin.

A la maison, je ne cesse de broyer du noir. Quand je me déplace, je me berce d'illusions, rêve d'amélioration et de changement. Mais quand, effondré dans mon fauteuil, je regarde le journal télévisé de 23 heures avec son cortège habituel d'accidentés de la route, la rage, que j'ai au cœur en permanence mais que j'essaie d'oublier, se rappelle à mon bon souvenir comme un repas mal digéré à un estomac constamment agressé.

Pauvre Tahoe. Quel lâche j'avais été... Quinze ans auparavant, alors que je pêchais dans ses eaux cristallines, j'avais, à une dizaine de mètres de ma barque, aperçu distinctement une boîte de bière dont j'avais pu lire l'étiquette. Furieux, j'avais alors empoigné mes rames et regagné le rivage. J'aurais mieux fait de rester pour essayer d'y remédier. Mais j'étais parti. Pour toujours. Wilson, au moins, se battait — ou s'était battu.

Je me levai et coupai le sifflet à la télé. Vingt-trois heures quinze.

En taxi, il ne me fallut pas plus d'un quart d'heure pour y être. Le sommet du bâtiment était plongé dans les ténèbres, mais l'entrée, style Renaissance, était tout illuminée. Un vrai régal. Je dis au chauffeur de m'attendre et passai les portes de bronze de Bleinheim Towers comme si je n'avais fait que ça toute ma vie.

Abandonnant le registre dans lequel il était plongé, le portier de nuit remonta ses lunettes sur son nez et m'apostropha.

— Monsieur ?

Sa main, déjà peu éloignée du revolver qu'il portait à la taille dans un étui, sembla instinctivement s'en rapprocher encore plus. Tout le monde est armé, dans cette putain de ville. Derrière lui, un mur couvert de boîtes aux lettres.

Je me dirigeai vers le comptoir.

— Marcus, s'il vous plaît.

— Désolé, Monsieur, mais il n'y a pas de Marcus ici.

C'était un homme corpulent, même âge et même taille que moi environ, qui semblait tout à fait compétent dans son impeccable uniforme bleu.

Mais son regard vénal dénotait la conscience élastique du portier de métier.

— Où avais-je la tête, m'exclamai-je, l'air excédé par mon lapsus, c'était « Wilson » que je voulais dire.

— Mr et Mrs Wilson sont dans leur villa du lac Tahoe, fit-il. Ils viennent très rarement ici, Monsieur.

Comme il avait des yeux à dix dollars, je sortis deux fois cette somme de mon portefeuille et posai ostensiblement les billets sur le comptoir.

— Vous avez bien un papier et un crayon ?

— Certainement, Monsieur.

Comme par enchantement, les deux billets furent escamotés et remplacés par une feuille et un stylo-bille.

« Veuillez appeler Sam Train de toute urgence », écrivis-je, laissant mon numéro de téléphone sous le message.

Je remis la feuille au portier qui la plia sans la regarder.

— Donnez ça à la personne qui est là.

A son sourire servile, je compris qu'il s'exécuterait. Et même dès que j'aurais le dos tourné.

***

La sonnerie du téléphone me réveilla le lendemain matin, samedi, à sept heures. Bien que je ne sorte pas du sommeil avec la rapidité d'un chien, j'entendis clairement une voix énoncer :

— Train ? Ici Marcus. J'ai reçu votre mot.

— Marcus, répétai-je en m'éclaircissant la voix. Mais vous êtes censé être en vacances.

— Qu'est-ce qui vous dit que je ne le suis pas ?

— Rien, en effet, concédai-je. Je vous rejoins dans une heure.

— Vous avez pris votre petit déjeuner ?

— Un homme civilisé ne poserait pas cette question.

— Parce que vous croyez que ce genre d'animal existe encore ? Œufs au jambon, jus de fruit, toast et café, ça vous va, Train ? Ça sera prêt à votre arrivée. Je dirai au cerbère de l'entrée de vous laisser passer.

— Très bien, Monsieur Wilson. Mais ne comptez pas sur moi avant une bonne heure et demie. Nous avons le temps, maintenant.

***

Il avait commencé dans la vie comme cuisinier dans un snack-bar de Denver, appris-je pendant le petit déjeuner. Quand il ajouta qu'il n'avait pas son pareil pour les œufs au plat, je répondis que je n'avais jamais considéré cela comme un sommet de la gastronomie. Mais je dois reconnaître que ses œufs étaient excellents, cuits à point, comme je les aime.

Comme il ne parlait jamais à table, je l'imitai, trop heureux de pouvoir contempler en paix de mon siège le *Bay Bridge* et le *Ferry Building* au loin, spectacle qu'il ne m'est pas donné de voir tous les jours de pareille hauteur. Il ne discuta pas lorsque je l'appelai Wilson.

Quand nous en arrivâmes au café, il alluma une cigarette et me demanda comment j'avais deviné.

— Et ne me dites pas que c'était facile, ajouta-t-il.

— Enfantin, renchéris-je. Smith avait garé sa voiture dans le parking de la marina et vous attendait sur le bateau, ça sautait aux yeux.

— Smith ?

— C'est le nom qu'il a donné, Frank Smith. Je

ne sais pas pourquoi, mais c'est un pseudo très populaire chez les tueurs à gages. Parce que vous ne saviez pas comment il s'appelait ?

— Non. Après l'avoir descendu, je me suis contenté de faire main basse sur l'argent qu'il avait dans son portefeuille, parce que, comme je n'en avais pas beaucoup sur moi, je savais que j'en aurais besoin. Mais je ne me suis pas donné la peine de regarder ses papiers.

— Très bien, fis-je. Donc, hier matin, les flics ont retrouvé sa voiture dans le parking de la marina, ce qui signifiait qu'il n'avait pas pu revenir. Comme par ailleurs le bateau avait disparu, c'était que quelqu'un avait dû le couler. Et comme il n'y avait que deux personnes à bord et qu'il n'était pas en état de venir récupérer son véhicule, ce quelqu'un ne pouvait être que vous. Vous étiez donc bien vivant.

« De plus, vous n'êtes ni gros ni particulièrement bon. Or votre femme avait décrit Marcus comme un "bon gros". »

— Je savais que mon histoire ne tenait pas la route, Train. Mais j'espérais quand même qu'elle résisterait assez longtemps pour que vous puissiez découvrir qui avait monté le coup. (Son regard devint noir.) Qui est-ce, Train ? Ça ne serait pas un certain Enderby, par hasard ?

— On parlera de ça plus tard, coupai-je. Comment l'avez-vous tué ?

— Avec ça, fit-il, montrant les battoirs qui lui servaient de mains.

— Racontez-moi ça.

— Je venais de sortir de la marina — j'avais peut-être fait trente mètres sur le lac — quand je me suis retourné sans raison précise — peut-être parce que je n'avais pas les sensations habituelles à cause du poids supplémentaire. C'est alors que je l'ai vu, au clair de lune, revolver au poing, à trois mètres de moi.

— Et alors ?

— Juste au moment où il tirait, j'ai donné un violent coup de barre à gauche qui lui a fait perdre l'équilibre. La balle m'a mordu le gras du bras, mais sur le moment je ne m'en suis pas aperçu. J'ai plongé vers lui et serré son cou en lui cognant la tête sur le pont, comme un fou. Quand je me suis arrêté, il était mort. (Le souvenir le fit bondir sur ses pieds, furieux après lui-même.) Dans le dos ! Descendre quelqu'un *par-derrière !*

A l'entendre, on eût dit que c'était la fin du monde. Il n'avait pas dû voir grand-chose, dans sa vie.

— Montrez-moi cette blessure, fis-je.

Depuis mon arrivée, il n'avait pratiquement pas bougé le bras gauche.

— Ça n'est rien.

— Faites voir, insistai-je. (Il enleva sa veste d'intérieur et me montra son biceps gauche. L'estafilade était vilaine et infectée.) Il vous faut un docteur tout de suite.

— Non, il fera un rapport.

— Pas le mien.

Je me levai, allai à son bureau passer un coup de fil et revins.

— Bon, et après l'avoir tué ? Le toubib sera là dans vingt minutes. Quinlan, il s'appelle. Excellent, vous verrez. Alors, qu'est-ce qui s'est passé après ?

— J'ai sorti le bateau sur le lac et suis allé vers la rive est. Je sais que personne n'y habite, parce que tout le terrain est à moi. C'est là-bas qu'ils voudraient que je les laisse construire. Mais à ma mort, ça deviendra un parc national. C'est dans mon testament.

« Bref, j'ai pris dix billets de cinq cents dollars

dans le portefeuille de cette ordure — vous vous rendez compte ? — et j'ai ouvert les vannes à un endroit où il y a plus de quarante mètres de profondeur, à cinquante mètres du bord. J'ai laissé couler mon pauvre bateau et regagné le rivage à la nage. Ensuite, j'ai remonté la route jusqu'à la cabine téléphonique d'où j'ai appelé un chauffeur de limousine de luxe que je connais. Il a suffi d'un billet de cinq cents dollars détrempé pour qu'il accepte de me ramener ici et de garder le silence.

— Tout ça, c'était lundi soir ?

— Oui. J'étais tout à la fois épuisé, déprimé, furieux et déboussolé. J'avais compris que ce type était un tueur, bien sûr, et qu'il avait bien fallu quelqu'un pour l'engager. Mais je ne voyais pas qui ça pouvait être. Je vous ai donc contacté jeudi. Le reste, vous le savez. En fait, vous en savez plus que moi.

— Je crois.

— Peut-être même que vous avez une idée sur l'identité de celui qui a fait le coup. Je me trompe ?

— En effet, j'ai mon idée là-dessus. Mais je me gourre peut-être.

— Qui est-ce ? Enderby ? Phil Enderby ?

— A votre avis ? Vous devriez être plus au courant que moi.

— Bon Dieu ! Ça suffit, Train !

— Attendez. Peut-être qu'il y a un moyen de le prouver. Est-ce que Smith vous a parlé, avant de tirer ?

— Non, il n'avait aucune raison... Un instant !

Il fronça les sourcils et se mit à réfléchir. Sans s'en rendre compte, il se mit à se frotter le coude gauche. C'était là que la douleur se faisait le plus sentir.

— Alors, qu'est-ce qu'il a dit ?

— Une seconde... Il a dit : « Vous êtes bien

Mr Bill Wilson ? » C'est ça. Il a dit : « Vous êtes bien Mr Bill Wilson ? »

— Sa voix était comment ? Aiguë ? Grave ?

— Une voix haut perchée, un peu frêle.

Il fit une tentative pour l'imiter, et récidiva, un petit peu plus haut.

— Qu'est-ce que vous pensez de ça ?

J'essayai à mon tour, et remis ça jusqu'à ce qu'il me dise que je commençais à approcher de la vérité. Et quand je répétai « Vous êtes bien Mr Bill Wilson ? » pour la dernière fois, il s'exclama :

— Ça y est, vous y êtes ! En plein dedans !

— Alors, on peut appeler Enderby, déclarai-je.

— C'est lui, Train ? Hein ?

— Quelqu'un m'a dit qu'il était enchanté de votre disparition, Wilson. Vous avez son numéro ?

— Oui.

Il se leva, me conduisit au bureau d'où j'avais appelé le toubib et me montra le numéro. Deux minutes plus tard, j'avais Enderby au bout du fil.

— Enderby, je veux plus de fric.

— Comme tout le monde, répliqua ce dernier. Qui est à l'appareil ? (Il avait une voix forte et directe.)

— Wilson est mort, continuai-je. Le boulot vaut mieux que ce que tu m'as filé. Cinq mille de mieux.

— Qu'est-ce qui vous fait croire que Wilson est mort ?

Sa voix, qui avait baissé d'une octave, tenait maintenant du grondement.

— Ça va, lâchai-je. Tu m'as engagé, et j'ai respecté mon contrat. Mais ça vaut cinq mille de plus.

Il y eut un long silence à l'autre bout de la ligne et je regardai Wilson en secouant la tête.

— Qui est à l'appareil ? répéta tranquillement Enderby.

Je raccrochai.
— Ce n'est pas Enderby.
— Qui, alors ?
— Vous le savez bien, non ?
— C'est Marcus, hein, Train ? Je ne voulais pas l'admettre. Il a mis du temps à se décider.
— Si vous mourez, il y gagne ou il y perd ?
— Il y gagne, et gros ! Ça fait un bout de temps que je l'empêche d'empocher un sacré paquet. Il a jamais pu l'avaler.
— Où est-il ?
— A Hawaii. A un congrès d'avocats. C'est pour ça que j'ai pris son nom quand je vous ai engagé. Je savais qu'il serait absent.
— Et qui avez-vous engagé pour téléphoner à votre femme ?
— Une fille d'une boîte d'intérim. Je lui avais fait apprendre par cœur ce qu'elle devait dire.
— Pourquoi teniez-vous à ce que votre épouse soit au courant ?
— Je me suis dit que ça la rassurerait un peu, Train. Je vous informe que je l'aime. Et qu'elle m'aime aussi.
— Vous savez qu'elle a de la compagnie ?
— Harley ? ricana-t-il. Ce cher Harley. Pour de la compagnie, c'est de la compagnie ! Si mon frère savait, il se retournerait dans sa tombe.
Je ne relevai pas.
— Quelle heure est-il à Hawaii ?
Il consulta sa montre.
— Il y a un décalage de trois heures, je crois. Allez-y, réveillez-le. Et quand vous en aurez fini, passez-le-moi. Me faire tirer dans le dos ! Le salopard !
La sonnerie du téléphone retentit, faisant sursauter Wilson. C'était le planton qui annonçait l'arrivée de Doc Quinlan. Wilson lui donna l'ordre de faire entrer.

— Vous avez reçu d'autres coups de fil ? m'enquis-je. Je veux dire, depuis mardi matin ?

— Non. Pourquoi ? Personne ne sait que je suis ici. Écoutez, Train, je suis juste un peu tendu, voilà tout.

J'ouvris à Quinlan, fis les présentations et les laissai se retirer dans la chambre, après avoir dit à Wilson que j'appellerais Marcus pendant qu'il se ferait soigner. Mais je n'en fis rien. Inutile de foutre l'argent par les fenêtres. Même celui d'un imbécile.

J'étais content de me retrouver tout seul pendant un moment. J'allai à la fenêtre regarder ce qui se passait dans la baie. De cette hauteur, tout semblait calme et tranquille. Pourtant, dans cette baie, il y a des endroits où il vaut mieux ne pas tremper la main si l'on veut garder ses ongles. Je fis demi-tour. Il y a des moments où il vaut mieux ne rien laisser flotter au fil de l'eau, pas même son esprit. On y rencontre des épaves trop horribles.

C'est un Quinlan ravi et guilleret qui regagna le salon sur les talons de Wilson. Après avoir nettoyé et pansé sa blessure, il avait fait une piqûre d'antibiotiques à mon client et lui avait filé des comprimés à prendre. Content de lui-même, il arborait un large sourire.

— Combien lui avez-vous donné ? demandai-je à Wilson d'un ton acerbe. L'un des billets de Smith ?

Wilson haussa les épaules.

— Et alors ?

— Merde ! C'est trop !

— Qu'est-ce que ça peut faire, Train ? Ça n'est pas mon argent !

— Ah non ? Pourtant, ça l'a été !

Je pris Quinlan par le bras et le reconduisis à la porte.

— Tu me dois au moins deux visites à l'œil, lui dis-je rageusement. Non mais dis donc, pour qui te prends-tu ? Pour une sommité ?

Son œil d'alcoolique parcourut l'espace d'un instant la grande pièce somptueuse.

— Non, mais il n'est pas vraiment du genre nécessiteux, Sam.

— Deux visites gratuites, répétai-je en lui claquant la porte dans le dos.

J'étais furieux. Furieux après Wilson. Pour plusieurs raisons, mais surtout pour son inconscience totale de la valeur de l'argent.

— Dites donc, l'apostrophai-je, combien avez-vous donné au vieux crocodile en bas l'autre jour pour qu'il ne vous reconnaisse pas ? Un autre billet de cinq cents dollars ?

— N'oubliez pas que je n'avais que ça. Mais...

— Oui, je sais, vous croyez que c'est pas votre fric. Erreur, Wilson. Il y a encore une semaine, ces billets étaient à vous.

— Vous vous rendez compte de ce que vous dites, Train ?

— Parfaitement. Je dis que c'est votre femme qui a engagé le tueur.

— Non. Sheila n'aurait pas...

— C'est pourtant ce qu'elle a fait.

— Vous ne pouvez pas le prouver.

— Devant un tribunal, sans doute pas. Mais à vous, si, je peux le prouver.

Il se dirigea vers un gros fauteuil de cuir et s'y laissa lourdement tomber. Il faisait bien ses soixante-sept ans, maintenant. Une partie de lui-même refusait la vérité, mais une autre partie l'exigeait. Autrement, pourquoi m'aurait-il engagé ?

— Je vous écoute, fit-il, sans lever les yeux.

— Vous êtes arrivé ici mardi matin. Et depuis, vous n'êtes pas sorti, sauf pour m'engager. Exact ?

— Oui.
— Et le téléphone n'a pas sonné ?
— Non. (Il releva lentement les yeux.)
— La voilà, votre preuve, Bill.
— Quelle preuve ? Ça ne prouve rien du tout !
Il continuait de résister.
— Elle m'a dit qu'il vous arrivait de disparaître de temps à autre pour un jour ou deux. Vous veniez bien ici, non ?
— Quand nous étions au lac, oui.
— Et elle vous téléphonait pour vérifier ?
— Oui, d'habitude.
Il se redressa dans son fauteuil et se mit à se frotter le visage — les yeux surtout. C'était là qu'il devait avoir mal. Parce qu'il voyait clair, maintenant. Il avait probablement toujours su, mais ce qu'il voyait maintenant pour la première fois de ses yeux, c'était les années de différence entre eux deux, entre la vieillesse et la jeunesse.
— Voilà cinq jours que vous êtes ici, continuai-je, et elle n'a pas appelé. Elle m'a déclaré l'avoir fait, Bill, mais c'était un mensonge. Et si elle ne vous a pas appelé, c'est parce qu'elle pense que vous êtes au fond du lac. Parce qu'elle a payé quelqu'un pour vous y expédier. Voilà pourquoi elle n'a pas téléphoné — ni ici ni ailleurs — pour essayer de vous retrouver. Elle s'est dit que l'un de vos nombreux ennemis porterait le chapeau.
Il resta silencieux un long moment.
— Voulez-vous que je l'appelle en imitant la voix de Frank Smith ? demandai-je.
— Non.
— Puis-je faire quelque chose pour vous ?
— Non, vous avez bien gagné votre argent.
— *Personne* ne mérite de gagner mille dollars en un jour et demi, Wilson.
Il ne répondit pas. Il ne me croyait pas ; ça

n'était sans doute pas la première fois qu'il foutait du fric par la fenêtre. Mais là n'était pas le problème. Le problème, c'était le corps dans le bateau au fond du lac. Il avait un mort sur les bras, même s'il s'agissait de légitime défense. Pensant pouvoir l'aider, je lui proposai mon aide. Mais il refusa. Il préférait régler ça tout seul.

— Elle m'a donné vingt bonnes années, dit-il pour tout commentaire.

***

Deux semaines plus tard, je lus dans l'édition du matin de *The Chronicle* que Wilson, sa femme et son neveu avaient trouvé la mort dans un accident de voiture entre Tahoe et Carson City. Il y a au moins mille mètres de différence d'altitude entre le lac et la ville. Pendant vingt kilomètres, la route sinueuse est un danger constant. Il est facile pour une voiture de rater un virage et de s'écraser dans les rochers plusieurs centaines de mètres plus bas. C'est ce qui était arrivé au véhicule de Wilson.

C'était lui qui était au volant. D'après le journal, il s'agissait d'un accident.

Peut-être qu'ils donneront son nom au parc, pensai-je, espérant bien qu'il en serait ainsi.

The Man in the Lake
Traduction de Dominique Wattwiller

DÉTECTIVE A L'ESSAI

par B.K. STEVENS

— Vos résultats universitaires sont satisfaisants, dit Iphigenia Woodhouse.

Maigre, large d'épaules, elle mesurait plus d'un mètre quatre-vingt. Ses cheveux noirs, à peine touchés de gris, étaient tirés en arrière et attachés sur la nuque par un large élastique bleu. Ils frisaient naturellement et méritaient mieux que cette coiffure sévère.

Elle fronça les sourcils, puis reporta son attention sur mes notes.

— Je vois aussi que vous êtes ceinture noire de judo et que vous avez un diplôme de tireur d'élite. Ce n'est guère utile ici. Cela indique seulement que vous êtes douée et enthousiaste, mais dans cette agence nous sommes résolument contre la violence. Une secrétaire expérimentée me conviendrait davantage.

Elle enleva ses lunettes, me fixa d'un air à la fois concentré et ennuyé.

— Êtes-vous gentille, miss Russo ?

Je clignai des paupières.

— Gentille ? Qu'entendez-vous par là ?

— Voyons, je veux dire : affable, prévenante, aimable. J'ai licencié dernièrement cinq jeunes femmes qui ne possédaient pas ces qualités. Alors, j'aimerais savoir jusqu'à quel point va votre gentillesse.

J'avais dépensé deux cents dollars à Cleveland pour suivre des cours qui m'aideraient à présenter ma candidature, mais je n'étais nullement préparée à ce genre de question.

Je mesurai prudemment mes paroles.

— Eh bien... je ne sais trop... je fais mon possible... j'essaie de me montrer aimable, enfin tout ça...

— Essayer ne suffit pas. Dans ce job, il faut être constamment très gentille et plus précisément envers ma mère.

Elle désigna le fauteuil à bascule en acajou, garni de coussins rouges, près de la baie vitrée. A côté, se trouvait une table à jeu encombrée de pinceaux et de tubes de couleurs. Il y avait également une grande toile peinte à l'huile qui représentait un phare cerné par une mer démontée.

— C'est là que se tient ma mère, habituellement. Pour l'instant, elle fait la sieste au premier. Si je vous engage, vous devrez toujours la traiter et lui parler avec le plus grand respect. Quand elle vous demandera un service, il faudra le lui rendre tout de suite en souriant. Et peu importe de quoi il s'agit. Ah ! évitez de mâcher du chewing-gum, de fumer et d'être grossière en sa présence.

— Mais je ne dis pas de gros mots et je n'ai jamais fumé de ma vie ! protestai-je.

Ma dernière affirmation sembla lui déplaire. D'un geste de défi, elle alluma une cigarette. J'avais commis une erreur.

— Je me fiche de ce que vous avez fait ou pas,

avant. Ce qui compte, c'est ce que vous ferez ou ne ferez pas devant ma mère. Oh oui, j'oubliais... elle désapprouve que mes assistantes portent des corsages décolletés, des jupes courtes ou des pantalons moulants.

Lorsque je m'étais présentée, je désirais désespérément obtenir cette place. J'avais cherché du travail dans cinq villes de la côte Est et dépensé toutes mes économies, sans résultat.

L'agence Woodhouse Investigations d'Annapolis m'avait semblé l'idéal pour réaliser mon rêve : apprendre le métier de détective privé. Maintenant, je n'en étais plus très sûre.

Quel détective accepterait de tenir compagnie à une vieille dame, installée à l'entrée du bureau dans un fauteuil à bascule, et de se plier à des règles vestimentaires ridicules ? Philip Marlowe aurait-il écrasé sa cigarette et châtié son vocabulaire par déférence à son égard ?

Je me sentais très mal à l'aise et m'enquis, circonspecte :

— Votre mère est-elle détective ? Votre partenaire, peut-être, miss Woodhouse ?

Elle aspira une longue bouffée de fumée.

— Non. Elle ne participe pas aux enquêtes, mais j'ai toute confiance en ses conseils. Elle est professeur de langues classiques et de littérature — ou plutôt, elle l'était, jusqu'à ce qu'elle soit forcée de prendre sa retraite pour raison de santé, il y a seize ans. Autant vous prévenir que certaines personnes la jugent excentrique. Elle est pourtant très observatrice et perspicace. Son opinion m'a été précieuse en de nombreuses circonstances.

— Je comprends.

C'était vrai. Je commençais à avoir un aperçu plus clair de la situation. J'avais effectué quelques recherches sur les antécédents d'Iphigenia Woodhouse. Seize ans auparavant, elle était inspecteur de police. Un jeune lieutenant de trente ans, ambitieuse, promise à un brillant avenir, montant rapidement les échelons de la hiérarchie. La première femme à la tête d'un service de la Criminelle. Subitement, elle avait quitté la police, rompu ses fiançailles avec un de ses collègues et fondé l'agence Woodhouse Investigations. A présent, je croyais deviner pour quelles raisons.

— Votre mère a-t-elle la maladie d'Alzheimer ?

Elle écrasa sa cigarette si brusquement que de minuscules étincelles s'éparpillèrent sur son sous-main et s'éteignirent aussitôt.

— S'il vous plaît, ne sautez pas à des conclusions trop hâtives. Ma mère a eu une crise cardiaque. Les médecins n'ont pas pu expliquer ce qui l'a provoquée. Elle ne s'en est pas complètement remise et, là aussi, ils ignorent pourquoi. Nous n'allons pas discuter des faiblesses de la profession médicale. Revenons à vous. Qu'est-ce qui vous a poussée à vouloir être détective ? Attendez ! J'ai ma petite idée là-dessus. Je suppose que tout a commencé à la bibliothèque municipale, n'est-ce pas ? N'ayant aucune envie d'être secrétaire, vous avez lu des romans policiers, ce qui vous a décidée à mener la même existence que Philip Marlowe et Sam Spade.

Énoncé de cette façon, cela paraissait si prétentieux de ma part que j'en rougis.

— Quand même pas tout à fait la même existence, rectifiai-je. Je ne désire pas avoir des aventures à droite et à gauche ni tuer autant de gens.

Elle sourit pour la première fois.

— Vous pourrez peut-être faire l'affaire, après tout, miss Russo. Je crois que vous vous entendrez avec ma mère et ce n'est pas le travail qui manque au bureau. J'ai un tas de courrier à taper et du classement en retard. Vous répondrez au téléphone et vous occuperez des recherches à l'extérieur. Ma mère n'aime guère que je m'absente. Mais je me réserve les enquêtes qui nécessitent de l'intelligence et du tact.

A mon avis, elle venait justement d'en manquer, pourtant je m'abstins de tout commentaire.

— Je voudrais surtout travailler sur le terrain, dis-je néanmoins.

— Oui, j'en suis certaine. Eh bien, je vais vous mettre immédiatement à l'essai.

Elle fouilla dans le tiroir du bureau et sortit un dossier.

— Voilà ! C'est très simple. C'est presque du baby-sitting. Si vous échouez, ce sera la preuve que vous êtes incapable de résoudre une enquête. Le client s'appelle Christopher Sinclair. Il est directeur du Bay Club, le club le plus sélect et le plus fermé de la région. M. Sinclair a une fille de dix-sept ans, Jennifer. Il a divorcé quand elle avait trois ans. Son ex-femme est partie en Californie et il ne s'est guère soucié de l'enfant. L'année dernière, la mère de Jennifer est morte dans un accident d'avion. Tout naturellement, on a confié à M. Sinclair la garde de sa fille.

— Il n'en a sans doute pas été très enchanté ?

Elle haussa les épaules.

— Jennifer n'est pas exactement la fille que l'on se réjouit d'accueillir. C'est le genre d'adolescente avec de longs cheveux orange et des mèches vertes, en mini-jupe et boots, les cils enduits de mascara, de l'acné... Vous voyez le tableau ? Elle passait des nuits blanches à danser, n'arrêtait pas d'avoir des problèmes au collège et obtenait, bien sûr, des notes très médiocres. Consterné, M. Sinclair l'a reléguée dans une chambre à l'arrière de la maison puis continué à l'ignorer. Ce qui a donné un résultat surprenant. Depuis un mois, Jennifer a les cheveux courts teints en brun et des vêtements informes. Elle ne sort pas le soir, évite de créer des incidents à l'école et ses notes sont satisfaisantes. Son père pense qu'elle se drogue.

— Qu'elle se drogue ? répétai-je, incrédule. Alors qu'elle a changé en mieux.

Elle hocha la tête.

— Justement, il a lu un article sur les adolescents qui changent brusquement d'habitudes, d'apparences, ont subitement une conduite différente au collège et de bonnes notes. Ce serait, paraît-il, un signe avertisseur qu'ils ont augmenté leurs doses.

— Ce n'est pas tout à fait le cas de Jennifer, n'est-ce pas, miss Woodhouse ?

— Ce n'est pas du tout son cas. Je l'ai dit à M. Sinclair la première fois qu'il est venu ici, mais il ne démord pas de son idée. Je crois que cette histoire de drogue lui sert d'excuse. Il la mettrait sans hésitation dans un centre de désintoxication, où il l'oublierait pendant quelques mois ou quelques années. Même si elle n'a plus ses cheveux orange, cette fille boulotte et boutonneuse ne lui fait guère honneur.

— Quel type horrible ! Je ne supporterais pas un père pareil.

— Il a pourtant l'air charmant, au premier abord, expliqua Iphigenia Woodhouse. Et il ne regarde pas à la dépense pour la faire surveiller.

Elle consulta la pendule murale.

— Jennifer sort dans une demi-heure. Vous allez la suivre jusque chez elle. Inutile de vous cacher, elle ne quitte pas le trottoir des yeux. Oh ! soyez sans inquiétude : il n'arrivera rien de dramatique. Je la suis tous les jours depuis un mois. Elle rentre directement et ne s'est arrêtée qu'une fois chez le dentiste. Votre travail se termine quand elle est dans la maison où un domestique prend la relève. M. Sinclair ne peut se permettre le moindre scandale et a recommandé de la discrétion. Vous n'avez pas besoin d'aborder Jennifer ni de poser des questions aux étudiants. Vous comprenez ?

— Oui.

J'étais déçue que cette affaire se présente sous un jour si facile et si peu excitant.

— Très bien, miss Russo. D'ailleurs, il se peut que ce soit le dernier jour que nous nous occupons de Jennifer. J'ai appelé M. Sinclair pour lui dire qu'il gaspillait son argent, que s'il voulait savoir ce qui ne va pas dans la vie de sa fille, il devrait employer une technique des plus simples : lui parler. Il m'a répondu qu'il y penserait.

— J'espère qu'il ne fera pas qu'y penser, dis-je. A quoi attribuez-vous la subite métamorphose de Jennifer, miss Woodhouse ?

— A cet âge-là, qui sait... Ce serait une chance qu'elle soit amoureuse d'un de ses camarades et ait décidé de changer de look pour lui plaire ou qu'elle en ait eu assez d'être considérée comme une marginale, ou qu'elle explique les préceptes enseignés par une église. Ou elle est peut-être en train de grandir.

Elle griffonna quelques mots sur une carte, me la tendit ainsi qu'une photographie.

— Voici l'adresse du collège et une photo de Jennifer que j'ai prise dans ma voiture. Son père en possédait bien une, mais elle était encore bébé.

Je mis le tout dans mon sac.

— Merci. Vous dites qu'il s'agit d'un essai. S'il est concluant, vous m'engagerez, miss Woodhouse ?

Elle s'adossa à son siège, me considéra d'un air sceptique.

— Si vous échouez dans une affaire aussi aisée, ne comptez pas travailler pour moi. Votre incompétence serait irrémédiable. Et au cas où vous ne vous couvririez pas de honte, c'est ma mère qui décidera.

Annapolis, dans le Maryland, est une vieille ville pittoresque, sur les rives de la Severn River, qui a conservé tout son cachet. De petites rues étroites et tranquilles, des maisons de brique rouge, serrées les unes contre les autres, aux portiques à colonnes revêtues de plantes grimpantes, des boutiques d'objets baroques et des restaurants de fruits de mer.

Ensuite, le quartier des affaires qui n'offre rien de spécial. Et, de l'autre côté du pont, le centre commercial, les luxueuses cités de la banlieue, à perte de vue.

Annapolis se vante d'être un lieu touristique. Mais il vaut mieux limiter sa visite à un simple tour d'horizon sous peine de vider une demi-citerne d'essence.

L'agence Woodhouse Investigations occupait le rez-de-chaussée d'une charmante petite maison du quartier historique, à proximité des docks. Miss Woodhouse et sa mère vivaient à l'étage.

Je me garai dans une des rues étroites, en face de la Calvert High School, et attendis la sortie des étudiants. J'étudiai la photographie de Jennifer afin de la reconnaître au premier coup d'œil. L'ensemble me consterna. Petite et grosse, effacée et triste, les cheveux d'un brun terne comme coupés avec des cisailles, une lourde frange au ras des sourcils, elle était habillée d'une jupe noire qui lui descendait à mi-mollet et d'un ample sweater gris. La tête penchée sur la pile de livres qu'elle tenait contre sa poitrine, elle avait le regard rivé au sol.

Je devinai aisément qu'avec ses cheveux orange et les yeux faits, elle devait être sinon plus jolie, du moins plus attrayante.

Pourquoi une fille de dix-sept ans qui avait déjà un physique ingrat, cherchait-elle à s'enlaidir ?

La cloche du collège se mit à sonner. Je posai la photographie sur le tableau de bord.

Jennifer fut une des dernières élèves à franchir le portail. Impossible de me tromper. Semblable à l'image placée devant moi, elle avançait, le dos rond, la nuque baissée, les livres serrés contre elle comme un bouclier, restant à la traîne sans adresser la parole aux autres.

Avant de monter sur le trottoir, elle jeta un bref regard à droite et à gauche, repartit, la nuque de nouveau fléchie, se fraya un chemin au milieu des étudiants qui flânaient en riant. Elle avait l'air d'un automate déboussolé.

Je m'insinuai dans la file de voitures des mères ou des amis qui cueillaient les élèves au passage.

Jennifer ne pouvait se douter que je la suivais. D'ailleurs, elle paraissait indifférente à tout ce qui se passait autour d'elle. Ma tâche s'avérait singulièrement facile.

Au coin de la rue, elle tourna à gauche. Ce qui m'alerta. Miss Woodhouse m'avait affirmé que Jennifer tournait toujours à droite. Peut-être modifiait-elle son itinéraire pour aller acheter un livre ou une pizza ? Et si c'était de la drogue ?

Alors, cela me permettrait peut-être de prouver ma valeur.

Je ne la perdis pas de vue tandis qu'elle avançait dans le dédale des rues, en plein cœur du quartier historique, empruntant un trajet totalement imprévisible.

Après Duke of Gloucester Street, elle hâta le pas et, sans que j'aie le temps de prévoir sa réaction, s'engagea dans une allée, puis disparut à l'intérieur de l'église Saint-Michel.

Une église ? Aucune des explications de miss Woodhouse ne m'avait amenée à envisager que Jennifer se rendrait à l'église. Quoi de plus innocent ? Pourtant, cette adolescente présentait de sérieux troubles.

Jennifer aurait-elle rendez-vous avec un bon vieux Père « machin chose » pour lui demander conseil ?

Fébrile, je cherchai où me garer tout en réfléchissant à ce que j'allais faire. La suivre de trop près serait idiot. Je risquais de perdre l'occasion de voir ce bon vieux Père « machin chose » lui glisser un sachet de drogue, au cas où elle en aurait eu réellement besoin.

Comment agirait Travis McGee en pareilles circonstances[1] ? Je me mordillai la lèvre, tortillai une mèche de mes cheveux sans parvenir à prendre une décision. Finalement, je m'arrêtai un peu plus loin.

Quand même, j'eus assez de présence d'esprit pour surveiller la rue dans mon rétroviseur. Une Cadillac gris métallisé se rangea juste devant l'église à l'emplacement réservé aux handicapés. Un homme en sortit, examina rapidement les lieux et s'engagea d'un pas alerte dans l'allée. Il n'avait rien d'un handicapé ni d'un prêtre.

La quarantaine, petit, maigre, en costume bleu

---

1. Héros de John D. MacDonald (*NdT*).

lavande, chemise noire, cravate blanche, les cheveux blonds lissés en arrière, et des lunettes de soleil, il avait plutôt l'air d'un proxénète.

Mon Dieu ! la traite des blanches et dans un endroit que l'on n'aurait jamais soupçonné...

Je bondis de la voiture et volai au secours de Jennifer.

L'homme était entré dans l'église une minute avant moi. Je tentai d'ouvrir toute grande la porte en chêne, mais elle était trop lourde. Ensuite, j'eus du mal à la refermer. Je perdis encore un temps précieux à m'habituer à la pénombre. J'aperçus Jennifer devant un banc. L'homme en costume lavande la tirait par le bras, voulant l'entraîner vers l'allée, mais elle se débattait. Il brandissait un objet dans sa main droite.

La main droite de Jennifer, elle, fouillait dans la poche de son sweater.

J'enregistrai cette scène en une seconde. Jusqu'au coup de feu... un seul, assourdissant dans le silence. L'homme trébucha, toujours accroché à Jennifer. La surprise s'inscrivit sur ses traits crispés. Il tomba, et elle hurla.

Malade de ce qui venait d'arriver, je criai :

— Oh non, Jennifer ! Non !

Elle tourna la tête, notant seulement ma présence. Terrorisée, elle enjamba le corps étendu à ses pieds, se précipita vers moi, poussant de nouveau un hurlement sauvage, désespéré.

M. Lee qui dirigeait l'Aerobic Kung Fu Studio où j'avais pris des cours pendant des années aurait eu honte de moi. Je n'essayai même pas de me mettre en position de combat.

Jennifer me frappa à la tempe avec la crosse de son revolver. J'eus la vague notion de ma tête heurtant les dalles en pierre qui dataient du XVIIIe siècle tandis que je me sentais stupide.

— Votre prénom est Harriet, c'est bien ça ?

J'ouvris lentement les yeux. Allongée sur un lit étroit, je crus, durant une seconde, que la personne assise à mon chevet était Iphigenia Woodhouse. Mêmes yeux verts et des sourcils droits, à peine arqués. Même silhouette aussi. Et les intonations de la voix ne cachant pas que votre opinion importait peu.

Mais celle-ci avait des cheveux gris, tressés en une natte mince qui lui descendait à la taille, un visage ridé avec des taches de vieillesse. Et Iphigenia n'aurait pas eu sur les genoux une tapisserie carrée d'une vingtaine de centimètres.

La vieille dame piqua son aiguille à travers le tissu matelassé aux dessins roses et verts.

— Ma fille m'a tout expliqué à votre sujet, dit-elle. Elle ne voulait pas que je l'accompagne — elle ne veut jamais m'emmener nulle part — mais je ne lui aurais pas permis de se rendre à l'hôpital sans moi, vous pensez ! Elle se serait empressée de comploter derrière mon dos avec les docteurs pour me mettre à l'asile. Et quand elle m'aura fait enfermer, elle pourra courir après « cet homme », rester dehors aussi tard qu'il lui plaira, manger n'importe quoi, et fumer des cigarettes à la chaîne. Eh bien, je l'ai prise de court. Si je ne vais pas à l'hôpital avec toi, Iphigenia, lui ai-je dit, je te coupe les vivres. Que pouvait-elle répondre à cela, je vous le demande ?

J'ai l'habitude de ne pas avoir de chance, mais j'aurais estimé en avoir, ce jour-là, si on m'avait laissée tranquille. Mes idées étaient floues, pourtant même si j'avais été lucide, je n'avais pas la moindre notion de ce qu'elle souhaitait entendre.

— Vous êtes le professeur Woodhouse ? éludai-je.

Toute groggy que j'étais, je remarquai néanmoins qu'elle avait frissonné au mot « professeur ». Elle redressa les épaules ; une lueur dansa dans ses yeux et sa natte se balança dans son dos.

— Oui, oui, c'est moi. Je suis le professeur Woodhouse. Et vous êtes Harriet Russo. La pauvre et douce Harriet qui a une affreuse bosse à la tête. Iphigenia a dit de très méchantes choses sur vous en apprenant ce qui est arrivé — elle a toujours été méchante, vous savez —, mais ne vous inquiétez pas, je veillerai à ce qu'elle ne le soit pas avec vous.

Elle alla à la porte, regarda dans le couloir.

— Iphigenia ! appela-t-elle, laisse ces horribles cigarettes qui empestent et viens ici tout de suite. Notre petite Harriet est réveillée.

Elle revint près de moi, pressa ma main, me cligna de l'œil et reprit sa tapisserie.

Iphigenia entra. Elle se tint au pied de mon lit, les bras croisés sur la poitrine, l'air menaçant. La douleur dans ma tête empira.

— Alors, comment vous sentez-vous, miss Russo ?

Je choisis de mentir :

— Pas trop mal. Que s'est-il passé exactement ?

— Quelle question pertinente ! Passons en revue le cours des événements de votre première affaire, si vous le permettez. Je vous ai donné la tâche difficile de suivre une adolescente à la sortie du collège jusque chez elle. Pendant les sept ou huit minutes qu'elle a été sous votre surveillance, Jennifer a tué un homme dans une église, vous a agressée, a tiré trois coups de revolver sur le policier qui essayait de l'intercepter dans sa fuite. Enfin, elle a disparu. Je vous remercie infiniment, miss Russo. J'ai été obligée d'appeler mon client et de lui annoncer que sa fille qui, jusqu'à présent, n'avait été coupable que de broutilles, comme fumer dans les toilettes du collège, était recherchée maintenant pour meurtre, coups et blessures, et autres crimes, par la police. Que dites-vous de vos exploits, miss Russo ?

Le professeur l'apostropha sévèrement :

— Tu oses adresser des reproches à cette pauvre petite Harriet, vilaine fille ! Ce fiasco est de ta faute. Tu n'aurais pas dû lui confier un travail aussi dangereux dès le premier jour.

Iphigenia leva les sourcils, apparemment déconcertée que je sois devenue aux yeux de sa mère cette « pauvre et petite Harriet ».

Elle répondit d'une voix tellement calme, docile, qu'on avait l'impression qu'elle émanait d'une autre personne :

— Je suis navrée, mère. Je n'avais pas l'intention de te perturber. Tu as raison. Je n'aurais jamais dû confier cette filature à miss Russo. Mais je ne croyais pas qu'elle risquait quelque chose, que Jennifer pourrait être violente. Si je l'avais su...

— Jennifer fumait dans les toilettes, coupa le professeur. C'était une raison suffisante pour te méfier. Mais tu as eu les mêmes problèmes, toi aussi, au collège. A quoi pensais-tu d'exposer cette chère petite Harriet, alors que tu sais qu'on peut s'attendre à tout d'une fille qui fume en cachette.

Iphigenia se laissa tomber sur une chaise. Elle avait l'air las.

— Oui, j'admets qu'elle fumait en cachette, mère. Et elle vient de tuer un homme.

Le professeur continua tranquillement son ouvrage.

— Elle a monté d'un cran dans le vice. Avec cette différence qu'il n'y a pas la moindre excuse pour une habitude aussi malsaine que de fumer, surtout dans un établissement scolaire. Par contre, il y en a de nombreuses pour avoir tué un homme.

— Tu as parfaitement raison, mère.

Je plaidai la cause de Jennifer avec une certaine prudence :

— Il a attaqué Jennifer... Elle avait très peur de lui.

— Quand j'aurai fini cet ouvrage, je vous le donnerai, chère petite Harriet. Mieux, je vous en ferai un jeu de trois. Avec ces carrés matelassés, vous attrapez les queues des casseroles sans vous brûler. C'est très pratique. La police a-t-elle identifié ce sale homme qui a été tué dans l'église, Iphigenia ?

Miss Woodhouse était toujours maussade.

— Oui, mère. Edward Ford était un receleur de Baltimore. La police croit que Jennifer voulait lui vendre un objet volé à son père pour acheter de la drogue. L'entrevue aurait mal tourné et elle a tiré sur lui — avec un revolver qui appartient à M. Sinclair.

— Les présomptions de la police ne sont pas justifiées, observa la vieille dame. Je suis désolée que tu abondes dans son sens. Tu as assez commis d'erreurs. Dieu merci, la chère petite Harriet est là, à présent. Elle t'empêchera d'en faire d'autres. Bon, reposez-vous, mon petit et, demain, vous irez avec ma fille. Elle doit présenter des excuses au père de Jennifer.

Miss Woodhouse acquiesça d'un signe de tête. Apparemment, j'avais encore une chance d'obtenir ce job.

Je pensais que M. Sinclair demeurerait chez lui, près du téléphone, à attendre anxieusement des nouvelles de sa fille. Mais non, il était au restaurant du Bay Club, une grande salle lumineuse —

les baies vitrées donnant sur la Severn River. Les tables rondes étaient recouvertes de nappes bleu pastel et décorées de bouquets de fleurs.

Mince, cheveux argentés, costume élégant, M. Sinclair cadrait admirablement avec le décor, tout comme la jeune femme blonde — la trentaine de loin, peut-être quarante-cinq ans en y regardant de plus près — qui se tenait à côté de lui au comptoir de l'accueil et prenait des notes.

— Lillian Dexter s'est encore plainte de la qualité du saumon, disait-il. Signalez-le à Gunther, voulez-vous. Ah ! Bill Radford en a assez des sauces qui accompagnent les salades. Il aimerait qu'elles soient mieux assaisonnées. Voyez cela et... Oh !

Il fronça les sourcils en nous apercevant.

— J'avoue être surpris de vous voir ici, miss Woodhouse. Je vous présente Nancy Bracken, la directrice du restaurant. (Il inclina légèrement la tête dans ma direction.) J'imagine que voici votre incompétente assistante qui était censée surveiller ma fille et éviter qu'elle ait des problèmes ?

J'aurais voulu me cacher derrière miss Woodhouse. Elle serra les lèvres.

— Miss Russo n'est pas fautive, monsieur Sinclair. Je prends sur moi l'entière responsabilité de ce qui est arrivé.

— Oui, ça me semble normal ! Je vous ai dit que Jennifer se droguait, vous vous rappelez ? Et qu'avez-vous répondu ? Que mes soupçons étaient sans fondement. Je vous ai payée afin d'obtenir des renseignements sérieux, mais vous n'avez réussi qu'à me donner des conseils ridicules. Par exemple, que je devais faire confiance à Jennifer et apprendre à communiquer avec elle. Eh bien, j'aurais eu grand tort de lui faire confiance, vous ne croyez pas ? (Il la fixa droit dans les yeux.)

Quant à communiquer avec ma fille, j'ai essayé hier matin. Les résultats n'ont pas été comme vous l'affirmiez. Elle est devenue hystérique, s'est sauvée de la maison et a fini la journée en tuant un homme. A quel prix estimez-vous vos services et vos conseils éclairés, miss Woodhouse ?

Elle paraissait crispée, mais soutint son regard.

— Je vais tenter de retrouver Jennifer, monsieur Sinclair, et avant qu'elle ait d'autres ennuis. De quoi avez-vous parlé hier pour qu'elle soit bouleversée à ce point ?

— Je ne vois rien qui ait pu la pousser à commettre un crime. Je me suis contenté d'appliquer vos suggestions. Je l'ai d'abord félicitée d'avoir changé, puis je lui ai offert l'occasion de se rapprocher de moi. J'ai dit textuellement ceci : « Puisque tu ne ressembles plus à une hippie, tu pourrais choisir des vêtements plus seyants pour ton âge, Jennifer. J'ai demandé à miss Bracken de s'occuper de toi. Elle a accepté de t'accompagner demain dans les boutiques et t'emmènera aussi à l'institut de beauté. Une fois présentable, tu viendras boire un jus de fruit au club et si je suis satisfait de ta conduite, je t'inviterai à dîner un de ces soirs. »

J'imaginai mes réactions à la place de Jennifer. Elle avait témoigné de beaucoup de retenue en ne tuant qu'une seule personne ce jour-là.

Nancy Bracken posa la main sur le bras de M. Sinclair. Le bleu glacé de ses yeux se réchauffa d'un degré ou deux.

— Je suis désolée, Chris. J'aurais aimé aider votre fille et me réjouissais de la connaître.

Il lui tapota la main sans lui accorder un regard.

— Merci, Nancy. J'espérais, en effet, que vous auriez une heureuse influence sur elle, mais il était déjà trop tard pour qu'on puisse l'aider. Et c'était folie que de ne pas s'en apercevoir. Quoi qu'il en soit, miss Woodhouse, j'ai toujours accordé aux gens une seconde chance. J'ai des amis à la télévision, mais l'affaire sera difficile à étouffer si l'on vient à apprendre la disparition de Jennifer. Il faut que vous la retrouviez au plus vite et préveniez la police. Si vous arrivez à réparer tout ce gâchis, envoyez-moi votre facture.

Miss Woodhouse ne dissimula plus son mépris.

— Vous croyez que j'accepterais votre argent ? Je continue à travailler sur l'affaire uniquement parce que je suis navrée pour Jennifer.

Elle lui tourna le dos et sortit d'une démarche majestueuse. Je tentai d'imiter son style, mais je me sentais mal fichue et ne réussis qu'à traîner les pieds.

Nous attendîmes sous la marquise du club que le préposé aille récupérer au parking la voiture de miss Woodhouse. Bâti comme Schwarzenegger, les cheveux blonds et bouclés, les yeux bleu-gris, des fossettes, je le trouvai mignon tout plein. Il n'impressionna guère Iphigenia.

— C'est grotesque ! s'exclama-t-elle quand il se fut éloigné. Quelle décadence ! Les gens sont censés venir ici pour jouer au golf, au tennis, nager, bref prendre de l'exercice en plein air, et quoi ? Ils ne se donnent même pas la peine de marcher jusqu'au parking. Sans doute craignent-ils que cela les fatigue ? Alors ils restent là, pendant qu'un Adonis en uniforme s'occupe de garer leurs voitures. Ces dames doivent phantasmer en pensant qu'il a caressé leurs clés.

Je me raclai la gorge.

— C'est formidable d'avoir pris sur vous l'entière responsabilité des événements, miss Woodhouse, pourtant j'espère que vous ne vous faites aucun reproche. Je suis la seule fautive. J'aurais dû...

— Non, miss Russo. Vous êtes nouvelle dans ce métier et je vous ai dit que je vous confiais un simple travail de routine. C'est moi qui me suis trompée, je me suis trompée du tout au tout. Certes, la théorie de Sinclair sur l'abus de la drogue et ses effets était idiote, néanmoins j'en ai tiré des conclusions hâtives. A savoir qu'il n'y avait pas lieu de s'inquiéter au sujet de Jennifer et qu'elle n'avait aucun problème sérieux. Mais si la drogue n'était pas la cause de tous ces changements, il fallait bien un autre motif. Auquel je n'ai pas réfléchi. J'ai commis là une négligence regrettable.

L'employé stoppa devant nous et descendit de voiture. Les souvenirs de mes cours de mythologie à l'université étaient assez vagues, cependant j'admis que le nom d'Adonis lui convenait parfaitement.

Il s'approcha de nous, lentement, pressa la main d'Iphigenia en lui remettant les clés, sourit et l'enveloppa d'un regard charmeur. J'eus droit à la même attention. Il jouait la comédie à toutes les clientes, je le savais, mais je faillis en perdre la respiration.

Miss Woodhouse le gratifia d'un coup d'œil furibond et oublia de lui laisser un pourboire.

Elle démarra tout de suite.

— Puisque la victime était un receleur, vous croyez que Jennifer était impliquée dans des vols ? demandai-je. Ou qu'elle appartenait à un gang...

— C'est possible. Mais je suis sûre d'une chose — et que j'aurais dû comprendre depuis le début —, Jennifer avait peur. Peur que quelqu'un la reconnaisse. Voilà pourquoi elle a changé de coiffure, s'est habillée différemment et n'est plus sortie le soir. En plus, elle craignait qu'on l'attaque puisqu'elle était armée même pour se rendre à l'église.

— Cette peur pourrait-elle avoir un rapport avec le club ? Jennifer est devenue hystérique, paraît-il, quand son père lui a proposé d'y aller.

Iphigenia leva un sourcil et approuva :

— Ce que vous dites est très pertinent, miss Russo. Mais cessons de faire des suppositions. Il nous faut, à présent, du positif. Je vais donner quelques coups de fil et consulter mon fichier pendant que vous serez à la bibliothèque.

— A la bibliothèque ?

J'étais déçue, ayant eu l'espoir d'accéder à ce fichier.

Elle s'arrêta devant un bâtiment.

— Nous y sommes, justement. Jennifer a opéré ces changements à partir du samedi 9 mars. Voyez ce que vous pouvez découvrir sur ce qui s'est passé avant cette date ou peu après. Consultez les journaux de Baltimore et d'Annapolis, en établissant une liste des meurtres, des vols, des agressions. Ensuite, vous rentrerez faire la sieste. Ma mère prend très à cœur le coup que vous avez reçu. Nous vous attendons pour le dîner, d'accord ?

— D'accord.

Étais-je engagée définitivement ou cette deuxième tâche était-elle un nouvel essai ?

Je ne posai pas la question. Je préférais dresser une longue liste de faits sanglants pour me racheter et la lui présenter lorsque sa mère serait là.

La cuisine des Woodhouse était petite, rustique et fonctionnelle. Murs, placards, appareils ménagers blancs, rideaux froncés, en tissu de coton indien, rayures blanches sur fond bleu foncé, batterie de cuisine pendue symétriquement, le comptoir net. Pas le moindre désordre. Près du frigidaire, je remarquai le portrait de Winnie dans un cadre doré. Le personnage de Disney avait les traits un peu flous, mais on le reconnaissait néanmoins et les couleurs vives rendaient le tableau plaisant à voir.

— Quelle belle toile, dis-je. C'est de vous, professeur ?

La mère d'Iphigenia coupait des oignons en rondelles devant l'évier. Elle sourit.

— Bien sûr. Vous l'avez deviné ? Comme vous êtes clairvoyante, petite Harriet. Cela rend la pièce plus chaleureuse, vous ne trouvez pas ? J'aime voir des visages souriants autour de moi... et ma fille a une mine tellement renfrognée, parfois même lugubre. Iphigenia ! Veux-tu me donner deux autres oignons, s'il te plaît !

Ceux-ci entraient déjà pour une large part, avec les croûtons et les olives vertes, dans la salade composée, mais miss Woodhouse tendit à sa mère ce qu'elle réclamait, sans commentaire, puis sortit du four un rôti et des pommes de terre.

A peine installées dans la salle à manger, un peu froide, mais qui avait du charme avec ses beaux meubles en bois sombre et des chaises recouvertes de tissu bleu assorti aux doubles rideaux, Iphigenia s'enquit, de ce ton humble lorsqu'elle s'adressait à sa mère :

— Cela ne t'ennuie pas si nous parlons travail ? Miss Russo et moi nous avons...

— Tu ne peux pas l'appeler Harriet ? Pourquoi es-tu si froide, si solennelle ? Pas étonnant que tu n'aies point d'amis. Et pourquoi te soucier si je m'ennuie ou non ? Tu fais toujours ce qui te plaît, vilaine fille. Si je me risquais à murmurer une protestation, tu t'empresserais de m'envoyer dans une maison de repos et te précipiterais aussitôt chez « cet homme ». Qui crois-tu abuser ? Certainement pas Harriet, et moi encore moins.

Elle se tourna de mon côté, plissa le nez, me sourit avec bonté.

— J'imagine que ma fille vous a chargée de faire des recherches à la bibliothèque, petite Harriet ? Je lui ai pourtant dit que vous aviez besoin de repos. Bon, vous avez dû découvrir des choses passionnantes. Expliquez-nous ça tout en goûtant à ma salade.

Elle remplit mon assiette. Je lui rendis son sourire et sortis mes notes de mon sac.

— J'étais très heureuse d'aller à la bibliothèque, vous savez, professeur. J'ai consulté tous les journaux d'Annapolis, de Baltimore et même de la ville de Washington. Ceux des six dernières semaines. Les meurtres sont soulignés en rouge, les attaques à main armée en bleu, les cambriolages en noir, sauf un en vert qui me semble le plus intéressant.

Miss Woodhouse prit mes fiches. Mon code des couleurs ne lui fit, apparemment, aucun effet, mais elle parut se rendre compte de la somme de travail que tout cela représentait. Elle lut à voix haute la fiche sur le cambriolage que je venais de mentionner :

— « Le 12 mars, M. et Mme William Radford, de retour à Annapolis après un voyage aux Bahamas, ont trouvé leur maison cambriolée. On leur a surtout volé des tableaux, des appareils ménagers et des bijoux. » (Elle me regarda.) C'est bien d'avoir pris ces notes, miss Russo... Harriet, mais je ne vois pas ce qu'il y a là de spécial...

— Les Radford sont membres du Bay Club. Rappelez-vous ! Ce matin, M. Sinclair a parlé à la directrice du restaurant d'une plainte d'un certain Bill Radford. Aussi, j'ai téléphoné au club pour m'assurer que William et Bill Radford étaient la même personne. Jennifer a pu apprendre quand les membres du club partaient en voyage et profiter de leur absence pour les cambrioler avec l'aide d'un complice. Ensuite, ils vendaient au receleur ce qu'ils avaient volé. Le cambriolage n'a été découvert que le 12 mars, mais il a sans doute eu lieu avant. Entre-temps, quelque chose a mal tourné.

— Et Jennifer a pris peur, dit Iphigenia. En effet, c'est curieux.

Le professeur avait une mine rayonnante.

— Curieux ? C'est mieux que ça ! Harriet est pleine de ressources. J'aimerais bien que tu trouves une piste aussi intelligente. Notre petite Harriet a fait un excellent travail et mérite un peu plus de salade.

Elle me servit de nouveau.

Miss Woodhouse esquissa un sourire.

— Elle mérite même de manger la suite. Maintenant, examinons les meurtres. Deux à Annapolis, mais ce sont des drames domestiques qui n'ont rien à voir avec ce que nous cherchons. Treize à Baltimore, en six semaines — un score plutôt modeste. Et quarante-neuf à Washington. Pourquoi avez-vous relevé ce qui se passait dans cette ville ?

— Je n'ai rien voulu laisser au hasard. Et puis Washington est à une heure, à peine, d'Annapolis. Jennifer aurait eu le temps... J'espère que j'ai bien fait ?

— Mais oui. Vous avez eu une heureuse initiative. Excusez-moi un instant, je voudrais voir le reste.

Le professeur bavarda pendant que je dégustais le rôti très tendre et les pommes de terre qui fondaient dans la bouche. Elle racontait des histoires assez embrouillées sur sa famille — son oncle Ed aurait tué son père, épousé sa mère et, plus tard, sa fille aurait été enterrée vivante. Plutôt macabre, mais j'avais lu Sophocle. La mère d'Iphigenia mélangeait la réalité avec ce qu'elle avait enseigné.

D'ailleurs, ce qu'elle disait importait peu. Je me contentais de sourire en regardant miss Woodhouse à la dérobée. Concentrée sur les fiches des meurtres, elle les avait divisées en trois piles.

Elle en agita une.

— Voilà qui est intéressant. La victime est un Noir de 17 ans, Clayton Davis, un élève de dernière année et habitant Fairfax en Virginie. On l'a tué de deux coups de revolver dans le dos. Son corps a été retrouvé dans une décharge publique de Washington le 9 mars à 19 heures.

— Il y a eu juste un mois hier, remarqua le professeur.

— Tout à fait, mère, tu as raison, approuva Iphigenia.

Elle me jeta un regard triomphant qui signifiait : « Vous voyez, je vous l'avais dit ! » comme si j'avais mis en doute l'intelligence de sa mère.

— Cette date coïncide avec le changement de Jennifer, dit-elle. J'ai appris que, la veille, elle était allée à une soirée chez des copains. Elle en est partie vers minuit en compagnie d'un jeune Noir que personne ne connaissait. La police suppose que ce meurtre est lié à la drogue, cependant elle n'a aucune preuve que Clayton Davis se droguait. Qu'on l'ait découvert dans une décharge m'intrigue. Vraisemblablement, il n'a pas été tué à cet endroit. Il a pu l'être n'importe où...

— Dans la propriété des Radford ? avançai-je. Il a peut-être participé au cambriolage et, pour un motif que nous ignorons, le receleur a tiré sur lui. Ensuite, ils se sont débarrassés du corps dans un lieu où on ne pourrait pas faire le rapprochement avec le vol, un endroit où, justement, la police penserait à un règlement de compte entre drogués.

— Cela ne cadre pas exactement avec les faits ; pourtant, j'ai l'impression que nous brûlons, admit miss Woodhouse. Je vais téléphoner à des amis de Washington qui sont dans la police et leur demander s'ils ont d'autres détails.

Sa mère soupira, impatiente.

— C'est bien, mais tu ferais mieux de retrouver cette petite qui doit être morte de peur. Chaque fois que j'écoute la radio ou la télévision, j'entends qu'elle a d'énormes problèmes et que sa situation empirera si elle ne se livre pas. C'est lamentable ! Ces menaces ne font que l'effrayer au lieu de la persuader de se rendre.

— Tu as raison, mère, mais que dire d'autre ?

— On devrait lui promettre quelque chose. Parle à la radio, Iphigenia. Dis-lui que si elle t'appelle, elle aura une récompense. Un poney, par exemple. Ce serait splendide ! Tous les jeunes rêvent d'avoir un poney. Je ne crois pas que cette petite ait un mauvais fond, même si elle a fumé en cachette. Après tout, hier elle est allée à l'église.

— Où elle a rencontré le receleur, souligna miss Woodhouse.

Sa mère lui tapa sur les doigts.

— Il ne t'est pas venu à l'idée qu'elle y allait pour prier ? Pourquoi vois-tu toujours le pire chez les gens, vilaine fille ? Fais comme je te le dis, Iphigenia, et tout de suite. Envoie un message à cette pauvre enfant.

Miss Woodhouse se figea, à la fois abasourdie et consternée, comme si elle souhaitait obéir sans savoir comment s'y prendre. Mais elle acquiesça, se leva et descendit au bureau.

Elle était de retour dix minutes après et tenait

un imprimé sur lequel étaient écrites quelques lignes.

— Je vais faire paraître cette annonce dans le journal, expliqua-t-elle, toute douceur et soumission. Jennifer est sûrement encore à Annapolis car elle ne doit pas avoir assez d'argent pour partir. Si elle cherche le moyen de quitter la ville, elle consultera les petites annonces et... Enfin... (Elle fit une légère grimace) c'est un risque, mais j'espère qu'elle lira la mienne et se manifestera.

Elle me tendit la feuille que je parcourus.

— Cette annonce attirera l'attention de beaucoup d'autres adolescentes, remarquai-je. Vous allez recevoir des centaines d'appels.

— C'est pourquoi j'aimerais indiquer votre numéro, miss Russo. Et j'aimerais également que vous filtriez ces appels et me préveniez quand vous serez certaine de bien avoir Jennifer au bout de la ligne. Vous croyez pouvoir vous en tirer ?

— Évidemment, qu'elle va s'en tirer ! s'écria le professeur frémissant de plaisir anticipé. C'est la première bonne idée que tu as depuis des mois. Cette chère petite Harriet trouvera cette pauvre petite Jennifer et tout s'éclaircira. Alors, tu seras très gentille, Iphigenia : tu les inviteras toutes les deux et nous passerons ensemble une merveilleuse soirée. Je vous ferai des gâteaux et du chocolat chaud. Magnifique, non ?

— Magnifique, mère.

Iphigenia se tourna vers moi. J'aurais juré qu'elle avait les larmes aux yeux.

— Voulez-vous prendre ces appels ?

Comment aurais-je eu le cœur de refuser ?

***

L'annonce parut le lendemain. En fin d'après-midi, mon numéro de téléphone devait être le plus demandé de toute la ville. J'avais à peine le temps de raccrocher que la sonnerie retentissait de nouveau. Après trois bonnes heures, j'étais devenue championne pour éliminer mes interlocuteurs. Mais aucun signe de Jennifer.

Exténuée, je décrochai l'appareil, allai me rafraîchir le visage dans la salle de bains et bus un Coca-Cola. Puis je regagnai ma place en soupirant.

Bien sûr, le téléphone sonna aussitôt. Je mis deux barres de chewing-gum dans ma bouche.

— Rockbuster Productions. Bonjour. Que voulez-vous ?

— Je... euh... eh bien, bonjour...

Une jeune voix féminine, nerveuse, avec des tremblements... de peur, je l'aurais juré.

— Je suis... euh... eh bien, c'est au sujet de votre annonce dans le *Capital*. Vous savez ? Pour ce travail... Vous pouvez... euh... m'en dire un peu plus ?

C'était de loin l'appel le plus prometteur que j'avais reçu. Je fis claquer mon chewing-gum.

— Comme le dit l'annonce, les Hot Rivets vont partir en tournée dans le Midwest et ils cherchent une fille pour les accompagner. Pas une groupie. Aussi, ma petite, si c'est le sexe ou la drogue qui vous intéresse, autant raccrocher.

— Tout ce que je veux, c'est du travail, répondit-elle d'un ton anxieux. J'aime le rock, mais je n'ai jamais entendu les Hot Rivets, je...

— Vous ne les avez jamais entendus ? dis-je, feignant l'incrédulité. Vous n'avez donc pas lu l'article sur *Rolling Stone ?* Un article fabuleux. Leur second album va bientôt sortir et nous avons des engagements formidables de Columbus aux Sioux Falls de Tucson. Et vous n'avez jamais entendu ces garçons !

J'étais en jean et tee-shirt, je n'avais pas eu le

temps de me laver les cheveux, ce qui m'aidait à entrer dans la peau de mon personnage.

— J'ai dû manquer le dernier numéro de *Rolling Stone*, dit-elle comme si elle s'excusait. Ils ont l'air formidables. Je me demande... euh... l'annonce dit qu'ils partent immédiatement... ça signifie dans combien de temps ?

— Ben, après-demain, ma petite. Vous pouvez être prête ?

— Oui. Est-ce qu'ils... Ils voyagent dans leur autocar privé, je crois ? Ce n'est pas un bus public, hein ? On le prend à la gare routière ?

Une question qui pouvait paraître curieuse, sauf venant de quelqu'un qui se doutait que les flics surveillaient le départ des cars.

— Non, le car vient les prendre à leur domicile à Riva Road. L'annonce indique aussi qu'aucune expérience n'est nécessaire, mais je tiens à vous prévenir qu'il faudra travailler dur. Vous vous occuperez du matériel et des instruments, enfin d'un tas de trucs. Ce job n'est pas fait pour une petite nature alors si vous êtes du genre fragile...

— Pas du tout ! protesta-t-elle. Je suis, au contraire, solide et je travaillerai dur, vous pouvez en être sûre.

— C'est ce qu'il faut, ma petite, et être réaliste. Parce que cette tournée ne vous rendra ni riche ni célèbre.

— C'est parfait, dit-elle d'une voix morne. J'ai été riche et le fric empeste. Quant à être célèbre, c'est la dernière chose dont j'ai envie. Le voyage et l'hôtel sont payés, c'est ça ? Et je toucherai un petit salaire, mais...

— Un salaire sacrément modeste, vous voulez dire. Oh ! nous n'assurons pas le transport du retour. La tournée se termine à Tucson et nous vous laissons là. A vous de vous débrouiller pour rentrer par vos propres moyens.

— Je ne retournerai pas chez moi. Tucson... ça me semble super !

Je bâillai pour freiner mon excitation.

— Alors, okay, vous ferez peut-être l'affaire. Je parlerai au directeur de la tournée et si ça vous intéresse toujours, je vous appellerai pour vous fixer rendez-vous. Vos parents voudront sans doute vous accompagner pour connaître ceux avec qui vous partirez et s'assurer qu'il n'y a rien de louche ?

Une pause au bout de la ligne.

— Non... ce n'est pas nécessaire. J'ai vingt et un ans et ma mère est morte. Mon père... bon, il est en prison. Pour abus sexuel, vous voyez ? Je ne peux pas tout simplement venir seule ?

— Je n'y vois aucun inconvénient.

Difficile de ne pas bondir de ma chaise. C'était Jennifer ! Les autres avaient témoigné au moins quelque méfiance et voulaient amener une demi-douzaine de parents.

— Donnez-moi votre nom et votre numéro, ma petite.

Elle hésita un bref instant.

— Je m'appelle Joan... Joan Mellencamp. Mon numéro est le 555-9236. J'espère que vous m'appellerez.

— Vous aurez peut-être cette chance, dis-je.

Je raccrochai aussitôt et téléphonai à miss Woodhouse.

Je retournai au club le lendemain matin à 11 h 30. L'Adonis du parking prit les clés de ma voiture, m'enveloppa de son regard charmeur, se glissa avec grâce au volant et me sourit en démarrant. Je partageais le point de vue d'Iphigenia. C'était ridicule et décadent qu'un employé s'occupe des voitures, même s'il le faisait avec un certain style.

Je le chassai de mes pensées et me rendis directement au restaurant. Nancy Bracken circulait dans la salle, dispensant des sourires aux clients et s'arrêtant parfois à une table pour dire quelques mots.

Elle se raidit quand elle m'aperçut.

— Vous êtes miss Russo, je crois ? Si vous cherchez M. Sinclair, je suis désolée, il déjeune au Rotary Club. Puis-je vous être utile ?

Je repoussai la mèche qui me tombait sur le front.

— Mon Dieu, je l'espère ! Je suis réellement embarrassée, miss Bracken. Je travaille depuis une semaine à l'agence... à vrai dire, je suis seulement à l'essai... et je ne sais pas quoi faire. Miss Woodhouse règle une affaire importante à Washington où je devais la rejoindre à midi, mais je ne peux pas m'en aller...

Je regardai fébrilement autour de moi et baissai la voix :

— J'ai retrouvé Jennifer.

Elle accusa le choc en sursautant, puis se ressaisit.

— C'est merveilleux ! Que vous a-t-elle dit ?

— Rien de sensé. Elle est à moitié hystérique, paranoïaque et débite des histoires incohérentes. Elle prétend que des gens la recherchent pour la tuer. Elle s'est cachée dans le sous-sol d'une maison qui appartient à des amis. Je n'ai pas le temps de vous donner tous les détails ni de vous expliquer comment je suis parvenue à la retrouver, mais dès qu'elle m'a vue, Jennifer a complètement perdu la tête. J'ai réussi à l'emmener en voiture chez miss Woodhouse et je lui ai donné un sédatif. Elle n'a pas dû dormir beaucoup ces jours-ci, aussi elle s'est affaissée comme une loque sur le lit et en a pour un bon moment à rester tranquille. J'ignore quoi faire. Impossible de demander son avis à miss Woodhouse et je n'ai pas l'intention de prévenir la police avant que M. Sinclair ait parlé à sa fille, contacté un avocat.

Miss Bracken réfléchissait avec tant d'intensité qu'elle en louchait.

— Vous avez agi au mieux, miss Russo. Ainsi donc Jennifer est chez miss Woodhouse. Seule ?

— Eh bien, la mère d'Iphigenia Woodhouse est là... mais... je ne dirais pas qu'elle est sénile, cependant il faut reconnaître qu'elle est... un peu originale. Vous comprenez ? Dieu merci, sa fille m'a confié le trousseau de clés de la maison. J'ai enfermé Jennifer dans une petite chambre sous les combles. Cela peut paraître affreux, mais elle y est en sûreté.

— Vous avez fait ce qu'il fallait.

Elle marqua une pause. Ses pensées avaient toujours l'air de se bousculer dans son esprit.

— M. Sinclair doit être mis au courant au plus tôt. Je vais essayer de le joindre au téléphone. Attendez-moi ici, miss Russo, je reviens tout de suite.

Son absence dura environ trois minutes. Cette fois, elle semblait toute revigorée.

— Je n'ai pas réussi à l'avoir, mais je l'appellerai un peu plus tard. Je ne vois aucune raison pour que vous ne partiez pas à Washington.

Elle me posa encore quelques questions sur l'état de Jennifer puis, satisfaite, me tendit la main.

Adonis avança ma voiture, me lança des œillades aguichantes et me rendit mes clés.

Peu avant 14 heures, j'étais allongée sur le côté dans un lit étroit, la tête tournée contre le mur, et enveloppée dans une couverture.

Tout était calme. A mon chevet, je savais qu'il y avait une vieille dame assoupie dans son rocking-chair, les lunettes au bout du nez, la natte dans le dos, et drapée dans un châle.

J'entendis la porte s'ouvrir avec précaution.

— C'est pas fermé, chuchota un homme.

Un silence, et :

— Nom d'un chien ! la vieille toquée est là...

— Tant mieux ! Nous ferons d'une pierre deux coups, répondit une femme à voix basse, mais d'un ton assuré et glacial. Il arrive très souvent que les dames âgées tombent — celle-là va se briser la nuque dans l'escalier. Mais d'abord la fille. Son overdose, Frank. En douceur, mais fais vite.

Je demeurai absolument immobile. Une seconde... deux... trois... quatre... L'air froid tomba sur mes épaules quand on repoussa ma couverture.

Une seconde encore... Et, subitement, des bruits, beaucoup d'agitation... un cri... un son sourd... des jurons, des ordres hurlés, des pas précipités dans l'escalier, un léger choc lorsque le lit fut repoussé contre le mur.

Je basculai de l'autre côté à l'instant même où Adonis atterrissait rudement sur le plancher. Miss Woodhouse dépouilla son châle, se jeta sur lui. Sa natte se balançait de droite à gauche tandis qu'elle tentait de lui coincer le bras et de s'emparer d'un objet qu'il serrait dans sa main.

Près de la porte, Nancy Bracken poussait des cris aigus en se débattant dans les bras d'un lieutenant de police que deux autres policiers essayaient vainement d'aider à la neutraliser.

A califourchon sur Adonis, Iphigenia parvint à

saisir l'aiguille hypodermique, mais il lui assena un coup de poing en plein visage.

— Je vais vous aider, miss Woodhouse !

Je sautai du lit, m'empêtrai dans la couverture et tombai, la tête la première. J'étais hors circuit.

Ce qui n'avait guère d'importance. Il y eut un terrible hurlement de rage. Le lieutenant écarta soudain Nancy Bracken, s'élança, attrapa Adonis aux épaules, le remit brutalement sur pied et l'expédia à l'autre bout de la pièce. C'était une maison solide et pourtant, je le jure, je ressentis une secousse lorsqu'il heurta le mur. Il s'écroula puis resta assis, souriant aux anges.

Même à moitié inconscient, Adonis était toujours séduisant.

Pendant ce temps, les policiers avaient réussi à passer les menottes à Nancy qui s'agitait comme une possédée.

Miss Woodhouse, assise par terre, se tâtait le menton d'un air vague, pourtant elle paraissait heureuse. Elle eut un regard de reproche pour le lieutenant, qui redressait l'Adonis vacillant, puis une lueur affectueuse s'alluma dans ses yeux.

— C'était inutile de faire cela, dit-elle. Je pouvais m'en sortir toute seule.

Il eut un large sourire.

— Je le sais bien, Jeannie.

En un éclair, je compris qu'il était « cet homme », le fiancé avec qui miss Woodhouse avait rompu.

Après toute cette effervescence, un autre incident éclata. Une voix claire et stridente monta jusqu'à nous.

— Laissez-moi passer, espèce de brute ! Je suis ici chez moi et j'irai où ça me plaît. Que dites-vous ? C'est dangereux ? Et alors, à plus forte raison. Vous ne comprenez pas que ma petite

Iphigenia est là-haut, qu'elle a peut-être besoin de moi ? Ôtez-vous de mon chemin, voyou !

Un « boum » résonna en bas de l'escalier, suivi d'un grognement de protestation. Mrs Woodhouse venait sûrement de repousser le policier. Elle grimpa les marches à une vitesse surprenante.

— N'aie pas peur, ma petite Iphigenia ! Maman est là !

Miss Woodhouse se releva au plus vite :

— Je vais bien, tout va bien...

Son regard croisa encore celui du lieutenant. Une ombre de regret le voila — me sembla-t-il. Quand elle se tourna vers moi, un éclat victorieux l'illuminait.

A mon grand soulagement, ce soir-là personne n'avait envie de faire la cuisine. Miss Woodhouse commanda une pizza et nous restâmes au salon. Le professeur voulait suivre *Lassie* et *Love Connection* à la télévision.

— Ne crois pas que je sois dupe, Iphigenia, dit-elle. Toute cette affaire stupide t'a servi de prétexte pour revoir « cet homme », l'attirer à la maison et faire des choses dégoûtantes avec lui en mon absence.

Le sourire contraint de miss Woodhouse avait disparu. Malgré un énorme bleu au menton, elle avait l'air serein.

— Nous n'avons rien fait de mal, mère. Et il y a des années que tout est fini entre nous, tu le sais. En pareille occurrence, je ne pouvais demander ce service qu'à lui. Aucun policier n'aurait voulu enfreindre la loi, pourtant il me fallait des témoins. Sinon, qui aurait cru l'histoire de Jennifer ?

— Moi, je l'ai crue ! hasardai-je.

J'ignorais toujours si j'étais engagée, et donc si

j'avais le droit d'émettre une opinion. Néanmoins, je me permis de m'étendre un peu plus.

— Oh ! bien sûr, au début, cette histoire m'a paru loufoque. D'autant plus que Jennifer a piqué une crise en venant au rendez-vous et comprenant qu'il s'agissait d'un piège. Mais c'était quand même assez plausible. Le mois dernier, elle a rencontré Clayton Davis à une soirée et elle l'a trouvé immédiatement sympathique. Pour l'impressionner, elle lui a dit que son père dirigeait le club, qu'elle connaissait le moyen d'y pénétrer après la fermeture. Ils ont décidé de faire un petit tour sur le terrain de golf en buvant quelques bières. Les jeunes adorent défier les règlements...

— D'accord pour cette partie, intervint miss Woodhouse. Par contre, la suite était nettement exagérée, non ? En passant devant les vestiaires, ils ont entendu Nancy Bracken, Adonis et le receleur qui se partageaient le butin volé chez les Radford. Jennifer et Clayton ont également surpris une violente dispute entre eux au sujet du laps de temps à attendre avant le prochain cambriolage. Les jeunes gens ont préféré s'éloigner, mais Clayton a fait craquer une brindille... Tout ça ressemblait à un médiocre film de la télé.

Je ne partageais pas cette impression. Tandis que Jennifer racontait ce cauchemar, tremblante d'émotion, j'avais eu le cœur serré.

Ils avaient traversé le terrain de golf en courant comme des fous. Derrière eux, deux coups de feu avaient retenti et Clayton s'était écroulé en gémissant. Terrifiée, Jennifer s'était retournée, juste une fois, le temps d'apercevoir à la lueur de la lampe électrique que tenait Adonis, le visage de Nancy Bracken, crispé par la rage. Elle pointait un revolver dans sa direction. Parvenue à la lisière du bois, Jennifer avait trébuché, glissé le long d'une pente. Tapie dans le noir, frissonnante, en sueur, étouffant ses sanglots, elle avait attendu de ne plus entendre les pas et les jurons de ses poursuivants.

Elle était rentrée avant l'aube et avait coupé ses cheveux.

Miss Woodhouse se servit une autre part de pizza. Sa mère regardait la publicité.

— Quelle ironie ! dit Iphigenia. Si Christopher Sinclair s'était montré plus paternel, avait invité Jennifer au club ou mis sa photo sur son bureau, elle aurait été perdue. Mais Nancy Bracken n'avait aucune raison de soupçonner l'identité de la fille aux cheveux orange qui s'était enfuie à travers le terrain de golf.

— Jusqu'à ce que tu aies eu l'idée lumineuse de conseiller à M. Sinclair de lui témoigner un peu plus d'affection. Faisant courir ainsi un énorme risque à cette pauvre petite.

Je ne pensais pas que le professeur Woodhouse nous écoutait, j'avais même oublié sa présence, et je faillis lâcher ma pizza.

— Oh ! ce reproche est injuste, professeur ! m'écriai-je.

Néanmoins l'initiative d'Iphigenia pour rapprocher Jennifer de son père avait déclenché des événements désastreux. Christopher Sinclair avait confié à sa directrice à quel point Jennifer avait changé — et en peu de temps. Ce qui avait éveillé les soupçons de Nancy Bracken. Elle avait chargé le receleur de suivre l'adolescente et il avait tenté de la tuer dans l'église.

Pouvait-on rendre responsable miss Woodhouse de ce dramatique concours de circonstances ?

— Comment votre fille aurait-elle pu prévoir ce qui est arrivé, professeur ?

— Elle se prend pour un grand détective, se

croit capable de savantes déductions, mais elle est complètement dépassée dans un cas comme celui-ci. J'ai honte de toi, Iphigenia. Tu avais la solution sous ton nez et tu ne l'as même pas vue.

Je la trouvais vraiment dure. Cependant, miss Woodhouse approuva :

— C'est vrai, mère. J'admets que cela sautait aux yeux. En discutant avec les membres du club, Nancy Bracken savait quand ils s'absentaient. L'employé du parking prenait l'empreinte des clés et le receleur les aidait à écouler le butin. Quant aux changements survenus chez Jennifer, j'aurais dû considérer qu'elle avait pu être témoin d'un crime et avait peur d'être reconnue par l'assassin. J'ai fait preuve d'un manque total de discernement. Je me sens... coupable.

— A mon avis, c'est M. Sinclair, le coupable, rectifiai-je. Jennifer nous a dit que, si elle s'était livrée à la police, on n'aurait jamais cru à sa version des faits. Par contre, si elle avait été trouver son père, elle semblait persuadée qu'il l'aurait crue, mais n'aurait pas hésité à la remettre aux mains de Nancy Bracken. Uniquement afin d'éviter une mauvaise publicité au club. Ça me donne la chair de poule. Quel type répugnant ! Vous avez eu raison, miss Woodhouse, de conseiller à Jennifer qu'elle continue ses études en Californie.

Elle sourit à sa mère.

— Ou mieux encore, en Alaska. Il y a tant de parents horribles de par le monde. C'est pourquoi nous devons chérir les nôtres.

Le professeur la fixa d'un air froid.

— N'essaie pas de me flatter, vilaine fille. Tu as mené cette affaire en dépit du bon sens et tu ne me donneras pas le change en faisant du sentiment. Vous remarquerez, petite Harriet, que j'avais raison de soutenir que Jennifer allait à l'église pour prier. C'était l'anniversaire de la mort de ce pauvre Clayton. Elle avait des remords, besoin d'être comprise et pardonnée. Et elle a failli être tuée. Qui doit-on remercier ? Toi, Iphigenia !

Miss Woodhouse baissa la tête, malheureuse. Ce n'était sans doute pas très intelligent de m'interposer entre elles, mais je ne pus m'en empêcher :

— Votre fille a sauvé Jennifer, professeur ! Elle a tendu ce piège à Nancy Bracken qui pensait que Jennifer était ici. Adonis a fait un double des clés de la maison et ils sont venus dans l'intention de supprimer ce témoin gênant. Grâce à votre fille, Jennifer a été sauvée, et, persuadée de son innocence, la police a arrêté ces deux monstres. Miss Woodhouse mérite d'être félicitée.

La vieille dame fronça les sourcils. Elle saisit son ouvrage de tricot, planta les aiguilles au beau milieu d'une rangée.

— J'en ai assez entendu ! Pourquoi prenez-vous toujours sa défense, vilaine fille ?

Miss Woodhouse se détourna, porta la main à sa bouche, les épaules secouées par un rire silencieux.

Alors, je fus certaine d'être engagée.

Night Vision
Traduction de Dominique Sidot

EN QUÊTE D'UN EMPLOI

par Stephen Wasylyk

Le train était en retard. Le train prenait toujours du retard ; voilà d'ailleurs pourquoi Falco Weaver se trouvait au chômage. Son ex-employeur avait peut-être entendu parler des horaires mobiles, mais il jugeait manifestement pareil système inapplicable dans son entreprise.

Si j'avais voulu vous voir travailler de neuf heures trente à six heures, Falco, je vous l'aurais dit. Non, je voulais vous voir travailler de huit heures trente à cinq heures comme les autres, comme nous tous ici, mais c'est apparemment trop vous demander.

Pas bien fameux, ce boulot, mais le seul qu'il avait pu dégoter après des semaines de recherche assidue ; et pour être à l'heure chaque matin, il aurait dû faire le trajet en voiture, ce qui n'était vraiment pas une solution. Le tarif mensuel au garage-parking du bout de la rue l'aurait placé devant ce cruel dilemme : garder son appartement en se mettant au pain sec et à l'eau, ou bien manger à sa convenance et loger dans la bagnole.

Les essieux grincèrent et le train stoppa ; grâce

à une pratique éprouvée et de longues jambes de vingt-quatre ans il fut le premier à s'éjecter par la portière et à gravir l'escalier menant à la sortie. Du haut des marches, il lança un coup d'œil en arrière. La grondante cohue de voyageurs à ses trousses évoquait toujours pour lui un troupeau de buffles se ruant vers la barrière ouverte d'un corral, prêt à le piétiner impitoyablement s'il s'autorisait la moindre halte.

Les quelques minutes ainsi gagnées, jour après jour, ne lui avaient pas permis de conserver son précédent emploi, mais, pour l'entrevue qu'on venait de lui accorder, peut-être joueraient-elles un peu en sa faveur. En quittant la gare, il marcha encore plus vite, fendant ou contournant la foule diligente et dense des piétons allant au labeur, défiant les véhicules venant s'amasser aux croisements, pare-chocs contre pare-chocs, ne daignant marquer un temps d'arrêt qu'au moment où descendre sur la chaussée lui aurait garanti un séjour indéterminé à l'hôpital le plus proche.

Douzième Rue. Onzième. A la Dixième, il tourna le coin avec vingt minutes de retard. Moins de monde, par là, les boutiques à vitrine n'attirant guère les chalands à cette heure matinale. Il accéléra donc l'allure, tel un coureur piquant son sprint final, et c'est en plein élan qu'il percuta l'homme masqué, musculeux et trapu, qui jaillissait à reculons de la bijouterie, tenant un sac d'une main et de l'autre un pistolet.

Grand, mince, et rendant une bonne vingtaine de kilos, Falco subit un arrêt brutal ; l'épaule du malabar heurta violemment sa poitrine, expulsant l'air de son corps comme d'un pneu crevé. Paralysé dans l'instant, le souffle coupé, Falco vit une main de la taille d'un petit jambon saisir sa veste de tweed d'une poigne implacable et le faire pivoter, en vue de le transformer en bouclier, face au canon d'un revolver, plutôt petit mais peu rassurant, que pointait à deux mains une jeune femme brune, en tailleur gris, semi-accroupie sur le seuil du magasin.

Falco eut alors trois pensées pour ainsi dire simultanées : peut-être pas une Miss Amérique, mais quand même diablement séduisante, cette jeune personne ; elle n'en était pas moins prête à tirer ; et il ferait fichtre bien de lui faire savoir au plus vite qu'il n'était qu'un innocent et inoffensif passant.

Il éleva piteusement les deux mains et croassa :

— Ne tirez pas !

Les yeux surplombant le revolver apparaissaient aussi noirs et froids que le petit étang proche de la ferme de son père au cœur de l'hiver, et il était persuadé que sa supplique allait être ignorée, lorsqu'un poing cogna dans son dos et que l'homme masqué brailla :

— Ramasse le sac !

Il baissa les yeux. Pour l'empoigner, l'homme masqué avait dû lâcher son butin, qui gisait à présent à ses pieds : un sac luisant, d'aspect cuivré, muni de poignées en anses et arborant le nom du bijoutier imprimé en brun foncé. Un de ces sacs en plastique bon marché, répandus un peu partout, venus remplacer les braves sacs en papier fort, tellement fiables, sûrs, presque impossibles à ouvrir ; un sac si glissant qu'on ne pouvait le saisir convenablement que par les poignées et si peu solide qu'il semblait risqué de lui confier une marchandise d'un poids tant soit peu conséquent.

Le poing cogna de nouveau.

— Ramasse-le !

Sans songer à la nécessité de passer les doigts

dans les anses, Falco tenta de s'exécuter. Il étreignit gauchement l'enveloppe plastique, qui parut patiner sur des objets huilés enfouis à l'intérieur, et le sac cracha sur le trottoir tout un assortiment de bijoux étincelants ; les rayons matinaux dansèrent gaiement sur or, argent et pierres précieuses, arrachant des exclamations étouffées aux badauds jusque-là silencieux, muets d'effarement.

L'homme masqué hurla « Foutu empoté ! » et gratifia Falco d'un bon coup sur le crâne avec son pistolet, pour le punir de réduire ainsi à néant ses fructueux efforts de la matinée.

A cet instant, Falco posait son regard sur un somptueux collier, constellé de diamants, venu valdinguer aux pieds de la femme au revolver. Tandis qu'il basculait en avant, un millier de points lumineux (les facettes accrochant la lumière) semblèrent se brouiller, se fondre et exploser dans sa tête.

Lorsqu'il reprit connaissance, ses yeux fixaient des stries, tout près de son nez, sur le ciment sale du trottoir ; il éprouvait des élancements sous le crâne, mais son cerveau paraissait fonctionner correctement. Il n'avait pas dû rester bien longtemps dans le cirage ; les voitures de police arrivaient tout juste, sirènes hurlantes, s'apprêtant à stopper. Une main le tirait par l'épaule. Il écarta la main, roula sur lui-même, se redressa sur son séant, se palpa délicatement l'occiput et grimaça quand sa main rencontra la bosse. Il examina ses doigts. Secs. Allons, tant mieux. Du sang sur le col de sa seule chemise propre, il n'aurait plus manqué que ça.

Deux petits bonshommes grassouillets furetaient à la ronde, à quatre pattes, grappillant les bijoux disséminés et les fourrant dans leurs poches. Falco cligna des yeux, ébaubi. Ils étaient identiques. Ce coup sur le crâne devait lui faire voir double.

Voici que la jeune femme en gris s'agenouillait près de lui, le visage inquiet.

— Comment vous sentez-vous ? Ça peut aller ?

— Je survivrai. Quelle heure est-il ?

Un peu déconcertée, elle consulta sa montre.

— Dix heures trente.

— Bon Dieu !

Falco se remit sur pied, péniblement mais sur-le-champ.

— Attendez là.

Elle courut à la rencontre des policiers.

Attendre là ? Pourquoi diable ? Étreignant sa tête douloureuse, il fendit le cercle des curieux. Il avait une bonne demi-heure de retard, mais peut-être pourrait-il fournir une explication satisfaisante. Pas en racontant à son examinateur ce qui s'était réellement passé, cependant. Personne ne le croirait.

Le préposé à l'entrevue, un gaillard brun dans les trente-cinq ans, tout fringant dans son costume coûteux, exhibait un sourire si étincelant que Falco sentit son mal de tête s'accentuer. Il s'entendit appeler par son prénom avec une chaleur qui aurait pu indiquer qu'ils étaient de vieux compères, partenaires au golf depuis des années. Falco estima qu'il avait dû passer haut la main un concours de Savoir-Faire en Communication.

Hors de pair également, le bonhomme, pour l'Éviction en Douceur ; son sourire monta encore d'un cran et sa poignée de main se fit frémissante lorsqu'il déclara :

— Nous allons étudier à fond votre dossier. Vous serez fixé d'ici peu.

Falco savait qu'il n'entendrait plus jamais parler de lui. Regrettant de n'avoir pas d'aspirine sous la main, il s'arrêta auprès d'un distributeur d'eau réfrigérée et savoura lentement un plein gobelet, à petites gorgées. De l'autre côté du corridor, une porte s'ouvrit, révélant une vaste salle.

Des bureaux, chacun doté d'un ordinateur, agglutinés en plusieurs longues files. S'il avait été engagé, on l'eût casé là. Peu à peu, songeait-il, il aurait inexorablement sombré au sein de cette mer de rectangles vert foncé, zébrés par intermittence de brillantes lettres blanches, tels des moutons frangeant les flots ; il aurait fini par se sentir quasiment réduit à l'état de simple impulsion électrique, déclenchée par pression sur une touche en plastique.

Il devenait manifeste à ses yeux que la recherche d'un emploi se montrait peu conforme aux divers avis et conseils lus ou entendus par lui jusqu'alors ; et que trouver un boulot satisfaisant s'avérerait nettement plus difficile que d'en trouver un tout court.

Il glana un tube d'aspirine dans un drugstore, un canard à un kiosque, et dénicha dans une cafétéria une table de coin où il put étaler les petites annonces classées tout en dégustant un bon café. Il passa trois coups de fil et récolta deux rendez-vous. Il renonça au premier une fois sur les lieux, trop analogues à ceux du matin ; nul doute qu'il serait accueilli par un autre Spécialiste du Séduisant Sourire Trompeur. Le second sembla plus prometteur. Il s'agissait d'une petite compagnie où son vis-à-vis était une femme d'âge mûr un peu décatie, décorée d'un crayon piqué dans les cheveux, qui lui décochait de petits regards soupçonneux par-dessus des verres en demi-lune, exactement comme sa mère, chaque fois qu'elle lui demandait où il avait été vadrouiller. N'empêche, dans ce cadre et face à elle, il se sentait à l'aise. Obtenir la place ne paraissait pas exclu.

Dans la rue, il tomba sur la fourmillante foule

du retour au foyer ; finies pour la journée, les démarches possibles.

Vivement chez soi, vivement chez soi, ta-ga-da-ga-da, ta-ga-da-ga-da.

On lui disait tout le temps qu'il était dingue d'habiter une lointaine banlieue s'il désirait travailler au cœur de la ville, mais il avait grandi au milieu d'espaces verts ; pas question de vivre environné de brique et de béton.

Debout, oscillant au rythme du wagon, il parcourait négligemment le compte rendu d'un hold-up dans le quotidien local du soir qu'il venait de se procurer, lorsqu'il réalisa soudain qu'on relatait *son* hold-up du matin. Cela ne lui avait pas sauté aux yeux en raison du titre :

COLLIER DE GRANDE VALEUR
NON RÉCUPÉRÉ
DANS HOLD-UP AVORTÉ

et le reste de l'article donnait une version assez peu fidèle des faits.

Selon l'agent de sécurité, Sonya O'Brien, l'homme masqué avait lâché son butin en heurtant un piéton de passage et s'était enfui. Le piéton, lui aussi, avait disparu ; de même que le collier, bien que les autres bijoux eussent été ramassés sur le trottoir par les deux propriétaires, les frères Constantine ; des frères jumeaux, à ce qu'on spécifiait. Sur quoi, l'articulet se terminait par cette phrase perfide :

La police ne recherche pas seulement l'auteur du hold-up mais également le passant non identifié.

Pas un mot sur Monsieur Muscle le prenant temporairement en otage, pas un mot sur le canon de revolver braqué sur lui, pas un mot du coup reçu sur sa tête.

Il tâta légèrement sa bosse, comme pour vérifier qu'elle était bien là.

Bon Dieu de bonsoir !

Monsieur Muscle ne l'avait pas frappé suffisamment fort pour lui endommager la cervelle. Il savait fichtrement bien que le collier gisait aux pieds de la donzelle quand il était tombé dans les pommes. Ne s'en étant pas soucié en revenant à lui, il n'aurait su dire où le collier se trouvait à cet instant, mais il ne devait plus être là. S'ils l'avaient vu, les affolés et grappilleurs frères Constantine s'en seraient immédiatement saisis ; d'après l'articulet, il valait autant à lui seul que tout le reste du butin.

Aucun des badauds n'avait pu s'en emparer ; beaucoup trop à l'écart. Lui-même ne l'avait pas pris, et pour cause bon sang ! Restait donc une seule personne : Miss Sécurité, Sonya O'Brien ; et, manifestement, elle essayait de le transformer en suspect.

Pensif, il replia le journal, ne sachant trop s'il devait être en rogne, inquiet, ou les deux à la fois.

Elle n'eût pu choisir meilleur candidat à la suspicion. Il aurait de la peine à faire admettre sa version par la police. Qui donc pouvait être plus tenté par un collier de vingt-cinq mille dollars qu'un minable olibrius en quête d'un emploi ? A condition de savoir où et comment le fourguer, c'était une manne appréciable, même à dix cents le dollar.

Peut-être ne pouvait-on pas lui faire grand-chose, sinon passer de sales moments ; perspective de toute façon peu réjouissante. Mais, même de cela, il était loin d'être sûr. Il suffisait que Miss Sécurité Sonya O'Brien jure qu'elle l'avait vu prendre le collier. Sa parole contre la sienne ne pèserait pas lourd.

Écoutez, nous savons ce qui en est. Vous cherchez du boulot. Vous avez besoin de fric. Et voilà que vous tombez sur le collier. Vous le raflez et vous vous taillez. Ce n'est pas comme ça que ça s'est passé ? Ou peut-être aviez-vous conclu un arrangement avec votre compère. Il était censé vous passer le butin dès sa sortie du magasin, au cas où il se trouverait coincé, mais la remise du sac a foiré et vous avez tiré le meilleur parti d'un scénario raté. Écoutez voir, Falco. On vous propose un marché. Si vous vous êtes sauvé après avoir piqué le collier, vous n'aurez qu'à le restituer. S'il s'agit d'un scénario raté, vous livrez le collier et votre copain. Dans un cas comme dans l'autre, on vous raye du dossier, on vous laisse filer et vous vous en tirez.

Non, ce serait folie d'aller signaler à la police qu'il était le passant inconnu.

Deux options s'offraient à lui. La première : laisser tomber et par là même laisser Miss Sécurité Sonya O'Brien faire fructifier tranquillement son magot mal acquis. Il ne risquait guère, quant à lui, d'être retrouvé ; gagner deux millions de dollars au sweepstake lui paraissait plus probable. Seconde option : aller cuisiner Miss Sécurité Sonya O'Brien. Si elle ne savait pas où le trouver, lui savait où la trouver, et glisser quelques peaux de banane sous ses petits petons serait un plaisir sans mélange. Ces malheureux frères jumeaux méritaient d'apprendre qu'ils se faisaient filouter par leur propre agent de sécurité. Peut-être même pourraient-ils récupérer le collier et lui octroyer une récompense.

A la station suivante, il traversa le quai et prit le train en sens inverse.

Une demi-heure plus tard, il était planté devant la baie vitrée d'un costumier, situé un peu plus haut dans la rue que la bijouterie ; vaguement masqué par des mannequins oscillant en tutus roses, il faisait mine de lire son journal, espérant avoir l'air d'attendre une personne se trouvant à l'intérieur. La foule de l'heure de pointe avait considérablement diminué ; la ville commençait à s'assoupir, se préparant pour la nuit.

Dans leur bijouterie, les frères Constantine apparaissaient, disparaissaient, réapparaissaient, tandis que Miss Sécurité Sonya O'Brien, assise dans un coin sur un tabouret, semblait plongée dans la lecture d'un épais bouquin.

L'une après l'autre, les boutiques fermèrent, plaçant souvent des grilles de fer sur leurs vitrines. Les files d'employés quittant les immeubles commerciaux s'amenuisèrent ; ne subsistèrent que quelques attardés, des flâneurs peu pressés de rentrer chez eux. Dans la rue, le torrent du trafic se réduisit à un simple ruisselet ; Falco se sentait de minute en minute plus exposé.

A six heures, la fille sortit, abaissa des barres d'acier sur les vitrines, et réintégra la bijouterie. Dix minutes plus tard, les lumières s'éteignirent, à l'exception d'une seule à l'arrière du magasin, et tous les trois s'en allèrent, les frères dans une direction, elle dans l'autre.

Restant sur son trottoir, de l'autre côté de la rue, Falco la suivit, pareil aux centaines de banlieusards regagnant machinalement leurs pénates, la tête vide, un journal sous le bras.

Après avoir traversé deux places, elle s'engouffra dans un grand garage-parking et Falco paniqua. Il n'avait pas prévu qu'elle serait motorisée. Il s'était imaginé qu'elle irait à pied, sans doute à la rencontre de quelque louche individu de la pègre, pour se débarrasser du collier mais peut-être n'avait-elle pas encore eu la possibilité d'en contacter un. Il aurait bien voulu savoir comment se déroulait ce genre de tractation.

De toute façon, il ne pouvait se permettre de la

laisser filer. Si elle se débarrassait du collier dans la soirée, il n'y aurait plus de preuve matérielle.

Piquant des deux, il traversa la rue juste à temps pour la voir pénétrer dans un ascenseur ; toute seule, fort heureusement. Le clignotant s'immobilisa au Niveau Deux. Il n'attendit pas. Il fonça vers l'escalier.

Tout haletant, il coula un regard par la porte au Niveau Deux. Miss Sécurité Sonya O'Brien n'était nulle part en vue ; elle ne pouvait se trouver qu'au sein d'un amas de bagnoles situé dans le coin le plus éloigné.

Ne sachant trop ce qu'il ferait s'il la rattrapait, il se dirigea vers l'amas en question et scruta le coin en contournant un massif pilier en béton.

Quelque chose de dur s'enfonça dans son dos et une voix féminine, lourde de menace, susurra suavement :

— Haut les mains et bougez pas, fichu ballot !

Falco éleva les mains vers le Niveau Trois et ne bougea pas.

— Tournez-vous.

Elle était en position semi-accroupie, exactement comme le matin, étreignant le revolver à deux mains, plissant les yeux.

Les yeux s'élargirent.

— Oh. Ce n'est que vous.

Falco reprit sa respiration.

— Que moi ? Qu'est-ce que ça signifie ?

Le canon du revolver remua lentement, de droite et de gauche, en signe de dénégation.

— A moi de poser les questions. Pourquoi vous êtes-vous sauvé ce matin ?

— J'avais rendez-vous pour un boulot, et comme je suis au chômage, je lui ai donné la priorité, répondit sèchement Falco.

— Obtenu le boulot ?

— Non.

— Ça ne m'étonne pas. J'ai vu qu'un type surveillait le magasin avant de me suivre, mais de loin je ne vous ai pas reconnu. Qu'est-ce qui vous a fait revenir ?

Falco sentait ses bras s'engourdir et un certain courroux monter en lui. Si ça lui chantait de lui tirer dessus, libre à elle, à Dieu vat ! Il jeta le canard à ses pieds.

— Vous vous figuriez que j'allais vous laisser tranquille après que vous avez livré votre version à la gomme aux journalistes ? Présentant les choses en suggérant que j'avais volé le collier. Me flanquer une peur de tous les diables et me laisser défoncer le crâne, ça n'était pas assez. Non, il fallait en plus que vous me fassiez passer pour un voleur. Je sais parfaitement bien ce qui lui est arrivé, à ce foutu collier. Vous l'avez pris.

Elle glissa le revolver dans le sac bleu suspendu à son épaule. C'était la première fois qu'il la voyait de près sans que le revolver lui masque la moitié du visage ; notable amélioration.

— Pourquoi n'êtes-vous pas allé trouver la police ?

— Tiens, pardi ! Ils ne m'auraient pas cru. Grâce à vous, probablement. Non, ce que j'aurais dû faire, c'était aller trouver les frères Constantine pour leur dire quel bel agent de sécurité vous êtes.

Elle sourit.

— Comment vous appelez-vous ?

— Contentez-vous de m'appeler Passant Non Identifié.

— Bon, eh ! bien, écoutez-moi, Non Identifié. Un type comme vous, on ne devrait pas le laisser circuler seul dans cette grande ville. Savoir traverser les rues ne suffit pas. Retournez donc là d'où vous venez.

— Ça me paraît envisageable, mais pas avant que vous n'ayez restitué le collier. Comme agent de sécurité, vous vous posez un peu là ! Vous vous êtes mise de la partie à seule fin de pouvoir dépouiller sans être suspectée les gens qui louent vos services ?

Elle leva les yeux au plafond.

— Seigneur, c'est dur, après une aussi rude journée ; pourquoi m'avoir envoyé en plus ce casse-pieds obtus dans les jambes ?

— Assez joli spectacle, commenta Falco. Une voleuse en prière.

Elle le dévisagea d'un air pensif.

— Je devrais vous ignorer, mais, je ne sais pourquoi, votre opinion à mon sujet m'importe un peu ; alors, laissez-moi vous dire ceci : le collier se trouve dans le coffre du magasin. J'ai déclaré au reporter qu'il avait disparu pour une excellente raison.

— Aha, de mèche avec les frères Constantine pour palper l'assurance ?

— Non, pauvre demeuré. Rappelez-vous et tâchez de réfléchir. Où avez-vous vu ce collier en dernier lieu ?

— A vos pieds.

— Et quelle était la seule autre personne qui ait pu le voir là ? Et tirer les mêmes conclusions que vous après avoir lu l'article ?

Falco fronça les sourcils.

— Le gars du hold-up ?

— Vous êtes si brillant que je n'arrive pas à m'expliquer que vous soyez au chômage. Oui, il n'a pu trouver que deux réponses valables à la question posée. La première, celle que vous venez de mentionner ; une combine des frères Constantine, feignant un vol pour toucher l'assurance.

Seulement, ces jumeaux ont une réputation d'honnêteté absolue ; comparé à eux, Abraham Lincoln passerait pour un menteur pathologique. Et ça, le malfrat doit le savoir, parce qu'il s'est spécialisé dans les bijouteries. Ce matin, c'était son quatrième braquage. Toujours le même homme. Bâti comme un bulldozer, sachant quel magasin attaquer et quand. Ce matin lui a réservé une grosse surprise. Il s'imaginait n'avoir affaire qu'à deux messieurs ventripotents qui ne lui poseraient aucun problème. Au lieu de quoi, il est tombé sur moi, et je l'aurais eu si vous n'étiez pas venu me mettre des bâtons dans les roues.

Un mécanicien-pompiste, qui les avait dévisagés au passage, repassa bruyamment devant eux au volant d'une des voitures, faisant crisser les freins en s'engageant brutalement sur la rampe.

Falco écarta les bras, mains ouvertes.

— Qu'attendre d'un pauvre péquenot, balourd au point de lui rentrer dedans juste au moment où vous vous apprêtiez à lui faire sauter le caisson ? (Il lui adressa un regard scrutateur.) Vous lui auriez vraiment tiré dessus ?

— Si nécessaire, oui. Je suis nouvelle dans le métier et réussir à l'épingler m'aurait fait franchir un grand pas. C'est d'ailleurs encore possible. Il a pensé comme vous et j'y comptais bien — que j'avais saisi l'occasion de rafler de l'argent facile. Il a appelé cet après-midi et m'a offert de m'épargner le souci de fourguer moi-même le collier. Je toucherais un peu moins mais éliminerais le risque. Je lui ai dit que ça me paraissait intéressant.

— N'était-ce pas un peu culotté de sa part ?

— Pas vraiment. Je n'étais guère en mesure de repérer l'origine de l'appel ; et si j'entrais dans son jeu, il n'aurait pas perdu sa matinée.

— Mais vous n'allez quand même pas le rencontrer.

— Ne vous ai-je pas dit que j'avais orienté cet article pour en arriver là ?

Falco sourit.

— Je vous présente mes excuses pour avoir pensé que vous vouliez me faire porter le chapeau. Je présume que vous vous êtes arrangée pour que la police soit sur place ?

— Ne soyez pas naïf à ce point. Pas question de partager le mérite de l'opération. J'entends l'alpaguer seule. Il assoira ma réputation.

— Non, mais vous êtes maboule, ou quoi ? Qu'est-ce que vous croyez ? Qu'il va se tailler tout tranquillement quand il s'apercevra que vous n'avez pas le collier ?

La voix de Falco s'enflait, grimpait dans l'aigu.

Un fidèle client, qui préférait sagement aller récupérer lui-même sa voiture, lâcha en passant, avec un sourire entendu :

— Embrassez-la donc et excusez-vous, mon petit vieux, même si vous avez raison ; vous aurez jamais le dernier mot.

Elle se dirigea résolument vers l'ascenseur, lâchant à son tour :

— Pas de risque, pas de récompense, Non Identifié.

Falco la rattrapa.

— Attendez. Vous ne prenez pas votre bagnole ?

— Ma bagnole n'est pas ici. Quand je vous ai vu me filer, j'ai tenu à vous attirer dans un endroit où je pourrais aisément m'occuper de vous. Quoi de mieux que l'étage à moitié vide d'un parking ?

Quand ils émergèrent dans la rue, elle lui tendit la main.

— Désolée que cet article vous ait induit en

erreur. A présent, rentrez chez vous et absorbez-vous dans la rédaction d'un impressionnant curriculum vitae. De mon côté, j'ai à faire.

— Vous ne devriez pas le rencontrer seule, insista Falco d'un ton ferme.

— Rentrez chez vous.

Elle partit d'un pas décidé.

— Non, je ne peux pas vous laisser rencontrer Monsieur Muscle sans protection.

Elle interrompit sa marche.

— Non Identifié, nous devons avoir à peu près le même âge. Si ça ne vous fait rien, puis-je vous demander ce que vous avez fabriqué durant ces six dernières années ?

— Ce qu'il fallait pour décrocher une maîtrise en littérature anglaise. Malheureusement, pour les types dans mon genre, la demande est faible en ce moment.

Elle se mit à lui tapoter la poitrine d'un index vigoureux pour ponctuer son argumentation.

— Moi, j'ai passé deux ans à me spécialiser dans la criminologie, me suis engagée dans la police, ai obtenu mon diplôme en bossant la nuit, mis de l'argent de côté, puis donné ma démission pour ouvrir une agence de sécurité, parce que je voyais là un débouché prometteur. Vous, vous avez passé votre temps dans l'atmosphère confinée des salles d'études. Alors, à quoi pourriez-vous bien me servir ? Vous n'avez même pas sur vous un gros volume de Shakespeare, bourré d'annotations, que vous pourriez assener sur le crâne du malfrat.

Elle reprit sa marche.

— Il faudra en prendre votre parti, dit Falco. Je vous accompagne.

— Continuez comme ça, corniaud, et au premier flic que j'aperçois, je vous dénonce et vous fais boucler pour agression.

— Faites donc. Je dirai, moi, que nous étions de mèche ce matin. Vous avez piqué le collier mais à présent vous refusez de me donner ma part. On sera si déconcerté, à la police, qu'on nous bouclera tous les deux en attendant d'y voir plus clair. Adieu Monsieur Muscle et votre super-exploit. Alors, pourquoi ne pas me dire où vous allez le rencontrer ? On pourrait se concerter, établir un plan. On peut difficilement faire irruption ensemble.

Elle se tourna vers lui, farouche, les yeux étrécis.

— Je ne sais ce qui vous pousse à vous comporter comme un âne, si ce n'est quelque stupide réaction romantique : faible femme ayant besoin d'être protégée ; mais laissez-moi tenter de me faire comprendre, même par un obtus spécialiste en littérature anglaise. Cette histoire n'a rien de romantique. C'est une sordide affaire avec coups fourrés et coups de feu possibles à la clé. Il se peut que quelqu'un se fasse descendre, et je suis pratiquement certaine que ce ne sera pas moi, mais à condition d'être libre de me concentrer sur ce que je fais. Je ne suis pas folle, je sais à quoi m'en tenir. Je représente une cible facile depuis que j'ai quitté le magasin et je ne peux pas avoir l'œil sur ce qui se passe autour de moi pendant que je discute avec vous. Autrement dit, je peux me faire tuer à cause de vous. Alors, laissez-moi, partez, allez au diable !

Son visage était fermé, dur, et Falco pour la première fois réalisa à quel point elle était sous tension. Elle avait tendu l'hameçon à un requin et le requin avait mordu, mais rien ne garantissait qu'il n'essaierait pas de la happer en même temps. Et lui, Falco, faisait dangereusement tanguer l'embarcation.

Il sourit.

— Vous avez raison, Miss Sécurité Sonya O'Brien. Recevez mes humbles excuses. Je ne vous serais probablement d'aucun secours. Bonne chance. Je jetterai un coup d'œil au journal, demain matin, pour voir comment vous vous en serez tirée.

Il descendit du trottoir, traversa la rue, parcourut une vingtaine de mètres et se retourna pour lui adresser un dernier regard, ayant comme l'impression d'avoir perdu quelque chose.

Elle s'éloignait à pas pressés. Le claquement de ses talons fut couvert par un rugissement de moteur, celui d'une voiture passant en trombe à côté de lui ; un bruit chargé de menace. Aucune raison d'accélérer comme ça dans une rue du centre-ville. Falco fit quelques pas hésitants en direction de Sonya, ne sachant trop si elle était concernée, jusqu'au moment où le véhicule obliqua et grimpa sur le trottoir pour lui barrer le passage ; le conducteur, lourd et trapu, jaillit de son siège, pistolet au poing, avant qu'elle n'ait pu réagir. Falco piqua un sprint éperdu, aiguillonné à la fois par la peur pour elle et par un sentiment de culpabilité. S'il arrivait malheur à cette fille, ce serait de sa faute à lui. Il l'avait vivement contrariée, mise en colère, et la colère abolit la vigilance.

Le bonhomme baraqué lui décocha un crochet à la tête ; elle fut assez prompte pour le recevoir sur l'épaule, mais l'impact fut tel qu'elle pivota sur elle-même et tomba par terre.

L'homme se pencha, lui arracha le sac de l'épaule, se redressa et vit Falco charger sur lui. Le pistolet s'éleva, s'immobilisa et tira, juste à l'instant où Falco abordait le trottoir et bondissait, exécutant une classique manœuvre de saut en hauteur, à l'horizontale, en rouleau ; ses pieds tamponnèrent Monsieur Muscle en pleine poitrine, l'envoyant violemment dinguer contre sa bagnole. Falco atterrit à quatre pattes comme un chat et s'empressa de se remettre debout pour affronter le malfrat, mais celui-ci, les yeux vitreux, glissait lentement le long de la carrosserie et s'affalait sur le trottoir.

A genoux, Sonya se tâtait l'épaule.

— Rien de cassé ? s'enquit Falco.

Le visage de la jeune femme était blême ; le choc subi se reflétait encore dans ses yeux, mais elle répondit d'une voix égale :

— Seulement un peu sonnée.

Son sac s'était ouvert quand Monsieur Muscle l'avait lâché. Un segment de collier, en forme d'arc, en sortait, étincelant de tous les feux de ses diamants.

Sentant comme un grand vide se creuser en lui, Falco le toucha du bout de sa chaussure.

— Il savait que je l'aurais sur moi, dit-elle. J'imaginais qu'il ne voyait pas l'utilité de négocier s'il pouvait l'obtenir pour rien.

Une sirène de police se faisait entendre, se rapprochant d'eux.

— Vous m'avez dit qu'il se trouvait dans le coffre du magasin, articula lentement Falco. A présent, je comprends pourquoi vous ne vouliez pas qu'on vous aide, pas même la police. Je suis navré que votre marché n'ait pu se conclure mais si vous réussissez à vous en sortir avec un bon baratin, vous pourrez encore vous targuer d'un bel exploit. (Il leva la main, montrant sa paume.) Pas la peine d'essayer de vous expliquer. Quant à moi, après m'être fait assommer ce matin par cet individu, j'aurai au moins la satisfaction de lui avoir rendu la monnaie de sa pièce.

Pour la seconde fois de la journée, il décampa à

l'instant où une voiture de police se rangeait au bord du trottoir.

Le compte rendu était plus ou moins enseveli dans la section métropolitaine du journal du matin ; quelques lignes au bas de la page deux, dans la rubrique des petits faits-divers, sous ce titre en modestes caractères :

SUSPECT DE HOLD-UP PIÉGÉ
PAR TRACTATION BIDON

Falco dégusta son café matinal. Elle s'en était tirée, mais, en fait, elle ne pouvait guère perdre. Si elle fourguait le collier, elle palpait le fric. Si le marché tournait court, elle alpaguait Monsieur Muscle.

Il fixa le fond de sa tasse vide. Bon sang de bon sang ! Elle semblait avoir tellement d'atouts pour elle. Elle n'avait vraiment pas besoin de ces tractations sordides.

Il s'empressa de passer aux annonces classées. S'il ne trouvait rien d'ici deux semaines, il en serait réduit à servir des hamburgers dans un fast-food ou autre chose d'aussi piteux.

Une petite annonce lui sauta aux yeux, dévoilée par son index glissant sur les lignes.

PASSANT NON IDENTIFIÉ. *Pour petite agence sécurité. Doit avoir mètre quatre-vingt-trois, peser approx. 75 kg, posséder grande aptitude saut hauteur. Maîtrise littérature anglaise exigée.*

Elle avait joliment bien cerné le sujet, mais pourquoi ? Que pouvait-elle lui vouloir ? Qu'attendait-elle de lui ?

Vingt-quatre heures auparavant, il ignorait son existence, mais depuis qu'il l'avait rencontrée, il avait contemplé par deux fois un canon de revolver pointé sur lui, reçu un bon coup sur le crâne, affronté un malfrat maboul et musclé qui lui tirait dessus ; il ne voyait pas comment tout cela pouvait avoir amélioré sa personnalité ou le rendre digne de figurer sur une liste de gens à connaître absolument.

N'empêche, elle avait déboursé une somme appréciable pour cette annonce et il ne pouvait décemment la laisser gaspiller inutilement cet argent. Il décrocha son téléphone et composa le numéro.

— Agence O'Brien.

— J'aimerais en savoir un peu plus sur le poste que vous proposez.

Il y eut une légère pause.

— Quelque chose pour un débutant. Bas salaire mais belle perspective. Une des qualités essentielles requises est l'aptitude à ne pas tirer de conclusions hâtives.

— Je m'en tiens strictement aux faits, madame. Comment va votre épaule ?

— Très bien. Les faits, cher demeuré, les voici : le collier *était*, effectivement, dans le coffre et ce que vous avez vu était une imitation. Comment avez-vous pu penser que j'emportais avec moi l'authentique, pour l'exhiber quand il m'aurait demandé de voir la marchandise, en courant le risque de le perdre, ce qui est presque arrivé ? Où avez-vous appris à sauter comme ça ?

— Les volumes annotés de Shakespeare étaient toujours sur le rayon du haut et la bibliothèque n'avait pas d'échelle. Votre explication semble raisonnable et j'apprécie que vous l'ayez estimée nécessaire. Peut-être aurons-nous l'occasion de faire échouer un autre hold-up un de ces jours. Charmé de vous avoir entendue...

— Attendez, Non Identifié. N'êtes-vous pas intéressé par ce poste ?

— Je pensais que vous désiriez seulement vous expliquer.

— Nouvelle conclusion hâtive. Êtes-vous intéressé ou pas ?

Falco réfléchit promptement. Il s'imagina immergé, ne fût-ce que temporairement, dans cette mer d'écrans d'ordinateurs, et finissant peut-être un jour, les tempes grisonnantes, par trôner devant une classe, en s'efforçant d'intéresser (aux joies subtiles de l'assemblage harmonieux des mots écrits) un petit groupe de jeunes délurés, dont la plupart n'auraient pas la moindre idée de ce dont il parlait. Puis il pensa à ce bref instant où la peur l'avait étreint, lorsqu'il chargeait Monsieur Muscle, lorsque le pistolet s'était pointé sur lui et qu'il ne savait pas s'il allait vivre ou mourir ; instant aussitôt suivi de la grisante satisfaction de voir Monsieur Muscle s'écrouler à terre et de l'intense soulagement de la savoir, elle, saine et sauve.

S'il ne voulait pas connaître à nouveau pareille expérience, il ferait mieux de raccrocher.

— Ça se pourrait. (Il s'éclaircit la gorge.) Quelle sorte de bénéfices peut-on retirer de ce boulot ?

— Cela ne peut se discuter qu'en tête à tête, Monsieur...

Le perceptible sourire accompagnant la voix emporta sa décision.

— Weaver. Falco Weaver.

— Seigneur ! Je crois que je préfère Passant Non Identifié. Où avez-vous *vraiment* appris à sauter comme ça ?

— Quatre ans de pratique sur la piste et le terrain avec l'équipe d'athlétisme. Je serai là dans une heure, mais ne paniquez pas si je suis en retard. Les gens qui font rouler les trains s'arrangent toujours pour que celui que je prends tombe en panne.

Il déposa le combiné sur son support. Un de ces jours, peut-être serait-il d'humeur à porter plainte contre les gens en question.

Oui, mais, d'un autre côté, peut-être serait-il d'humeur à leur envoyer la plus somptueuse carte de remerciement qu'ils aient jamais vue.

Situation Wanted
Traduction de Philippe Kellerson

TABLE

Les policiers du Livre de Poche

Extrait du catalogue général

Bachellerie
L'Ile aux muettes 6265

Baudou (Jacques)
(Sous la direction de)
Mystères 86 6166
Mystères 87 6365

Borniche (Roger)
Flic Story 4711
Le Gang 4926
René la Canne 4946
Le Play-Boy 5064
L'Indic 5241
L'Archange 5394
Le Ricain 5518
Le Gringo 5601
Le Maltais 5756
Le Tigre 5793
Le Boss 5926
Vol d'un nid de bijoux 6257
L'Affaire de la môme Moineau 6408

Christie (Agatha)
Le Meurtre de Roger Ackroyd 617
Dix Petits Nègres 954
Le Vallon 1464
Le Crime de l'Orient-Express . 1607
A.B.C. contre Poirot 1703
Meurtre en Mésopotamie 4716
Cinq Petits Cochons 4800
La Mystérieuse Affaire de Styles 4905
Meurtre au champagne 5008
L'Affaire Prothero 5145
Le Train bleu 5291
L'Homme au complet marron . 5374
Le Couteau sur la nuque 5419
La Maison du péril 5512
Les Quatre 5530
Cinq heures vingt-cinq 5617
Mort sur le Nil 5632
Je ne suis pas coupable 5644
Un cadavre dans la bibliothèque 5658
Pourquoi pas Evans ? 5671
La Plume empoisonnée 5846
La Maison biscornue 5870
Le Train de 16 heures 50 5096
Le Major parlait trop 5957
Le Flux et le Reflux 5915
Témoin à charge 6018
Les Indiscrétions d'Hercule Poirot 6052
Drame en trois actes 6075
Témoin muet 6076
Poirot joue le jeu 6108
La mort n'est pas une fin 6115
Les Pendules 6152
Le crime est notre affaire 6163
Une mémoire d'éléphant 6175
Miss Marple au Club du mardi 6189
Le Club du mardi continue . . . 6223
Rendez-vous avec la mort . . . 6253
Un meurtre sera commis le... . 6266
Trois souris.... 6288
Le miroir se brisa 6337
Le Retour d'Hercule Poirot . . . 6390

Coatmeur (Jean-François)
La Bavure 5948
Les Sirènes de minuit 6302

Doyle (Sir Arthur Conan)
Sherlock Holmes : Études en Rouge, *suivi de* Le Signe des Quatre 885

Composition réalisée par NORD-COMPO

IMPRIMÉ EN FRANCE PAR BRODARD ET TAUPIN
Usine de La Flèche (Sarthe).
LIBRAIRIE GÉNÉRALE FRANÇAISE - 6, rue Pierre-Sarrazin - 75006 Paris.

ISBN : 2 - 253 - 13500 - 3 31/3500/1